이 책의 각 장 끝에 있는 QR코드를
'휴대전화 QR코드 인식 앱'으로 찍으면 토론방으로 연결됩니다.
다른 독자들이 각 장을 읽은 후 남긴 소감을 접할 수 있습니다.
여러분이 느낀 바도 남겨주십시오.
질문을 주시면 이 책의 저자와 소통할 수도 있습니다.
사람멀미 없는 직장을 함께 만들어가고 싶습니다.

※ 사람멀미: 사람에게 부대끼고 시달려서 머리가 아프고 어지러운 증세.

사람멀미 처방전 제3권

직장인의 입(口) 사용법

질책하는 꼰대에서 칭찬하는 멘토로!

사람멀미 처방전 제3권

직장인의
입(口)
사용법

HOW TO BETTER USE

YOUR MOUTH

남충희 지음
『7가지 보고의 원칙』 저자

입 안의 세 치 혀가 인품을 결정한다
당신은 제대로 '지시'하고 효과적으로 '피드백'하는가?
지시의 3대 요소, 피드백의 3가지 원칙!

황금사자
Golden Lion Books

소통경쟁력은 곧 상사의 경쟁력, 조직의 경쟁력

공감능력도 좀 부족하고, 바쁨을 탓잡아 부하를 면담할 시간도 없다고 주장하는 상사에게 이 '기관총' 편, 즉 상사의 '입(口) 사용법'은 도움이 될 것이다. 아니, '효과적으로 말하기'는 원활한 사회생활과 원만한 가정생활을 위해 꼭 필요하다. 사실 제대로 학습한 적이 없지 않은가.

말하기는 '조직 내 소통(organizational communication)'의 일부분이다. 우선 '조직 내 소통'부터 분석해보자. 그 후 말하기를 살펴본다. 자, 조직 내 소통은 얼마나 중요할까? 소통이 없다면 리더십도 없다. 동기유발도 없고, 생산성도 없고, 업무 만족감도 없고 조직의 사기도 유지되지 않는다.[1] 소통경쟁력이 곧 상사의 경쟁력이고 조직경쟁력이다. 그래서 우리 직장인은 소통에 많은 시간을 보낸다. 과연 근무 시간 중 얼마만큼이 '소통'일까? 상사, 동료, 부하, 고객 등과의 소통 말이다. 근무

---

1   Goldhaber, G. M., Dennis, H. S., Richetto, G. M., & Wiio, O. A. (1984). 335. 원문은 "Without communication there can be no motivation, no leadership, no productivity, and no organization."

시간의 약 30%? 아니면 50%? 혹 70%?

말하기와 듣기의 중요성

아쉽게도 중간관리자의 근무 시간을 분석한 연구는 아직 없지만, CEO
의 근무 시간을 조사한 연구는 찾을 수 있다.[2] CEO는 하루 근무 시간
중 80% 이상을 소통으로 보낸다.[3]

〈그림 1〉 관리직 직장인의 하루 업무 분류를 보자. 소통은 크게 (A)
말하기, (B) 듣기, (C) 쓰기(보고서, 이메일 등) 그리고 (D) 읽기(보고서, 이메
일 등)로 나눌 수 있다. 직책이 높아질수록 읽기와 쓰기보다는 (A) 말하
기와 (B) 듣기가 많아진다. 예를 들어, 초등학교 교장 선생은 업무 시간

〈그림 1〉 관리직 직장인의 하루 업무 분류

2 Mintzberg, Henry. (1973). 38-39. CEO의 근무 시간을 분석한 최초의 연구다. 다섯 명의
   CEO를 각각 5일간 관찰했다.
3 Porter, M. E., & Nohria, N. (2018). 이 논문은 평균 연 매출 131억 달러(약 16조 원)의 미국
   내 상장기업 CEO 27명의 시간을 연구했다. 비서들을 활용하여 CEO의 시간을 15분 단위로
   3개월 동안 (하루 24시간, 일주일 내내) 조사했다. CEO는 평균 62.5시간/주 일한다. (9.7시

의 무려 84%를 오롯이 말하기와 듣기에 보낸다.[4] 읽기와 쓰기를 포함한다면 하루의 거의 전부를 소통으로 보낸다고 해도 과언이 아니다. 이 정도는 아닐지라도 30대 중반에서 50대 초반의 관리직 직장인이라면 하루 근무 시간의 70% 이상을 소통으로, 그중 70% 이상(즉 70%×70%는 49%, 즉 하루의 절반 정도)을 (A) 말하기와 (B) 듣기로 보내지 않을까?[5] (B) 듣기(경청)는 이 시리즈의 제2권에서 이미 충분히 다뤘다. 이제 이 책에서 (A) 말하기 학습에 도전해보자.

(A) 말하기는, 일방적인 연설과 발표를 제외하면, 대부분 상대와 말

간/평일+주말의 79%에도 3.9시간/일+휴가 기간의 70%에도 2.4시간/일) 수면은 6.9시간/일이다. CEO가 근무 중 자신의 사무실에 혼자 있는 시간은 28%다. (이 중 절반 이상이 한 시간 이내로 파편화되었다. 전략적 숙고를 할 시간이 절대 부족하다.) 이때도 이메일을 이용하는 등 소통으로 보내는 시간이 많다. 근무 시간의 나머지 72%가 미팅(보고, 회의, 면담을 포함. 화상 회의, 전화 회의 포함)이다. 따라서 소통은 혼자 이메일을 주고받는 시간을 합친다면 80% 이상으로 추산된다. 이 중 42%가 일대일 미팅이고, 2~5명의 소그룹 미팅은 21%다. CEO들은 이러한 작은 미팅을 선호한다. 부하육성뿐만 아니라, 상호 신뢰 형성이 가장 중요하기 때문이다. 신뢰가 형성되면 업무 위임과 합의가 손쉽고, 타율적 통제의 필요성이 줄어들고, 또한 거짓 보고를 없앨 수 있기 때문이다. CEO들은 근무 시간의 4분의 1을 이러한 인재 관리 및 인간관계 형성에 보낸다. 소통 방법은 소통 시간의 61%가 직접 얼굴을 맞댄(face-to-face) 소통(위 미팅 시간 중 전화 및 화상 회의 제외)이고, 15%가 전화 통화 또는 보고서를 읽고 피드백을 쓰는 소통이다. 나머지 24%가 주로 이메일, 화상 회의 등 전자통신 기술을 이용한 소통이다. 이메일 활용이 CEO의 생산성 향상에 도움 되느냐는 질문에 대부분 부정적 답변이다. 피하기는 힘들지만, 비효과적이고 심지어 위험하다는 것이다. 이메일로써 사고를 동반한 토론은 불가능하고, CEO가 꼭 개입하지 않아도 되는 불필요한 소통에 시간을 낭비하게 되며, CEO를 전략적 숙고를 하는 비전형 리더보다는 하루하루 업무를 관리하는 관리형 리더로 추락시킬 위험이 크다는 것이다. 더구나 자칫 밤이나 주말에 답신을 보내면 잘못된 성실성의 기준을 제시할 위험도 크다. 이메일은 비서(executive assistant)가 거를 수 있게끔 해야 한다고 모든 CEO가 주장한다.

4 Kmetz, J. T., & Willower, D. J. (1982). 이 논문은 초등학교 교장 선생의 말하기와 듣기 시간이 각종 직업 중에서 가장 많다고 파악했다.

5 과거 필자가 30대 후반에 기업에 근무할 때 당시 유행하던 업무 분석을 위해 30분마다 자신이 하는 일을 기록해서 제출한 적이 있다. 이것이 추정의 바탕이다. 관리자의 직책별로 소통 업무의 비중을 측정한 연구 결과는 아직 없는 형편이다.

을 주고받는 '대화와 면담'**6**에서 일어난다. 주로 세 가지다. '지시', '질문' 그리고 상대의 말(부하의 보고 등)을 들으며 '반응(feedback) 주기'다. 이 중에서 질문은 경청을 위한 것이다. 이미 앞의 제2권에서 상세히 다뤘다.

이 책의 구성

이제 시작하는 제3권 '직장인의 입(口) 사용법'의 주제는 '지시'와 '피드백'이다. 총 다섯 장으로 구성되었다.

제1장 '상사의 '지시' 능력'에서는 상사의 말하기 중 가장 중요한 ▶ '지시'에 관해 살펴본다. 지시만 제대로 잘해도 훌륭한 상사다. 과연 제대로 지시하는가? ▶상사의 '공감표현 결핍'이 직장인들이 앓고 있는 사람멀미의 근원 아닐까? 이 가설을 입증해본다.

제2장 '피드백'에서는 인간의 대화를 분석하여 ▶피드백의 종류 네 가지(학대적, 교정적, 지지적, 무의미한)를 파악한다. ▶특히 학대적 피드백의 본질과 이것이 개인과 조직에 끼치는 영향을 분석했다.

제3장 '말하기 원칙 1 : 학대적 피드백 사용 금지'에서는 ▶수치심과

---

6   대화(對話, conversation)는 마주 대하여 이야기를 주고받는 모든 일상적 소통을 포함한다. 전화로도 대화할 수 있다. 한편 면담(面談, face-to-face talk)은 서로 얼굴을 맞대고 이야기한다는 뜻이다.

모욕감의 본질을 파헤쳐서 학대적 피드백을 던지는 인간의 본능을 파악해본다. ▶학대적 피드백이 개인에게 끼치는 악영향과 조직에 끼치는 폐해를 살펴본다. ▶사용을 금지해야 할 학대적 피드백은 흡사 신호등의 빨간색이다.

제4장 '말하기 원칙 2: 교정적 피드백 사용 조심'에서는 ▶상대에게 교정을 촉구할 때, 신호등의 황색 불을 대하듯이 조심해야 함을 강조한다. ▶자신의 의지를 어찌 관철할 수 있을까? 교정적 피드백을 줄 때 효과적인 소통 방법을 설명한다. ▶인간을 바라보는 시선의 변화가 중요함을 주장한다.

제5장 '말하기 원칙 3: 지지적 피드백 사용 확대'에서는 ▶모든 인간이 몸속에 보유한 '인정감 통'을 해부학적으로 설명한다. ▶인정감 부여의 가장 적극적 행태인 '칭찬'이란 무엇인지 분석한다. 우리는 칭찬을 받으면 왜 그리 좋을까? 그걸 알면서 우리는 왜 다른 사람을 칭찬해주지 못할까? 그 원인을 파헤친다. ▶지지적 피드백, 즉 칭찬의 원칙과 기술을 제시한다. 말하기 원칙 3은 흡사 신호등의 파란불과 같다. 적극적으로 지지적 피드백을 사용하자. 상사의 경쟁력, 조직경쟁력이 크게 달라진다.

사람멀미 처방전 제3권

직장인의
입(口) 사용법

차례

제2장
피드백 • 063

제4장
말하기 원칙 2: 교정적 피드백 사용 조심 • 169

책 세 권의
시리즈를 맺으며 • 299

제1장

상사의 '지시' 능력

"배를 만들고 싶다면
사람들에게 목재를 가져오게 하거나,
일을 지시하거나,
일감을 분배하는 일을 하지 말라.

대신 그들에게
저 넓고 끝없는 바다에 대한 동경심을 키워줘라."
— 생텍쥐페리

HOW TO BETTER USE
YOUR MOUTH

어떤 기업의 한 중간관리자가 속에 들어찬 말을 토로했다. '낀 세대'로서 고민이 많았다.

"위에서 지시하면 우리는 척 알아서 군말 없이 무조건 했지요. 요즘 신세대 부하들은 달라요. 앞뒤 배경을 자세히 설명해줘야 하고, 이 일을 왜 해야 하는지 정확한 이유까지 손에 쥐어줘야 움직여요. 일 시키기 전에 그 부하가 다음 주 언제 연차를 냈는지도 고려해야 합니다. 아무리 급해도 휴가를 양보하라고 할 수가 없지요. 대신 내가 뭘 어떻게 도와줘야 하는지 협상해야 해요. 우리와는 다른 종족입니다. 우리에게 익숙한 '까라면 까' 식의 지시 개념이 바뀌어야 하는 것 같아요. 어떻게 바뀌어야 하냐고요? 그건 잘 모르겠어요."

지시는 상사의 기초적 소통 수단이다. 법원 판사의 역량은 판결문에서 나타난다. 검사는 공소장으로 주장한다. 언론사 기자의 실력은 기사에서 드러난다. 교수는 논문으로 주장한다. 마찬가지다. 상사의 판단력, 결단력 등 다양한 능력은 우선 '지시'에서 고스란히 드러난다. 지시에 따라 부하들의 생동감이 달라지고, 따라서 결과가 달라진다. 상사의 훌륭한 지시란 무엇인지 원칙을 살펴보자.

상사의 지시, 세 가지 요소

부하에게 주는 상사의 지시는 다음 세 가지 요소로 구성된다.[1,2] 업무방향 제시, 의미전달 그리고 공감표현. 이 세 가지를 모두 잘하면 훌륭한 상사다. (상사의 지시뿐 아니라 각종 연설도 마찬가지다.) 특히 목숨을 건 치열한 전투 상황에서 지휘관의 지시는 결정적이다.[3]

(상사의 저 지시를 따라야 하나? 나 보고 죽으라는 소린데 ….)

이런 부하들을 어찌 움직일 수 있을까? 다음은 지시의 효과가 극대화된 본보기다.

---

1 Sullivan, J. J. (1988). 이 논문은 상사의 세 가지 형태의 말, 즉 (1) 불확실성 경감 (uncertainty-reducing), (2) 의미전달(meaning-making), (3) 인간적 유대감 형성 (human-bonding)이 부하의 동기 유발과 업무 성과에 끼치는 막대한 영향을 측정하여 그 중요성을 제시했다.

2 Mayfield, J., & Mayfield, M. (2018). 이 논문은 위 Sullivan의 이론을 빌려서 상사의 발언을 다음 세 가지로 구분했다. (1) 업무 방향 제시(direction-giving), (2) 의미전달(meaning-making) 그리고 (3) 공감표현(empathetic). 필자는 이 세 가지 분류를 빌렸다.

3 '지시'와 '명령'은 '무엇을 하게끔 한다.'라는 뜻은 같다. 자세히 살피면 '명령'이라는 단어에는 경직된 상하 관계가 내포되었다. 창의적 해석보다는 절대복종을 요구한다. 주로 군대에서 사용하는 단어다.

업무방향 제시

 사례 1

6·25전쟁의 명장 김종오 9사단장이 '손'을 들
어 395고지(백마고지)를 가리켰다. 그리고 명령
했다.

"30연대 1대대는 내일 13:20에 공격을 개시
해서 저 고지를 재탈환하라."

이는 부하들이 미래에 행할 업무의 '방향제시(direction-giving
language)'다. 고지 탈환이라는 바람직한 '미래의 결과'가 상사의 머릿
속에 그려져 있다. 그 그림을 보여주는 것이다. (현실에서는 안타깝게도 머
릿속에 바람직한 미래의 결과를 그려보지 않고 어수선하게 말하는 상사도 많다.)

업무방향 제시는 ▶방향의 정확성(correctness),[4] ▶표현의 명료함
(clarity) 그리고 ▶적시성(timing)이 생명이다. 손가락, 입 그리고 시계의
문제다. 즉 엉뚱한 고지를 가리킨다면 '정확한' 지시가 아니다. 희생을
각오하고 고지를 점령하라는 건지, 뭘 어쩌라는 건지 분명하지 않다면
'아리송한' 지시다. 결단력이 부족해서 의사결정에 시간을 끈다면 적시
성이 훼손된 '뒤늦은' 지시다. 잘못된 업무방향 제시는 엉뚱함, 모호함

---

4 '정확성'을 영어로는 correctness 또는 accuracy로 표현한다. accuracy는 계산 결과 에러가
   없는 것 자체가 중요할 때 사용한다. 그러나 correctness는 에러가 없으면서도 참(true)인 상
   태다. 이 책에서 '지시의 정확성'이란 지도상에서 정확한 고지를 실수 없이 가리켰을 뿐 아니
   라, 그 고지가 진실로 전략적으로 중요한 지형임을 뜻한다. 반대로 '정확하지 않은 지시'란 '엉
   뚱한 일'을 시키거나 '중요하지 않은 일'을 시키는 것을 말한다.

그리고 뒤늦음이 특징이다.

　업무방향 제시에 포함되어야 할 요소는 ▶시한(언제, 05:00시부터), ▶ 업무 범위(어디서, 395고지 일대), ▶행위 주체(누가, 30연대 1대대) 및 우선순위(최우선), ▶달성 목표(무엇을, 재탈환), ▶과정(어떻게, 대대 돌격) 및 과정상 필요한 정보 및 자원(11번째 재탈환 시도이니 이제 '지원 사격이 없음'을 이미 모두 알고 있다.) 그리고 동기 유발을 위한 ▶보상(말하지 않아도 안다. 전사 후 훈장)이다. '언제, 어디서, 누가, 무엇을, 어떻게'를 다 말했다. '왜'는 특별히 다음 의미전달에서 설명한다.

의미전달

 사례 2

김종오 사단장이 말을 잇는다.

　"적의 손에서 저 고지를 재탈환하지 못한다면, 철원평야 일대의 아군 전선은 모두 무너지고 우리는 15km를 후퇴해야 한다. 너희들 투지에 달렸다. 반드시 탈환해서 이 광활한 철원평야를 조국의 품에 안기자."

　이는 '의미전달(meaning-making language)'이다. ▶조직의 원대한 비전 및 목적을 설명한다. 상사가 더욱 큰 그림을 보여주는 것이다. 주어진 목표는 저기 '고지' 하나이지만, 그 가치는 '광활한 평야'라는 의미를 부여한다.

▶ "아, 사단장님께서 직접 오셨네!" "아, 엄청 중요한 작전이구나!" 업무에 큰 가치를 부여한다.

▶ "내 한 몸, 조국을 위해 불사르자!" 개인적 목표보다 조직의 목표를 기꺼이 수용하게끔 만든다. 상사의 가치관 제시가 부하들의 투혼을 불러일으킨다.

이 세상의 훌륭한 리더는 '왜(why)'라는 의미를 잘 설명한다. 자신의 신념을 설파함으로써 비전, 목적, 대의명분 그리고 가치를 표현하는 데 능하다. 무엇을(what), 어떻게(how)는 그다음이다.[5] 애플의 스티브 잡스는 '우리는 세계 최고 상품을 만들었다.'라는 식으로 '무엇(what)'을 결코 말하지 않았다. 대신 '우리는 현상에 도전합니다. 우리의 신념은 다르게 생각하기입니다.(We believe in thinking differently.)'라고 왜(why) 만들었는지 설명했다. 그 신념에 충실하다 보니, 결국 디자인과 기능이 훌륭한 세계 최고의 상품(what)이 나왔다는 뜻이다. 소비자들은 왜(why) 그 상품을 구입했을까? '나 역시 다르다.'라는 자신의 신념을 표현하기 위해서 줄을 서서 구입했다. what이 아니라 why를 산 것이다. 마틴 루서 킹은 I have plan(what)이 아니라 I have dream(why)을 연설했다.

젊은 세대는 더더욱 '의미'를 찾는다. 과거 배고팠던 세대와는 당연히 가치관이 다르다. 매일 반복되는 똑같은 일에서 의미를 찾기는 힘들

---

5   Simon Sinek, TED 강연.

다. 그러니 단순한 업무 평가와 승진 약속만으로 그들의 혼을 불러일으키기는 힘들다. 일의 의미는 나 자신의 이익 도모라는 '개인적' 의도뿐 아니라, 주변에 긍정적인 영향을 끼치는 '사회적' 의도를 모두 가지고 있을 때 더욱더 굳건해진다. 개인적으로, 사회적으로 '왜'라는 '의미전달'이 중요한 이유다.

공감표현

 사례 3

마지막으로 김종오 사단장이 덧붙인다.

"제대로 쉬지도 못한 너희들을 화력 지원도 없이 또다시 보내자니 내 가슴이 찢어진다. 나와 함께 여기에 뼈를 묻자!"

이는 '공감표현(empathetic language)'이다. 부하에게 상사의 진심 어린 관심을 보여준다. 예의, 인간적 정, 공감 그리고 감성적 지원의 표현이다. 부하들의 고통과 역경을 함께 느끼면서 칭찬, 격려, 지원, 신뢰를 보내주는 것이다. 부하 스스로가 한 인간으로서, 조직 구성원으로서, 자신의 가치가 높음을 느끼게 만든다. 입이 아니라 '가슴'으로 하는 말이다. 부하들은 '가슴'으로 받아들인다.[6]

---

6 부하를 향한 상사의 감성적 '공감표현'이 조직의 성과에 대단히 크게 영향을 끼친다는 논문들은 무수히 많다. 다음은 대표적인 논문이다. Dutton, J. E., Workman, K. M., & Hardin, A. E. (2014).

상사의 손, 팔, 가슴 →
부하의 이해, 투지, 감동

기억하기 쉽도록 〈그림 2〉 '지시하는 상사의 손, 팔, 가슴'으로 시각화
해보자.

상사의 손, 팔 그리고 가슴

상사는 ▶'손가락'으로 업무 추진의 방향을 정확하고, 명료하고, 신속
하게 가리킨다.

   ▶'두 팔을 벌려' 비전, 목적 그리고 업무의 중요성을 밝힌다. 업무의
가치를 이해시킨다. '왜(why)'라는 깃발을 내거는 것이다. 그 대의명분
아래 부하들의 혼이 모인다. 상사가 평소 확고한 철학과 가치관을 지녀
야 '혼 부르기'가 가능하다. 상사가 경영환경, 경쟁 변화 그리고 경영전
략에 관한 정보를 많이 보유할 때 큰 그림을 보여줄 수 있다. 부하들의
혼에 불꽃이 튄다.

   그리고 ▶부하들을 가슴에 포옹하고 말한다. 공감표현이다. '인간'을
향한 진정한 애정과 관심의 표현이다.

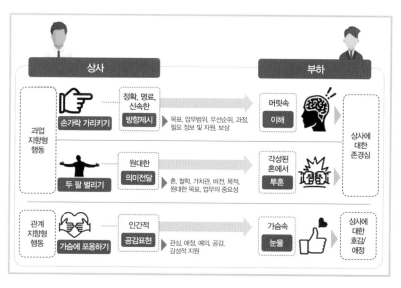

〈그림 2〉 지시하는 상사의 손, 팔, 가슴

부하의 이해, 투혼 그리고 감동

이러한 '업무방향 제시'는 부하들 '머릿속'에 해야 할 일을 명확히 '이해'시킨다. '의미전달'은 부하들을 '각성'시켜 목숨 건 '투혼'에 불타오르게 만든다. 그리고 '공감표현'은 부하들의 '가슴'속에 '감동'을 불러일으킨다.

이렇듯 훌륭한 상사는 손, 두 팔, 가슴으로 말한다. 가리키는 손가락, 벌린 두 팔 그리고 포옹하는 가슴을 보여준다. 손 사용은 좀 자세히 살펴보자.

업무방향 제시의 핵심:
정확, 명료 그리고 신속

다시 말하지만, 업무방향 제시의 생명은 정확성, 명료함 그리고 신속함이다. 업무 방향의 정확성은 판단력에서 비롯되고, 표현의 명료함은 소통능력에 좌우되며, 신속함은 결단력에서 나온다. 리더의 자질 중 특히이 판단력, 소통능력 그리고 결단력이 뛰어난 사람이 유능한 상사다.[7]

유능한 형사 반장의 가설

 사례 4

살인 사건 현장이다. 시신은 참혹하다. 수십 군데를 칼로 마구 찔렸다. 즉 난자(亂刺)당했다. 형사반장에게 김 형사가 보고한다.

"현관이나 창문에 침입 흔적은 없습니다."

7　판단력이 훌륭하다는 말은 의사결정의 질이 좋다는 뜻이다. 이는 사후 결과로써 평가할 수 있다. 반면 결단력은 의사결정의 속도와 강도를 의미한다. 완벽한 정보와 분석을 가져오라고 주문하면서 의사결정을 질질 끌거나, 의사결정을 번복하는 사람의 결단력이 결코 훌륭하다고 말할 수는 없다.

이 형사도 보고한다.

"집안에 손탄 것도 없는데요. 귀금속이니 현금이니 다 그대로입니다."

보고받던 형사 반장이 잠시 생각하더니 즉각 업무방향을 제시해준다.

"김 형사는 친척 중 최근 다툰 사람이 있는가 찾아보고, 이 형사는 직장에서 원한관계를 들춰보고, 박 형사는 친구나 지인들 좀 밟아봐. 최 형사는 인근 CCTV 뒤져보고. 인근 우범자 정보는 필요 없어!"

만약 무능한 형사 반장이었다면 어떻게 지시했을까?

"야, 이놈들아! 뭐해! 빨리 나가서 범인 잡아 와!"

꽹과리 같은 목소리로 득달같이 다그쳤을 것이다.

반면 유능한 상사의 업무방향 제시는 정확, 명료 그리고 신속하다. 데이터 수집의 범위까지 밝혀준다. 어떻게 가능할까? 잠정적 결론, 즉 가설을 즉각 수립할 수 있는 형사 반장의 역량 때문이다.

다음 쪽의 〈그림 3〉을 보자. 형사 반장의 가설은 다음과 같다. 결과(즉 난자된 시신, 침입 흔적 없음. 그리고 귀중품은 손타지 않았음.)를 확인했다. → 원인 제공자는 지인(문을 열어주었으니 범인은 강도가 아님.)이다. → 따라서 범인은 원한(필요 이상으로 여러 번 찌름.) 관계 내에서 찾는다. 형사 반장의 이런 가설 수립 능력 때문이다. 부하들에게 신속한 업무방향 제시가 명료한 표현으로 전달됐다. 이 판단은 분명 정확할 것이다.

업무방향 제시가 유능한 상사는 원인과 결과를 연결하는 잠정적인 논리가 머릿속에 떠오른다. 즉 정확하고 신속하게 가설을 수립할 수 있

〈그림 3〉 형사반장의 가설

는 사람이다. 머릿속에 쌓여 있는 이론(주로 인과관계 논리)이 많다. 경험
이 많거나 지식이 풍부하기 때문이다.

경험과 독서의 힘

우리는 매일 매 순간 원인과 결과를 연결하는 가설을 세우며 산다. 예
를 들어, 명석한 아이는 경험(예: 과거 만취해서 귀가한 아버지를 목격한 경
험)이 조금만 쌓여도 곧잘 가설을 수립한다.

(아빠가 또 엄청 술 마셨네!) → 원인을 확인한 후 → *(음, 엄마가 곧
화를 내겠군.)* 결과를 잠정적으로 예측한다.

"여보! 또 술 마셨어요! 아이고 나 못살아!"

화내는 엄마를 힐끗 쳐다보며 아이는 자신의 가설, 즉 잠정적 결론
이 맞아떨어짐을 확인한다.

창의력을 발휘하는 직장인들은 온종일 수많은 가설을 세운다.

(혹, 이런 아이디어? → 매출 증대 또는 새로운 이익 창출?)

유능한 상사의 절대 조건인 업무방향 제시의 정확성, 명료성 그리고 신속성은 가설 수립 역량에서 비롯된다. 이는 거듭, 풍부한 경험과 지식에서 나온다. 경험 많은 사람과 늘 책을 읽는 사람을 당할 수는 없다.

더 훌륭한 상사: '귀'의 사용

위 사례에서 만약 형사반장이 다음과 같이 말했다면 어떤 효과가 나올까?

 사례 5

"침입 흔적이 없다고? 그럼 김 형사, 어찌 생각하니?" *(확인 질문과 유도형 질문이다.)*

"피살자와 범인이 아마도 잘 아는 사이일 것 같은데요."

"그렇지. 난자당한 시신을 보고 너희들은 어떻게 생각하니?" *(역시 유도형 질문이다.)*

"원한 관계에 의한 살인 아닙니까?"

"그렇지. 그럼 누구를 조사해야 할까?" *(유도형 질문이다.)*

"친인척, 직장 동료, 친구 등이겠지요."

"그렇지. 누가 누구를 맡을까?" *(모색형 질문에 가깝다.)*

사실 너무 뻔한 상황이라 이럴 필요는 없다. 그러나 다급한 상황이 아니기에 시간 여유가 있나 보다. 형사 반장은 질문만 던졌다. 그리고 귀를 기울여 들어줬다. 상황이 허용한다면, 질문과 경청은 더욱더 훌륭한 업무방향 제시 방법이다. 즉 훌륭한 리더는 '들어주는' 언어적 전략을 잘 활용한다. 답변이 신통치 않다면 다시 질문한다. 그럼으로써 부하들의 참여를 끌어낸다. 의사결정 과정에서 참여(participation)는 추진 과정에서 열정(enthusiasm), 헌신(commitment) 그리고 만족감(job satisfaction)을 불러 온다. 민주적 리더십의 장점이다. 고수는 업무방향을 제시할 때 '손' 대신 '귀'를 사용한다.

하지만 오해하지 말자. 상황론을 이해하자. 매우 급한 상황이라면 민주적 리더십 스타일보다는 독단적 리더십 발휘가 긴요하다. 지시의 '적시성'이 대단히 중요한 때에도 나몰라라식으로 '귀'를 사용하라는 뜻은 아니다. 예를 들어, 전쟁터에서 적군이 코앞까지 몰려온 상황이라고 하자. 상사는 즉각 '손'을 들어 정확하고 명료한 지시를 내려야 한다. 그런 위급한 상황에서 "어떻게 했으면 좋겠니? 돌아가면서 말해보자." 회의를 소집해서 '귀'만 들이댄다면 상황론적 리더십(situational leadership)을 이해 못하는 무능한 상사다. 부대는 전멸한다.
　　확실한 이해를 위해 사례를 공부해보자. 상사의 각종 지시 사례다.

사례: 업무방향 제시, 의미전달 그리고 공감표현

 사례 6

"우리가 논의한 대로 수정·보완해서 내일 퇴근 전까지 이 보고서를 완성하자.*(업무방향 제시)* 시장 선점은 죽느냐 사느냐의 문제다. 우리 회사의 미래가 걸린 일이다.*(의미전달)* 계속 야근해서 힘들겠지만, 나랑 같이 조금만 더 참자.*(공감표현)*"

세 가지 형태의 말, 즉 '업무방향 제시(손가락)', '의미전달(두 팔)' 그리고 '공감표현(가슴)'을 조금씩이나마 다 했다.

만약 회사 사장이 다음과 같이 말했다면, 이는 업무방향 제시인가? 의미전달인가? 아니면 공감표현인가?

"앞으로 내가 참석하는 모든 회의에 경영혁신팀도 참석시켜라."

이는 참석을 요구하는 '업무방향 제시'뿐만 아니라, '의미전달'이기도 하다. '회사의 경영혁신이 나의 최고 관심사'라는 의미를 전달했기 때문이다.

임직원 공로표창식에서 행하는 대표의 연설은 주로 '의미전달'이다.

수상자의 공로를 칭송하면서 조직 구성원들에게 어떠한 조직문화, 즉 어떠한 가치관과 행동이 바람직한지를 전달하기 때문이다. 지시의 사례를 더 살펴보자.

신비로운 '빛 내림' 효과 속의 의미전달

 사례 7

평소 나의 꾸준한 '설교'에 지쳐 툴툴대던 아들 녀석이 한번은 아비의 눈물 어린 '교육' 효과를 인정해줬다. 오래전, 아들이 전방에서 소대장을 할 때다.

적군이 포격을 퍼부으면, 곧 공격한다는 뜻이다. 아군은 즉시 지하 방공호에 뛰어들어 엄청난 포탄의 굉음을 우선 견뎌내야 한다. '초전 생존성 보장!' 후퇴할 곳 없는 백령도에서는 최고로 중요하다. 그날도, 늘 해왔기에 둔감하게 되어버린 그런 훈련이었다. 추위가 살을 에었다. 소대원 수십 명이 어두운 지하의 차디찬 콘크리트 바닥에 웅크리고 앉았다. 철썩철썩~, 해변에 널린 바위들이 겨울 파도를 견디며 쏟아내는 싸늘한 신음 소리만 들렸다. 소대원들은 분명 멍하니 한 가지만 생각하고 있을 터다.

(한없이 긴 이 훈련이 어서 끝나길!)

새벽까지 이어진 야간 경계 근무에 지친 대원들이 꿍얼거리기 시작했다. 추위와 졸음 그리고 짜증이 점차 여기저기 욕설 섞인 말다툼으로 이어졌다. 이러다가 자칫 실탄이 발사되겠다. '조용히 해!' 소리칠까 하다가, 소대장이 엄숙히 한마디 꺼냈다.

"주목! 너희들, 우리가 왜 이곳에서 이 추위에 떨고 있어야 한다고 생각하나?"

대원들이 갑자기 잠잠해졌다. 살을 에는 바람이 횡횡~ 구슬프게 곡하는 소리만 들렸다. 고참을 지명하니 모범 답변이 나오긴 했다.

"끝까지 살아남아서 이곳을 사수하기 위함입다!"

맞는 말이다. 정신 교육의 결과다.

"그래, 근데 무엇을 위해서 그렇게 해야 한다고 생각하나?"

'왜(why)', 즉 의미를 묻는 질문이었다.

그 순간이었다! 도저히 믿기 힘들지만, 아들의 증언에 의하면, 어두 침침한 방공호 어딘가에서 가녀린 한 줄기 빛이 내려와 자신의 얼굴을 비추기 시작했다고 한다. 자고로 군대 이야기는 사뭇 침소봉대의 떠벌리기와 극적 과장을 빼면 진전이 안 된다. 모른 척 그냥 들어주자. 그 신비로운(?) '빛 내림'을 받으며 소대장이 '닭살' 돋는 말을 이어갔다. 그 중저음의 나지막한 말소리는 방공호 울림 효과로 BOSE 스피커에서 나오듯 웅장하고 묵직하게 퍼졌다고 한다.

"우리가 이 뜨거운 청춘에, 왜 이 차디찬 곳에서, 왜 이 피곤한 육신을 쭈그리고 있어야 할까? 남자라서 어쩔 수 없이 끌려온 건가? 결코, 아니다. 소대장은 우리가 훨씬 더 큰일을 하고 있다고 믿는다. 우리의 선배들이 이 해변에서 피 뿌리며 지킨 것이 무엇인가? 바로 자유민주주의다! 우리가 무엇을 수호하고 있다고?"

"자유민주주의입다!"

"그래 맞다. 우리는 지금 청춘과 목숨을 바쳐 조국의 자유민주주의를 지키고 있다! 우리는 대한민국 해병이다. 훗날 우리도 자유민주주의를 위해 싸웠던 영웅들로 역사에 남을 것이다. 적과 싸우기 전에 우리는 이 추위와 싸워 이기고 있다! 내가, 이 소대장이 너희들을 자랑스럽게 여기듯이, 너희도 자신을 스스로 자랑스럽게 생각하라!"

그토록 낭자하던 겨울 바닷바람의 곡소리가 문득 숨죽인 듯 귀에서 멀어졌다. 묵직한 숙연함이 추위와 권태를 몰아내자, 자신을 비추던 한 줄기 빛도 시나브로 사그라졌다고 한다. 그냥 믿자. 어둠 속에서 대원들의 두 눈만 번쩍였다는 주장이다. (참자. 부디 이 책을 집어 던지지는 말자.)

"아버지, 뜻밖에도 의미전달 이론이 꽤 효과 있던데요!"

아니, '뜻밖에도'라니? 제 아비를 여태 뭐로 보았단 말인가?

직장인들이 출근하면서 스스로 묻는다. 나는 지금 개인적·사회적으로 의미 있는 일을 하고 있는가? 의미를 찾아 그것을 부하에게 주지시키는 일은 상사의 몫이다. 어떤 정보통신 회사는 '우리는 돈 버는 일을 하고 있다.(making profit)'라고 말하지 않는다. 대신 '우리는 사람과 사람을 연결하는 일을 하고 있다.(linking people)'라고 주장한다. 의미를 찾아 전달하자. 부하들의 투지가 불타오른다.

사투를 벌이는 의료진에게 보내는 의미전달

 사례 8

코로나19 바이러스가 우리나라를 덮쳤을 때다. 특히 대구 지역에 전염이 심했다. 하루에 천여 명 넘게 늘어나는 확진자 치료에 의료진은 사투를 벌였다. 꽁꽁 싸매 입은 방호복 속으로 땀이 빗물처럼 흘렀다. 두세 시간을 버티기 힘들 정도였다. 그런데도 많은 의료진이 자원봉사를 자청하며 위험과 고생을 무릅쓰고 대구로 들어갔다.

사진의 병원 게시판을 보자.[8] 제대로 쉬지도 못하고 바이러스와 싸우는 의료진을 응원하는 메시지가 가득 붙었다. 대구뿐 아니라 전국에서 날아든 편지들이다. 삐뚤빼뚤 어린 손으로 여러 차례 고쳐 쓴 편지도 많다.

"얼마나 힘들까. 얼마나 더울까. 코로나19 최전선에 계신 분들께

병원 게시판의 의료진 격려 메시지(이미지 출처_뉴스1)

---

8 공정식. (2020. 3. 17.).

존경과 감사의 마음을 보냅니다." "감염될 수도 있는 상황에서 직접 내려와 저희를 지켜주셔서 감사합니다." "힘내세요. 우리의 영웅들!" "당장 내일이 힘든 자영업자지만, 오늘 더 힘든 당신을 응원합니다."(대구 칠성야시장 청년 상인들이 의료진에게 보낸 도시락 문구.) "조금만 더 힘을 내주세요. 잊지 않겠습니다. 정말 감사합니다." "저희가 드리는 간식 많이 드시고 힘내세요." "힘들게 봉사하시는 모습을 보고 많이 감동하였습니다. 슈퍼 히어로보다 멋진 최고의 영웅들. 저도 함께 응원할게요. 화이팅!"

격리병동에 근무 중인 한 간호사는 "지치고 힘든 나날의 연속이지만 편지가 큰 위로가 된다. 진심이 담긴 편지에 눈시울이 붉어진다."고 말했다.[9]

사람들이 죽어 나가는 무서운 전염병이었다. 두려움에 떨면서도 그 속으로 뛰어든 그들의 용기와 헌신의 원천은 무엇일까? 첫째는 전문 직업인의 소명 의식(commitment to the calling)이다. 소명 의식이란 원래 종교적 개념으로서 '신의 부름을 받아 헌신한다.'라는 의미였다. 그러나 차츰 일반화되어 '개인적으로나 사회적으로 의미 있는 일에 헌신하여 자기 삶의 목적을 실현하려는 가치관과 의지'로 개념이 확장되었다. 의료진은 그 소명 의식을 교육받은 사람들이다. 의사들의 히포크라테스 선서는 이렇게 시작한다. '이제 의업에 종사하는 일원으로서 인정받는 이 순간, 나의 생애를 인류 봉사에 바칠 것을 엄숙히 서약하노라.'

---

9   한무선. (2020. 3. 16.).

간호사들은 임상 실습을 나가기 전에 촛불을 들고 '나는 일생을 의롭게 살며 … 나의 간호를 받는 사람들의 안녕을 위하여 헌신하겠다.'라고 나이팅게일 선서식을 거행한다. 전문 직업인의 소명 의식은 이 사회를 지탱하는 귀중한 무형 자산이다. 용기와 헌신의 원천이다.

둘째는 시민과 어린아이들이 보낸 편지다. 자아실현이라는 이상적인 자신의 모습을 뛰어넘어, 이 사회에 선한 영향력을 끼치고 있다는 사회적 의미를 새삼 깨닫게 된 것이다. 개인적 삶의 의미가 사회적 의미로 확장되었을 때 일의 의미는 백배, 천배 강화된다. 삐뚤빼뚤 쓴 편지는 바로, 종종 격려와 칭찬으로 표현하는 그 '의미전달'이었다.

마틴 루서 킹의 공감표현, 의미전달

사례 9

1963년 마틴 루서 킹 목사의 연설이 감동적이다.

"그로부터 백 년이 지난 오늘, (중략) 흑인들은, 이 거대한 물질적 풍요의 바다 한가운데 있는 빈곤의 섬에서 외롭게 살아가고 있습니다.(공감표현) (중략) 나에게는 꿈이 있습니다! 언젠가 이 나라가 모든 인간은 평등하게 태어났다는 것을 자명한 진실로 받아들이고, 그 진정한 의미를 신조로 살아가게 되는 날이 오리라는 꿈입니다. 언젠가는 조지아의 붉은 언덕 위에 예전에 노예였던 부모의 자식과 그 노예의 주인이었던 부모의 자식이 형제애의 식탁에 함께 둘러앉는 날이 오리라는 꿈입니다. (중략) 나에게는 꿈이 있습니다! 나의 네 자녀가 피부색이 아니라 인격에 따라 평가받는 그런 나라에서 살게 되는 날이 오리라는 꿈입니다.(의미전달)"

킹 목사가 업무방향을 제시할 계제는 아니었다. 즉 사람들이 미래에 취할 구체적인 행동을 제시하지는 않았다. 국가의 비전과 바람직한 가치관을 설파했다. '의미전달'이다. 가슴을 뜨겁게 만드는 '공감표현'을 동원하여, 혼으로 가득 찬 '의미전달'의 수용성을 높였다.

박항서 감독의 의미전달, 공감표현, 업무방향 제시

 사례 10

베트남 축구 대표팀을 맡은 박항서 감독은 이 세 가지를 모두 잘한다. 그러니 성적이 훌륭하다. 베트남의 영웅이 되었다.

"훈련이 힘들다고? 너희들의 훈련비는 국민이 낸 세금이다. 너희들은 조국을 위해 뛰는 대표팀이다. 힘들 때마다 너희들 가슴에 붙은 금성홍기를 생각하라!"

평소 늘 이렇게 의미전달에 힘을 쏟는다.

공감표현은 말 대신 행동으로 보여준다. 선수들을 자주 껴안아주

고, 아픈 선수의 발 마사지를 직접 해주고, 선수들에게 서슴없이 장난
을 거는 등 친형님처럼 정서적 공감대를 형성했다.

"오늘 강팀을 만났다. 수비 위주 전략이다. 기습으로 득점한다."

감독의 이러한 업무방향 제시를 선수들은 의심이나 망설임 없이 명
료하게 이해하고 신뢰한다. 평소 지속해온 의미전달과 공감표현의 효
과 덕분이다.

현실은 '까라면 까' 위주

우리 모두 업무방향 제시, 의미전달 그리고 공감표현의 중요성과 효과를 이해했다. 그러나 안타깝게도 현실에서 이 세 가지가 잘 적용되는 경우를 찾기 어렵다. 무릇 상사의 말에는 '업무방향 제시'가 대부분을 차지한다.[10] '손가락'만 쓴다. 차갑다. 리더십 이론은 리더의 행위를 두 가지로 분류했다. 즉 과업지향형(task oriented)과 관계지향형(social-maintenance oriented) 행동이다.[11] 두 가지를 모두 잘해야 훌륭한 리더다. 하지만 심지어 훌륭한 공적을 축하하는 자리에서도 '더 열심히 일해라.'라고 김빠지게 '업무방향 제시'의 열변만 토하는 CEO도 존재한

---

10 Sarros, J. C., Luca, E., Densten, I., & Santora, J. C. (2014). 이 논문은 호주 CEO들의 발언을 관찰했다. 업무방향 제시(direction-giving language)가 현저히 많이 사용되었다. 상사들의 지시는 대부분 이렇다. 가히 세계적으로 두드러진 현상이다.

11 "내일 아침까지 보고서를 제출해요!" 이는 과업지향형 행동이다. "아이가 아프다더니, 괜찮아졌나요?" 이는 업무와 상관없는 말이다. 관계지향형 행동이다. 관계지향형 행동은 부하들을 향한 관심에서 비롯된다. 조직 구성원의 사기를 유지하기 위한 행동이다. "오늘 퇴근 후 같이 술 한잔할까?" 만약 부하가 진정 반긴다면, 이는 관계지향형 행동이다. 그러나 술자리에서 업무 이야기를 한다면 이는 과업지향형 행동이다. 과업지향형 행동을 잘하면 부하들의 존경을 받는다. 훌륭한 관계지향형 행동은 부하들의 호감과 애정을 받는다. 훌륭한 리더는 이 둘을 모두 뛰어나게 잘한다. 물론 역동적인 경영환경에서는 부하들이 상사의 과업지향형 행동을 더 많이 요구한다. 정적인 경영환경에서는 관계지향형 행동에 대한 기대가 높다.

다. 지독한 과업지향형 상사다. 인간을 이해 못 하는 사람이다. 부하는
'혼'과 '가슴'을 지닌 인간이다. 로봇이 아니다.

의미전달의 부족

상사의 '의미전달'은 늘 부족하다. 그러니 부하들 머릿속에 실구름이
퍼진다. 의구심이다.

*(이걸 왜 해야 하지? 또 쓸데없는 일 시키네! 중요한 일도 아닌 것
같은데 왜 호들갑이지? 누구 좋아하라고 우리가 이 일을 해야 하나?)*

의미전달은 실패했다. 안타깝게도 업무의 큰 가치를 이해시키지 못
한다. 투혼과 열정은 사그라진다. 헌신과 희생을 찾을 수 없다. 개인의
목적과 조직의 목적이 따로 논다.

학교 교육의 문제일까? '삼국통일은 서기 676년 ….' 엄청난 분량의
정보와 지식을 그저 외우기만 했다. 삼국통일의 배경과 의미를 숙고할
틈은 없었다. 호기심은 일어나지 않았고, 재미도 없었다. 결코, 자기 주
도형 학습은 아니었다. 동기를 유발하는 의미전달의 중요성을 체감하
지 못했다. 그런데 성인이 되어서 의미전달을 하려니 생뚱맞다. 해보
지 않아 어렵다. 그래서일까? 우리의 소통, 특히 상사의 지시에서 '왜
(why)?'를 설명하는 '의미전달'은 통상 부족하다.

공감표현 결여

아쉽게도 상사와 부하의 가슴을 연결하는 '공감표현'은 가뭄에 콩 나듯이 적다. 부하의 침체한 감정, 괴로운 심리 상태를 알아주고 부하의 가치를 인정해주는 그런 상사가 참으로 드물다는 뜻이다. 그러니 업무방향 제시는 효과가 떨어진다. 업무는 권위에 눌려 피동적으로 수행해야할 일로 인식될 뿐이다. 수많은 경영학자가 '공감표현'의 중요성을 강조한다.[12] 공감표현이 상사와 부하의 권력 차이를 희석한다. 부하의 자

---

12 Dutton, J. E., Workman, K. M., & Hardin, A. E. (2014). 최근 조직 내에서 '공감'의 중요성을 강조하는 학술 논문이 부쩍 늘었다. 이 논문은 그러한 다양한 논문들을 분석했다. 공감은 인간관계를 형성하는 주된 요소이며, 부하의 어려움을 느끼고, 인지하고, 경감시키는 중요한 리더십의 요체라고 주장한다. 공감이 부하 개인에게, 부하와 상사의 인간관계에 그리고 조직에 끼치는 막대한 영향을 강조했다.

발성과 능동성이 살아난다.

안타깝다. 상사의 지시는 종종 '군말 없이 까라면 까! 이유와 의미는 알 필요도 없고, 너는 감정 없는 로봇이야!'라는 식이다. 부하에게 권력의 불균형 상태를 뼈저리게 인식시킨다. 나는 훌륭한 상사인가? 혹 그렇다고 선뜻 답하기 힘든가? 부하들에게 통상 어떻게 지시하는지, 나 자신을 살펴보면 답이 나온다.

지시 효과 극대화 조건: 일관성

지시의 효과를 극대화하기 위해서 할 일이 한 가지 더 있다. 상사의 언행이 일관되어야 한다. '말'의 신뢰성 때문이다. 모든 인간관계가 그렇지만, 상사의 신뢰는 한 번 깨지면 복구하기 힘들다. 믿었던 강아지에게 갑자기 세게 물려본 적 있는가? 그 강아지가 아무리 꼬리를 쳐도 절대 곁에 가지 않게 된다. 한 번 뒤통수 맞은 부하들은 상사의 말을 절대 믿지 않는다. 상사에게 재도전의 기회는 없다.

언행일치: '저 신혼부부들은 뭐야?'

사례 11

어떤 그룹의 회장은 늘 '혁신'을 강조했다. 어느 주말에 회장이 골프채를 들고 그룹이 운영하는 리조트에 갔다. 리조트는 적자가 누적된 상태였다. 회장의 눈에 웃고 떠드는 젊은 사람들이 곳곳에 보였다. 신혼부부들이었다. 남녀가 딱 붙어 있거나 손을 꼭 잡고 다니니, 쉽게 눈에 띌 수밖에 없었다.

"저게 뭐야!"

뒤따르던 리조트 사장이 보고했다. 이번에 새로 취임한 사람이었다.

"신혼부부들입니다. 저희가 혁신 좀 했습니다. 하와이, 괌 등 해외 리조트와 제휴해서 신혼부부를 위한 연계 여행 패키지 상품을 개발했습니다."

그러자 회장이 갑자기 호통쳤다.

"혁신은 무슨 혁신! 내가 언제 자네에게 돈 벌라고 했나!"

회장은 마구잡이 저가 임대가 최고급 휴양시설의 품격을 떨어뜨린다고 생각했나 보다. 그래도 그렇지. 혁신은 실패할 수도 있다. 하지만 혁신하라고 해놓고 혁신 시도 자체에 대해 질책하면 어쩌나? 소문은 빛의 속도로 빨리 퍼졌다. 필자의 귀에도 수군거리는 소리가 들렸다. 그 후 회장이 아무리 혁신을 강조하고 지시해도, 그룹 계열사에서 혁신 노력은 깨끗이 사라져 버렸다.

자고로 경영 혁신은 쉽지 않다. 새로움을 향한 도전, 그게 만약 그리 쉬웠다면, 우리 주변에는 진작 세계적인 일류조직들로 꽉 들어차 있었을 것이다. 쉽지 않다. 모든 경영 혁신에는 각종 저항이 뒤따르기 때문이다. 그래서 실패하는 경우가 훨씬 더 많다. 아니 거꾸로 말하자면, 그 엄청난 저항과 수많은 실패를 견뎌내야만 경영 혁신은 성공한다는 뜻이다. 그러니 회장이 '말'로써 경영 혁신을 지시했다면, 그 회장은 '행동'으로 저항을 막아주고, 실패를 용인해야 했다. 즉 말과 행동이 일치해야 한다. 그런데 위 사례를 다시 보자. 기가 막히게도 새로움을 향한 도전에 저항한 사람이 바로 회장 자신이다. 말과 행동의 일관성이 무너졌다. 아니, 모순이다. 앞으로 이런 상사의 지시가 부하들에게 먹힐까?

또한, 경영 혁신을 지시했다면 실패도 감수하는 행동이 따라야 한다. 마음에 안 들었다면, 업무방향 제시를 다시 해야 했다.

"내가 생각하는 리조트는 고품격이요."

행동적 일관성이 없는 지시는 지시가 아니다. 부하들은 그렇게 생각한다. 말과 행동은 일치해야 한다.

상사가 일장 연설 끝에 다음과 같이 지시했다.

"회사 차원에서 중요한 보고서이니 내일까지 완성하자!"

그래 놓고 상사 자신은 휴가를 떠난다면 부하들은 어떻게 생각할까? 언행 불일치는 인격적 신뢰를 허물어버린다. 인격적 불신은 부하들 가슴속에서 상사를 향한 존경심과 애정을 소멸시킨다. 리더십의 끔찍한 붕괴다. 상사의 말과 행동이 제각기 다를 때 부하들은 무엇을 따를까? 상사의 행동이다. 말이 아니다.

공감표현의 강화

모든 지시에 가능한 세 가지를 함께 섞는 습관이 필요하다. 입만 열면 업무방향 제시가 전부인 상사가 대부분이기 때문이다. 부하들은 이런 상사를 혹시 존경할지언정 좋아하기는 힘들다. 반대로 간혹 공감표현을 잘하는 '따스한' 상사의 발언 속에서, 아쉽게도 정확하고 명료하고 신속한 업무방향 제시는 찾아보기 힘든 경우도 많다. 이런 상사를 부하들은 좋아할지언정 존경하지는 않는다. 목숨 건 전쟁터에 함께 모시고 나갈 상사는 결코 아니다. 업무방향 제시, 의미전달 그리고 공감표현. 이 세 가지를 모두 잘하려고 애써보자.

　조직 내 소통론(organizational communications)의 많은 연구 결과도 같은 말을 한다. 특히, 세 번째인 공감표현을 대폭 늘려야 한다고 주장한다.[13] 공감능력이 선천적으로 떨어지는 사람도 학습해서 개선할 수 있다. 이미 제1권 '직장인의 마음(心) 사용법'에서 언급했다. 리더십이 필연적으로 타고 난 자질이 아니듯, 공감능력도 관심을 쏟아 훈련한다면 향상할 수 있다.

13　Holmes, W. T., & Parker, M. A. (2017). 이 논문의 배경 연구에서 상사의 지시 효과 극대화를 위한 전제조건을 논했다. 특히 공감표현의 가치를 강조하였다.

평균적 상사 이야기

다음 사례는 우리 직장의 적나라한 현실을 보여준다. 부하가 묘사하는 평균적인 직장인의 삶을 들여다보자. 한 여성이 필자에게 직장인의 하소연을 토로했다.

 사례 12

교수님, 있잖아요. 팀장을 모시고 팀원들 모두 회의실에 모인 자리였어요. 제가 보고를 시작했지요.

"팀장님, 지난주에 지시하신 당사 기존 제품 성능개선 방안입니다. AI 등 첨단 기술을 활용해서 ….."

학대성 '행동적' 피드백

그런데 보고를 시작하자마자, 팀장은 제 말은 들을 생각도 않고, 혼자서 파워포인트 보고서를 휘리릭 한 장씩 넘기며 훑어보는 겁니다. (어머? 왜 이러시지? 내가 뭐 말을 잘못했나? 보고서 제목이 문제인가?)

부하는 긴장하게 됩니다.

(저분은 이 조마조마한 심정을 왜 느끼지 못할까?)

사실 팀장이 크게 잘못한 것은 없어요. 직장 내 괴롭힘이라고 꼭 꼬집어낼 수도 없어요. 그런데 뭔가 모르겠지만, 팀장의 예민성 부족이 부하들을 긴장시키고 기분 나쁘게 만드는 것은 사실인 듯해요.

학대성 '언어적' 피드백

언뜻 훑어봤으니 그렇지요. 보고서에서 자신의 입맛에 맞는 내용을 찾지 못한 겁니다. 애먼 피드백이 쏟아집니다.

"아니, 파워포인트가 이게 뭐냐? 빨갛고 파랗고 노랗고 …. 니네 집 무당집이니?"

"…." *(어머나, 웬 시비야? 자신은 과거에 부하 안 해봤나? 점잖은 말로 해도 될 텐데 …. 이 사람 뇌가 어떻게 잘못된 것 아냐? 근데 우리 집이 무당집이라고? 야! 그래, 나 귀신 쓰였다! 지난주부터 작두 탄다! 어쩔래!)*

아니~, 교수님~, 그렇잖아요? 좀 점잖게 '내가 전에 강조했던 내용이 어디에 있니?'라고 물어보면 되잖아요. 디자인이 좀 정신없어 보이면 '좀 현란한 듯하네. 윗사람 적성에는 맞지 않을 듯해. 좀 고치자.'라면 되잖아요. 무당집? 팀장은 농담이라고 생각했겠지만, 부하 입장은 그게 아니지요. 우리 엄마가 왜 무당이에요? 왜 부하에게 상처를 줘야만 직성이 풀릴까요? 아니, 상처를 주는지조차도 모르는 것 같아요. 이거 정말 뇌 문제 아닌가요?

부정확, 불명료한 업무방향 제시

이러면 설령 낭패를 보더라도 오기가 불끈 솟지요.

"팀장님, 전에 말씀해주신 인공지능 관련 내용이 여기 있는데요."

그러면 잠시 들여다보긴 해요.

"이게 뭐야? 다 바꿔!"

그러고는 벌떡 일어납니다. 양손에 각종 색깔의 펜을 들고 회의실 화이트보드를 가득 채우며 또다시 난삽하게 강연 같지도 않은 강연을 하지요.

(어머나, 또 딴소리하네! 전에 말한 내용하고는 왜 또 다르지? 인제 와서 빅데이터 이야기는 또 뭐야? 에이 씨, 자기도 생각 안 해봤구나! 자기도 파란색, 빨간색, 죄다 쓰면서 …. 지도 무당이네! 칼춤을 추는구먼. 그래 나랑 같이 출까? 잘한다. 잘한다! 이제 시퍼런 작두 위에 올라타라!)

교수님, 참 죄송해요. 곰곰이 따져보면, 그 팀장도 자기 생각을 어떻게 정리할지 모르겠고, 수정 방향을 어떻게 안내할지 몰라서 그랬던 게 아닌가 싶기도 해요. 물론 저도 사실 잘못이 전혀 없다고 볼 수는 없지요. 적극적으로 찾아가서 중간보고도 하고 질문도 하고 그랬으면, 팀장이 생각을 좀 제대로 정리할 수 있었겠지요. 그런데요, 그 팀장을 찾아가기가 죽도록 싫은 걸 어떡해요.

"미안하다. 내가 그때 생각을 완전히 다 못 했구나."

이렇게 솔직히 말하면 인격적으로 존경이라도 받을 텐데 …. 상사로서 위엄은 지켜야겠기에 당장 떠오르는 말을 '부정확'하고 '불명료'

하게 함부로 쏟아내는 거겠지요. 그 자리에서 당장 피드백을 줄 필요
도 없는데 말이죠. 부하들에게 뭐라도 꼭 '지적질'이나 '교육'해야만
권위가 선다고 생각하는 상사도 많아요. 일종의 떨치지 못하는 강박
관념이지요.

"음, 이 보고서가 조금만 더 보완되면 좋을 것 같은데 …. 나도 당
장 아이디어가 안 떠오르네. 좀 생각해보고 곧 피드백 줄게."

이렇게 진솔하게 말해도 되는데 말입니다.

부족한 의미전달

자신도 어찌할지 잘 모르겠으면 차라리 의미만 전달해주면 되잖아요.

"우리 회사의 미래 성장 동력을 찾는 거야. 우리 회사의 기존 기술
을 바탕으로 시작해야 하겠지만, 제조업뿐만 아니라 서비스업으로도
나가야 하지 않을까?"

왜 진작 이렇게 목적 및 비전 등 큰 그림을 설명하지 않았냐는 겁니
다. 며칠 전에는 칠판 가득히 인공지능 이야기만 하면서 무당이 칼춤
추듯이 난삽하게 자기 지식 자랑만 해놓고는 ….

모자란 공감능력

보고를 끝내고 자리에 앉는 제 뒤통수에 대고 뭐라고 하긴 합니다.

"수고했어. 잘 해봐."

(이런, 씨.)

교수님, 그런 기계적인 공감이 부하의 가슴에 와 닿겠어요? 진짜로
아무 의미 없는 피드백이잖아요. 리더십을 글로만 배웠나 봐요. 부하

의 자발성을 전혀 못 끌어내는 상사가 태반이지요.

세상이 바뀌었어요. 업무방향 제시? 조금 못 하면 뭐가 어때요? 부하들이 원하는 것이 뭘까요? 솔직한 상사, 권위 의식 없는 상사, 부하에게 업무의 가치와 의미를 잘 설명해주는 상사 그리고 공감능력을 갖춘 상사가 요즘은 인기(?)인 것 같아요. 최소한 상처 주는 언행은 함부로 하지 않았으면 좋겠어요.

위 사례에서 팀장이 과연 무엇을 그리 크게 잘못했는가? 팀장의 언행을 정리해보자. (1) 급한 마음 탓에 보고서를 처음부터 끝까지 먼저 좀 훑어보았다. (2) '무당집' 농담(?) 한 번 했다. (3) 내용을 바꾸라고 다시 지시했다. (4) 이해를 돕기 위해 빅데이터를 설명했다. (5) 끝으로 수고했다고 치하(?)했다. 도대체 무엇이 잘못이란 말인가? 하지만 이는 팀장 생각이다. 부하는 다르다. 부하의 머리와 가슴을 해부해보면 팀장 생각과는 전혀 다른 모습이 드러난다.

▶근본적으로 경청 태도가 잘못되었다. 결론부터 찾으려는 '행동지향 유형'의 경청 태도를 시작하자마자 다짜고짜 내보이면, 보고하는 부하는 어찌 되는가? 스트레스를 받지 않을 수 없다. 팀장의 공감능력 결여 문제는 지적받아 마땅하다.

▶팀장의 '업무방향 제시'는 이것저것 단편적 사고의 조각들이 엉켜 소용돌이 속을 맴돌았다. 인공지능인지 빅데이터인지 도대체 알 수가 없다. 부하는 그렇게 생각했다. 다음에 보고하면 소용돌이 속에서 맴돌던 사고의 파편 중 무엇이 또 무작위로 떨어질지 모른다. 차라리 업무방향 제시를 안 하는 게 낫겠다.

정확하고 명료하고 신속한 업무방향 제시? 이는 상대적으로 그리 큰 문제는 아니다.[14]

"사실 내가 생각할 시간이 별로 없었다."

솔직히 말하면 된다. (물론 매번 '나도 모르겠다.'라고 말한다면 상사의 자격이 의심받겠지만.)

▶부하의 영혼에 광풍을 불어넣어 주어야 할 '의미전달'은 오래전에 숨을 멈췄다. 왜 이 일을 해야 하나? 팀장이 추구하는 의미가 뭔지 모르겠다.

▶'공감표현'이 지피는 불꽃도 애당초 사그라졌다. 부하는 그렇게 느낀다. 삭풍을 맞으며 아픈 심장을 부여잡고 강제노동을 겪는 중이다.

▶아뿔싸, 농담을 빙자한 조롱과 희롱이라는 학대적 피드백이 섣부른 춤까지 춘다. 아랫사람을 눌러서 힘의 열위를 드러내려는 무의식적인 의도다. 자신의 사회적 위치를 강조하려는 잘못된 권위주의가 그 뿌리다. 자신도 모르게 습관이 되어버린 학대적 피드백의 춤사위다.

부하와의 소통에서 중요한 것이 무엇일까? 여러분은 이미 답을 알고 있다. '꼰대'라는 오명을 받고 싶은 상사가 아니라면, 오늘부터라도 본인의 지시 습관을 점검해봐야 한다. 이제 습관이 될 때까지 의미전달의 숨을 크게 키우고 공감표현의 불꽃을 대폭 늘리기 바란다.

---

14 사실, 업무방향 제시를 제대로 못 하는 상사는 최악이라는 의견이 많다. 차라리 성질은 개떡 같은데 일은 진짜 잘하는 상사, 즉 최악을 면한 상사를 오히려 선호하는 직장인도 있다.

☐ 상사의 지시는 다음 세 가지로 구성된다.

- 업무방향 제시(direction-giving language), 의미전달(meaning-making language), 공감표현(empathetic language).

☐ 업무방향 제시는 미래에 달성할 '바람직한 결과'를 사전에 보여주는 언행이다.

- 핵심은 방향의 정확성(판단력), 표현의 명료함(소통능력) 그리고 적시성(결단력)이다.

- 상사는 '손'으로 업무방향을 가리키어, 부하의 머릿속에 완전한 '이해'를 넣어준다.

- 시간이 허락한다면, 고수는 손이 아니라 '귀'를 사용한다. 부하에게 질문하고 경청함으로써 부하 스스로 업무방향을 찾게끔 유도할 수도 있다.

☐ 의미전달은 '왜(why)'를 설명한다.

- 부하에게 조직의 비전, 목적, 대의명분, 가치, 신념 등을 전달하는 것이다.

- 특히 젊은 세대에게는 중요하다. 풍요로운 시대를 살아온 그들에게 일은 단순한 밥벌이가 아니기 때문이다. 자아실현의 수단이다.

- 상사는 '두 팔'을 벌려 원대한 가치를 설파하여 부하의 '투혼'을 불러일으킨다.

- 상사가 경영환경, 경쟁 변화 그리고 경영전략을 많이 알고 있어야 의미전달이 가능하다.

☐ 공감표현은 감성적 지원을 전달한다.

- 부하를 향한 애정, 관심, 예의 그리고 칭찬, 격려, 신뢰 등을 표현한다.

- 흡사 가슴으로 부하를 '포옹'하는 모습이다. 부하의 가슴에서 '뜨거운 눈물'이 흐른다.

☐ 그러나 아쉽게도 우리 직장의 현실은 "까라면 까" 식이다.

- 통상 상사의 말에는 '업무방향 제시'가 대부분이다. '손'만 쓴다. 인간을 이해 못 하는, 지독한 과업지향형 상사가 많다.

- '왜(why)?'를 설명하는 '의미전달'은 통상 부족하다. 안타깝게도 업무의 큰 가치를 이해시키지 못해, 새로운 세대에게 투혼과 열정을 불러일으키지 못한다. 헌신과 희생은 없다.

- 상사와 부하의 가슴을 연결하는 '공감표현'은 가장 적게 나타난다. 즉 부하의 심리 상태를 알아주고 부하의 가치를 인정해주는 상사가 참으로 드물다. 부하의 자발성과 능동성이 살아나지 못한다.

☐ 지시 효과 극대화의 조건은 상사의 '언행일치 및 일관성' 그리고 의미전달 및 공감표현을 대폭 늘리기다.

- 언행의 일치와 일관성은 '말'의 신뢰성을 높인다. 상사의 말과 행동에서 차이가 날 때 부하들은 상사의 행동을 따른다. 말이 아니다.

- 많은 실증적 연구 결과는 특히 공감표현을 더욱더 늘려야 한다고 주장한다. 공감능력이 선천적으로 떨어진 사람도 학습으로 개선할 수 있다.

☐ 여러분은 마지막으로 부하들이 묘사하는 우리 직장의 적나라한 현실을 들여다보았다.

- 파편들이 뒤엉킨 업무방향 제시, 숨을 멈춘 의미전달, 불꽃이 사그라진 공감표현 그리고 학대적 피드백이라는 채찍질은 개선이 시급하다.

- 지시의 세 가지 요소는 균형을 맞추어야 한다. 부하의 불만이 준다.

다음은 두 종류의 설문이다. 첫째는 자신의 '지시 및 소통 역량'을 스스로 성찰해 보는 설문이다. 둘째는 부하들이 여러분의 '지시 및 소통 역량'을 어찌 인식하는지 파악하는 설문이다.[15] 이 두 결과는 조금 다를 것이다. 비교해보자. 부하들의 인식이 더 객관적이지 않을까? 자기 혁신을 시작해보자.

설문조사 방법

(1) 오른쪽 QR코드를 휴대전화로 스캔하면, 25개의 문항이 나온다. 진솔하게 답해서 자신의 '지시 및 소통 능력'을 스스로 확인해보자. 즉시 결과가 나타난다.

(2) 자기 평가 결과를 확인하고 나면, 휴대전화에 곧 다음과 같은 안내가 뜬다.
"여러분의 '지시 및 소통 역량'에 관한 부하들의 인식을 파악하려면, 아래 '부하직원용 설문조사'를 누르십시오."

(3) 누르면, 부하직원용 설문조사 URL이 생성된다. '공유' 단추를 눌러서 이 URL을 카카오톡(부하들의 카톡방), 메시지, 이메일 등을 통해 부하들에게 보내자.

(4) URL과 함께 다음과 같은 안내 글을 보내면, 부하들의 적극적인 설문 응답에 도움될 것이다.

---

15 Sharbrough, W. C., Simmons, S. A., & Cantrill, D. A. (2006). 이 논문의 설문 조사 항목을 차용하여 수정했다.

"여러분, ○○○입니다. 아래 설문에 응해주시면 감사하겠습니다. 저에게 큰 도움이 됩니다."

(5) 24시간 후에, 다섯 명 이상이 응답한다면, 자신의 '지시 및 소통 능력'에 관해 스스로의 인식과 부하들의 인식을 비교한 설문 결과를 볼 수 있다.

다음은 여러분의 휴대전화에 나타나는 설문 내용이다.

자아 성찰 설문

아래는 여러분의 '지시 및 소통 역량'을 스스로 평가하기 위한 설문입니다. 아래 각 문항에서 여러분이 생각하는 가장 적절한 답을 하나만 고르기 바랍니다.

1 전혀 아니다, 2 아니다, 3 평균적이다, 4 그렇다, 5 매우 그렇다.
(높은 숫자가 긍정적 답변임.)

업무 방향 제시

1. 나는 부하에게 업무의 목적, 목표 그리고 우선순위를 정확히 제시한다.　( )

2. 나는 부하에게 바람직한 업무추진 방법 및 과정을 정확히 가르쳐준다.　( )

3. 나는 부하에게 예상되는 문제점 및 극복 방안을 잘 가르쳐준다.　( )

4. 나는 부하가 수행한 업무에 관해 구체적인 피드백을 제공해준다.　( )

5. 나는 문장력과 표현력이 좋기에 부하에게 주는 지시의 핵심이 이해하기 쉽고 명확하다.　( )

6. 나는 적시에 지시하고 각종 보고에 대해 적시에 피드백을 준다.　( )

7. 나는 부하에게 가용한 인적, 물적 자원 및 권한을 제대로 알려준다.　( )

8. 나는 부하의 업무 성과에 대한 보상을 공정하고 정확하게 한다.　( )

의미전달

9. 나는 부하에게 맡은 업무의 중요성과 가치를 늘 강조한다. ( )

10. 나는 부하에게 어떠한 가치관과 행동이 바람직한지 필요할 때마다

    이해를 시킨다. ( )

11. 나는 부하에게 조직의 비전과 중장기 전략에 관해 늘 말해준다. ( )

12. 나는 부하에게 미래 경영환경 및 경쟁 변화에 관한 정보를 자주 전달한다. ( )

13. 나는 부하에게 조직 내부의 중요한 변화에 관한 정보를 자주 제공한다. ( )

공감표현

14. 나는 부하들 각 개인의 복리후생과 교육/육성/경력 개발에 관심을 쏟는다. ( )

15. 나는 부하들 개개인과 효과적인 면담을 자주 한다. ( )

16. 나는 부하의 업무상 어려움 및 개인적 감정 상태를 민감하게 잘 인식한다. ( )

17. 나는 부하의 업무상 어려움과 부정적인 감정 상태를 해결하기 위해 노력하는

    편이다. ( )

18. 나는 부하를 늘 칭찬하고 격려하는 편이다. ( )

소통능력

19. 나는 부하에게 적절한 예절을 갖춘다. 즉 함부로 대하지 않는다. ( )

20. 나는 부하에게 솔직하다. 따라서 나는 부하에게 신뢰를 받고 있다. ( )

21. 설령 일이 잘못되었을 때에도 부하들은 나에게 편하게 말할 수 있다. ( )

22. 부하들은 나의 의견에 자유롭게 동의하지 않거나 반대할 수도 있다. ( )

23. 부하들과 소통할 때 나는 부하 스스로 생각할 수 있도록 질문을 잘 한다. ( )

24. 보고, 면담 그리고 기타 대화 중, 나는 부하들 말을 주로 경청하는 편이다. ( )

25. 부하들은 상사인 나와의 관계를 만족스럽게 생각할 것이다. ( )

수고하셨습니다. 아래 '제출'을 누르면, 자기 평가 결과가 나옵니다.

이제 여러분의 '지시 및 소통 역량'에 관한 부하들의 인식을 파악하려면, 아래 '부하직원용 설문조사'를 누르십시오.
생성된 URL을 '공유' 단추를 눌러서 카카오톡(부하들의 카톡방), 메시지, 이메일 등을 통해 부하들에게 보내십시오.
이 URL과 함께 다음과 같은 안내 글을 보내면, 부하들의 적극적인 설문 응답에 도움될 것입니다. "여러분, ○○○입니다. 아래 설문에 응해주시면 감사하겠습니다. 저에게 큰 도움이 됩니다."

다음은 부하들의 휴대전화에 나타나는 설문 내용이다.

부하들의 인식 설문

여러분의 진술한 응답은 이 설문을 부탁한 사람의 '지시 및 소통 역량' 향상에 큰 도움이 될 것입니다. (1) 익명 설문 조사입니다. (2) 총 25개의 문항입니다. (3) 지금부터 24시간 내에 답해주시면 감사하겠습니다. (4) 다섯 명 이상이 응답해야만 결과가 계산됩니다. (5) 결과는 1~25번 문항별로 응답자들의 평균값만 나타납니다. 아래 각 문항에서 여러분이 생각하는 가장 적절한 답을 하나만 골라주십시오. 아래에서 '상사'란 이 설문을 부탁한 사람입니다.
1 전혀 아니다, 2 아니다, 3 평균적이다, 4 그렇다, 5 매우 그렇다.
(높은 숫자가 긍정적 답변임.)

업무방향 제시
1. 상사는 내가 수행할 업무의 목적, 목표 그리고 우선순위를 정확하게 제시해 준다.   ( )

2. 상사는 내가 수행할 업무의 바람직한 업무 추진 방법과 과정을 정확히 가르쳐 준다. ( )

3. 상사는 나에게 예상되는 문제점 및 극복 방법을 잘 가르쳐준다. ( )

4. 상사는 내가 수행한 업무에 관해 구체적인 피드백을 제공해준다. ( )

5. 상사는 문장력과 표현력이 좋아 지시의 핵심이 이해하기 쉽고 명확하다. ( )

6. 상사는 적시에 지시하고 각종 보고에 대해 적시에 피드백을 준다. ( )

7. 상사는 나에게 가용한 인적, 물적 자원 및 권한을 제대로 알려준다. ( )

8. 상사는 나의 업무 성과에 대한 보상을 공정하고 정확하게 한다. ( )

의미전달

9. 상사는 나에게 맡은 업무의 중요성과 가치를 늘 강조한다. ( )

10. 상사는 나에게 어떠한 가치관과 행동이 바람직한지 필요할 때마다 이해시켜 준다. ( )

11. 상사는 나에게 조직의 비전과 중장기 전략에 관해 늘 말해준다. ( )

12. 상사는 나에게 미래 경영환경 및 경쟁 변화에 관한 정보를 자주 전달한다. ( )

13. 상사는 나에게 조직 내부의 중요한 변화에 관한 정보를 자주 제공한다. ( )

공감표현

14. 상사는 나의 복리후생과 교육/육성/경력 개발에 관심을 쏟고 있다. ( )

15. 상사는 나와 개인적으로 효과적인 면담을 자주 한다. ( )

16. 상사는 나의 업무상 어려움 및 개인적 감정 상태를 민감하게 잘 인식한다. ( )

17. 상사는 나의 업무상 어려움과 부정적인 감정 상태를 해결하기 위해 노력하는 편이다. ( )

18. 상사는 나를 늘 칭찬하고 격려하는 편이다. ( )

소통 만족도

19. 상사는 나에게 적절한 예절을 갖춘다. 즉 함부로 대하지 않는다.   ( )

20. 상사는 나에게 솔직하다. 따라서 나는 상사를 신뢰한다.   ( )

21. 설령 일이 잘못되었을 때에도 나는 상사에게 편하게 말할 수 있다.   ( )

22. 나는 상사의 의견에 자유롭게 동의하지 않거나 심지어 반대할 수도 있다. ( )

23. 상사와 소통할 때 상사는 질문을 잘 한다. 내가 스스로 생각할 수 있도록 유도
    한다.   ( )

24. 보고, 면담 그리고 기타 대화 중, 상사는 나의 말을 주로 경청하는 편이다.( )

25. 나와 상사의 관계는 만족스럽다.( )

수고하셨습니다. 아래 '제출'을 눌러주십시오. 대단히 감사합니다.

제3권 제1장

이 QR코드를 휴대전화의 QR코드 앱으로 인식하면 토론방으로 연결되어 여러 독자들이 남긴 소감을 접할 수 있습니다. 여러분의 느낌도 써주십시오. 이 책의 저자와 질문으로 소통할 수도 있습니다.

제2장

피드백

"현명해지기란 무척 쉽다.
그저 머릿속에 떠오르는 말 중에서
바보 같다고 생각되는 말을 하지 않으면 된다."
— 인디언 명언

한 번 말하기 전에 세 번 생각하라.
— 삼사일언(三思一言)

HOW TO BETTER USE
YOUR MOUTH

앞 장에서 상사의 말하기 중 '지시'를 살펴보았다. 상사는 이제 지시를 이행한 부하의 보고를 받는다. 부하에게 반응을 준다. 칭찬, 격려, 질책, 재지시, 수정지시 등의 모든 반응을 '피드백'이라고 한다.

여러분은 부하에게 어떤 형태의 피드백을 어떤 식으로 주는가? 자신을 돌아보자. 여러분은 부하의 보고를 접하면서 성실성, 판단력, 분석력 등 부하의 모든 태도와 역량을 판단하지 않는가. 마찬가지다. 부하는 민감하다. 여러분이 입을 벌려 지시하거나 피드백을 줄 때, 부하들은 여러분의 인품, 역량 그리고 리더십을 평가한다. 부하들이 여러분을 따르는가? 존경하는가? 좋아하는가? 피하는가? 무서워하는가? 욕하는가? 여러분이 평소 어떻게 소통하느냐에 달려 있다. 지시와 함께 피드백이 리더십 형성에 결정적이다. 혹여 무례하고 모욕적인 피드백을 습관적으로 남발하는 상사 아닌가? 말본새가 순하고 훌륭한 상사의 긍정적 영향력이 +100이라면, 그런 못된 상사가 조직에 끼치는 부정적 영향은 −400~−600이다.[1,2] 즉 4~6배의 악영향이다. 눈에 보이지 않는 조그만 암세포 하나가 덩치 큰 사람을 죽인다. 거친 말버릇의 상사 한 사람이 조직을 망친다. 이제 피드백을 분류하고 그중 사람멀미를 일으키고, 직장 내 괴롭힘을 초래하고, 그래서 조직을 병들게 하는 악마적 피드백의 정체를 꼼꼼히 분석해보자.

(어? 내가 왜 학습해야? 나는 부하들에게 악마적 피드백을 결코 던져본 적이 없는데 ….)

물론 누구나 다 그렇게 '나는 아니다.'라고 생각한다. 예외 없이 모두 그렇게 생각한다. 참고 읽어보자. 내가 누구인지 알 수 있다. 피드백의 종류와 각각의 장단점부터 파악해보자.

---

1   티어니, 존 & 바우마이스터, 로이 F. (2020). 이 책의 저자들은, 인간은 나쁜 감정에 네 배 더 크게 자극받는다고 주장한다. 이러한 본능은 진화의 결과다. 공포와 같은 부정적 신호에 민감하게 반응하는 유전자만이 살아남았기 때문이다. 무례하고 가혹한 상사는 그렇지 않은 상사에 비해 조직에 끼치는 악영향이 네 배 높다고 주장한다.

2   Miner, A., Glomb, T., & Hulin, C. (2005). 이 논문의 저자들은, 인간은 지지적 피드백(상사의 칭찬, 격려 등)보다는 학대적 피드백(비판, 질책, 모욕 등)에 여섯 배나 더 강하게 반응한다고 주장한다.

소통>대화>말하기>피드백
━ 피드백은 소통의 일부

직장과 가정에서 온종일 말은 하는데, 아쉽게도 '말하기의 원칙과 기술'을 제대로 '교육'받아본 적이 없다. 토론이나 발표를 별로 경험해보지도 못했다. 듣고 외우기만 하는 주입식 교육이 대부분이었다. 인정하자. 우리는 효과적으로 말하기에 능숙하지 않다. 아니, 서툴다. 이 사실을 다른 나라 사람들도 아는 듯하다.

한국 사람은 혼자 일하는 게 낫다며?

 사례 13

지금도 잊히지 않는다. 수십 년 전 필자의 외국 대학원 유학 시절이었다. 외국 친구들과 맥주를 마시는데, 한 친구가 나에게 생각 없이 말을 툭 던졌다. 비아냥거리는 말투였다.

"너희 한국 사람은 머리는 좋은데, 여러 명이 함께 일하는 것보다 혼자 일하는 것이 더 낫다며?"

다행히 다른 친구들이 농담으로 수습했다.

"1+1이 당연히 1보다 낫지. 무슨 엉뚱한 소리냐? 이 애가 술 취해서 머릿속의 덧셈 기능이 고장 났나 봐."

그 친구의 표현 자체는 '싸가지' 없었지만, 사실, 내용은 전혀 틀린 말이 아니었다. 한국 사람인 나는 알고 있었다. 함께 일하면 분명 에너지가 모이고, 그래서 아이디어가 상승하고 발전해야 하는데, 우리는 그러지 못했다. 수십 년이 지난 지금도 그렇다. 그 사실을 인정하지 않을 수 없다.

창의력, 더 나아가 집단 창의력이 경쟁력이 되는 시대다. 그런데 아쉽게도 우리는 토론을 어려워한다. 직장에서는 불꽃 튀는 창의력 상승작용 대신에 감정적 앙금만 남기기에 십상이다. 매일매일 토론하고 타협해야 하는 국회는 툭하면 말꼬리 잡고 싸운다. (다행히 세계적 조롱거리였던 극심한 물리적 폭력은 크게 줄었다.) 각 정당의 성명서는 늘 상대 당을 향한 맹렬한 비난으로 가득 차 있다. 기업의 경쟁력이 문제이고, 국가의 앞날이 걱정된다. 근본적으로 제대로 말하기를 학습하지 못했기 때문 아닌가.

언어의 품격 상실, 사회적 폐해

 사례 14

"폭행당했습니다! 출동해주세요!"

밤늦게 112에 신고가 접수됐다. 경찰들이 사이렌을 울리며 한 음식점에 도착했다. 파악해보니, 맞았다고 신고한 사람은 부하였고, 때렸다고 지목당한 사람은 직장 상사였다. 그런데 기가 막힐 노릇이었다. 그들 모두 현직 경찰관이었다. (이야말로 세계 토픽감이다.) 소주 몇 잔에 알쨕지근해진 상사가 부하의 평소 근무 태도를 지적하자, 부하가 이에 반발하여 들이대질렀다.[3] 분노한 '상사 경찰'이 식탁을 뒤집어엎었고, 공중제비 돌던 식탁의 모서리가 하필 '부하 경찰'의 코에 부딪혔다. 그러자 쌍코피를 본 '부하 경찰'이 단댓바람에 전화를 집어 들어 경찰에 폭행 신고를 한 것이다.[4] 세상에! 상하 간 말싸움이 급기야 폭행으로 번지고, 그래서 경찰이 경찰에게 신고하는 웃지 못할 세상이 되었다.

---

3   (편집자 주) '들이대지르다'는 '함부로 찌를 듯이 대들다.'라는 뜻의 순우리말.
4   김윤주. (2019. 12. 4.).

지나가는 사람에게 다짜고짜 주먹질하는 묻지 마 폭행은 드물다. 폭력 사건 대부분은 말을 주고받다가 터진 말싸움에서 시작된다. 혀를 잘못 놀린 것이다. 지금부터 말하기 문제를 해결해보자. 그래서 사람멀미와 직장 내 괴롭힘을 줄이고, 기업의 경쟁력을 높이고, 국회의 생산성을 증진하고, 폭력 사건도 대폭 줄여 경찰의 수고도 좀 덜어주자.

관리자의 대화 중 말하기는 주로 '지시' 또는 상대의 말(부하의 보고 등)을 들으며 '반응(feedback)'하기다. 사람멀미와 직장 내 괴롭힘의 문젯거리가 되는 것이 상사의 이 '반응', 즉 '피드백'이다. 우선 우리 직장 내에서 대화가 어찌 이루어지는지 살펴보자.

피드백이 정확하게 뭐지?

상대방이 말하면 내가 '반응'한다. 이를 '피드백(feedback)'이라 한다. 만약 언어장애가 없는 멀쩡한 사람이 피드백을 주지 않고 묵묵부답 멀거니 상대의 눈만 쳐다본다면, 이는 상대방 무시 또는 경멸이다. 피드백의 종류는 네 가지다.

피드백의 종류 네 가지

▶첫째, 지지적(supportive) 피드백이다. "우와, 보고 내용이 참 좋다. 그런 아이디어를 생각해내다니, 자네 정말 대단하네. 훌륭해." 상대 견해에 동의하고 실적을 칭찬하며 격려해주었다.

　▶둘째, 교정적(corrective) 피드백이다. "자네는 의견 표현이 너무 강한 듯해. 부드럽게 말하면 좋지 않을까? 좀 고쳐봐." 상대에게 변화나 개선을 촉구했다.

　▶셋째, 악마적 피드백이다. 학대적(abusive) 피드백이라 부른다. "너는 그걸 말이라고 하니? 쯧쯧, 한심하다. 생각 좀 하고 말해라! 네 머린 장식이냐?" 감정 통제가 안 된 상태다. 상대방 모욕이다.

학대적

지지적

무의미한

교정적

▶넷째, 무의미한(insignificant) 피드백이다. "아, ⋯ 예, 발표 잘 들었어요." 상대의 말에 전혀 신경 쓰지 않다가 아무런 가치 없는 입에 발린 말(lip service)을 던졌다.[5]

물론 상대의 '말'만이 아니라 '행위'에 대한 반응도 피드백이다. ▶"오늘 옷 참 예쁜데요." 의복 선택 행위에 준 지지적 피드백이다. ▶"오빠, 또 늦었어! 왜 맨날 늦게 나오는 거야! 제발 좀 제시간에 나오면 안돼?" 지각 행위를 꼬집으며 재발 방지를 촉구하는 교정적 피드백이다. ▶"자네는 이걸 기안이라고 했냐! 자네에게 왜 월급을 줘야 하는지 모

---

5   Williams Richard L. (2005). 네 가지 피드백, 즉 지지적(supportive), 교정적(corrective), 학대적(abusive) 그리고 가치 없는 무의미한(insignificant) 피드백의 개념을 이 책에서 빌렸다.

르겠다. 월급이 아깝다!" 제출한 보고서의 품질과 지급하는 보상 수준의 비교를 거쳐 부하를 모욕하는 학대적 피드백이다. ▶"… 그래, 왔냐." 상대의 접근 행위에 반응한 아무 생각 없는 무의미한 피드백이다.[6] 거듭, 피드백이란 상대의 언행(言行, 말과 행동)에 대한 반응이다.

인간의 대화는 메시지와 감정의 교환

이 네 가지 피드백 중에서 학대적 피드백이 큰 문제다. 상사가 던진 학대적 피드백이 부하의 가슴을 할퀴어버린다. 가슴의 상처를 부여잡고 부하가 냉큼 되받아친다. 당연히 자존심 방어본능이 묻어 나온다. 품에서 사직서를 꺼내 던지기 직전의 극단적 대꾸를 들어보자. 맞칼을 뽑아든 형세다.

"에이 씨, 제가 뭘 못 했다고 그러십니까! 뭐가 잘못됐는데요! 왜 매사 부정적으로만 보십니까!"

속을 삭이고 접어두었어야 할 대거리다. 이러한 부하의 격정적인 피드백을 듣고서, *(엇, 뜨거워라!)* 잔뜩 열 받은 상사는 온 힘을 집어넣어 강속구를 던진다. 야구로 친다면, 작심하고 타자의 머리를 향해 던지는 위협구(bean ball)다.

---

6 상대방의 '발언' 및 '행위'에 대해 주는 '반응'을 피드백이라고 했다. 다른 정의도 소개하자. Hattie, J., & Timperley, H. (2007)에 의하면, 상대의 실적(performance) 및 이해 (understanding)에 관해 주는 반응이 피드백이다. "참 잘했어요."는 상대의 실적에 대한 피드백이고, "다르게 생각할 수도 있지 않을까?"는 상대의 이해에 대한 피드백이다.

"뭐라고? 지금 뭐라고 했어! 말 다 했어! 이 사람이, 그따위로 감정적으로 말할 거야! 자네 위해서 해주는 말 아냐! 윗사람이 이야기하면 좀 제대로 들으라고!"

그러자 부하는, 상사의 말씀이 바닥에 떨어져 흙먼지가 묻을까 봐, 날름 맞받아치며 대든다.

"제가 뭘 감정적으로 말했다고 그러세요! 애당초 감정을 돋운 사람이 누군데요!"

부하는 아예 쏜살같이 달려가 상사에게 야구 방망이를 휘두르는 것이다. 학대적 피드백과 날 선 방어행위가 공방을 펼친다. 상사나 부하나 안추르기[7]는 틀려먹었다. 말씨가 밉상이 되어가다가 차츰차츰 험악해진다. 경기장 위에 갑자기 먹구름이 끼기 시작한다. 곧 폭우와 천둥번개가 칠 참이다.

이런 대화가 오갈 때 인간관계는 극도의 긴장 상태로 변한다. 대화는 이제 '메시지'가 아니라 원색적 '감정'의 교환으로 변한다. 상사는 분노를 거리낌 없이 표출한다. 힘의 우열이 드러나면서 지배와 피지배의 위치가 확인된다. 권력의 채찍질도 등장한다. 온갖 부정적 언행이 춤을 춘다. 고함치기, 격앙하기, 호통치기, 핏대 올리기, 콧대 꺾기, 기죽이기, 다그치기, 몰아세우기, 면박 주기, 쏘아붙이기, 윽박지르기, 염장 지르기, 갈구기, 닦달하기, 갑질하기 등.

---

7   (편집자 주) '안추르다'는 '분노를 눌러서 가라앉히다.' 가슴 '안을 추스른다'라는 뜻의 순우리말.

부하도 자존심을 지닌 인간이다. 가만히 당할 수만은 없다. 바로 반응한다. 대꾸한다. 또다시 받아친다. 계속 반항한다. 그렇게 줄기차게 피드백이 오간다. 그러다가 공중에서 날아온 식탁의 모서리가 하필 부하의 코에 부딪히는 것이다. 불행한 대화의 모습이다.

물론 통상적인 인간의 따스하고 우호적인 대화도 이렇듯 '연속되는 피드백의 교환'이다. 즉 메시지와 감정의 교류다. 인간관계는 소통, 특히 주고받는 피드백의 질과 양으로 결정된다. 인간은 피드백 주고받기에서 행복과 불행을 느낀다.

피드백 절대량(量) 보존 및 증폭의 법칙과 질(質) 악화의 법칙

부하가 위에서처럼 극단적인 반응을 보이는 경우는 사실 드물다. 야구 방망이를 집어 들고 뛰어가 휘두르는 부하는 못 봤다. 통상 참는다. (그래 계급이 깡패다. 깡패는 피하는 게 최선이지.) 할 말을 꿀꺽 삼키고, "알겠습니다." 짧은 피드백만 남기고 돌아선다. 회피다.

그러나 그날 저녁 동료들과 함께 가슴속 상처에 쏟아붓는 소주와 맥주가 불을 지피면, ▶'피드백 절대량(量) 보존의 법칙'은 기필코 살아난다. 상사 앞에서 못다 한 말들이 기어이 펄펄 죄다 튀어나오는 것이다. ▶지글거리는 숯불의 연기 속에서 이성과 감정 그리고 분노와 쾌감이 뒤섞여 끓어오른다. 그러면 제2법칙, 즉 '피드백 증폭의 법칙'이 나타나 춤을 추기 시작한다. 상사에게 주지 못했던 그 피드백의 절대량이 술

자리 뒷담화에 모인 부하들 숫자만큼 증폭되는 것이다. ▶오늘따라 술 맛이 달다. 머릿속 소용돌이가 빙빙 돌며 끝없는 상승작용을 일으킨다. 각종 창의적 가설이 욕설이라는 조미료와 섞여 확고한 진실로 둔갑한다. 그러자 제3법칙, 즉 '피드백 질적 악화의 법칙'이 작동하기 시작한다. 상사 앞에서 꿀꺽 삼켰던 피드백의 질(質)이 변하기 시작하는 것이다. 억눌림의 압력이 폭발하며, 쌓이는 소주병만큼 악화한다. 깡패, 도둑, 사기꾼, 변태, 간신 등이 섞여서 반죽이 되어 상사의 평판이 결정된다. 머리에 뿔까지 달아준다. 억울한 그 평판은 통상 그 상사가 조직 내에서 가장 늦게 알게 된다.

항의하는 고객보다 아무 말없이 돌아서는 고객이 더 무섭다. 마찬가지다. 고개 숙이고 말없이 돌아서는 부하를 그냥 놔두면 안 된다. 피드백 절대량 보존, 증폭 그리고 질적 악화 법칙을 상기하자. 그날 저녁 상사는 그 부하를 잡아야 한다. 차 한잔 따라주며 피드백을 청해야 한다. 부하의 피드백은 풍문이 아니라 부하에게서 직접 듣는 것이 백배 낫다.

피드백의 목적

▶"그래, 보고서 봤어." 이런 무의미한 피드백은 의미 있는 '말'이 아니다. 그냥 하는 '소리'다. 사실 확인 이외의 목적이 없다. 부하가 원하는 피드백이 아니다. 반면에 지지적, 교정적 그리고 학대적 피드백의 목적은 분명하다.

▶"대단히 훌륭해. 앞으로도 잘해라." 지지적 피드백은 계속 잘하라는 나의 마음을 전했다. 쓸데없는 피드백이 아니다. '칭찬과 격려' 전달이 목적이다. "김 부장님 넥타이가 멋있네요." 이러한 지지적 피드백도 상대방의 호의를 끌어내려는 내 의지 관철이 목적이다. 사실 아부는 도가 넘치는 지지적 피드백이다. (조금 기다리자. 이 책의 뒤에서 아부의 본질을 분석한다.)

▶"이 계획서를 이렇게 조금만 고치면 좋겠다." 교정적 피드백의 목적은 뚜렷하다. 내 의지를 주입하여 상대에게 변화를 유도하는 것이다.

▶"뻔뻔하네! 넌 식당에 왜 와! 그따위로 일하고도 밥이 넘어가니!" (독자의 이해를 돕기 위해 극심한 피드백을 골랐다.) 이러한 학대적 피드백은 주는 상사의 '목적'과 받는 부하가 느끼는 '결과'가 전혀 다르다. 상사는 앞으로 일 좀 잘하라는 '훈육 의지'를 주입하는 교정적 피드백이라고 생각한다. 반면 부하는 그걸 '모욕'하려는 학대적 피드백으로 받아

들인다. 즉 부하는 상사가 감정 통제를 못 하고 속 좁게 화풀이한다고 생각한다.

이런 학대적 피드백이 과연 상사가 의도한 목적을 달성할까? 그럴 수도 있다. 권위적 조직문화에 시나브로 젖어 들었기에 부하들의 자존감이 바람 빠진 축구공처럼 쪼그라든 상태라면 말이다. 그러나 정상적인 조직이라면, 부하는 통상 자극된 감정이라는 벽돌로 곧장 반발심의 성벽을 이중삼중 쌓는다. 그러니 상사의 의지는 튕겨 나올 뿐이다. 그런데 왜 할까? 더구나 왜 되풀이할까? 이런 식의 말하기가 우리의 직장 곳곳에 횡행한다. 이게 지적하고 싶은 가장 큰 문제다. 학대적 피드백을 자세히 따져보자.

학대적 피드백 공개 수배

'현명해지기란 무척 쉽다. 그저 머릿속에 떠오르는 말 중에서 바보 같다고 생각되는 말을 하지 않으면 된다.' 인디언 명언이다. 이 세상에 악마가 존재한다고 믿는가? 학대적 피드백이 내 혀끝에서 노니는 바로 그 '바보 같은 악마'다. 상대의 평상심에 악감정이 스멀스멀 올라오게 만든다. 인간관계를 해쳐놓는다. 그래서 행복감도 파괴한다.

혀 아래 도끼 휘두르기

행복 전도사 고 최윤희 씨가 겪었던 사례다. 아래에 인용한다.[8]

경상도에 강의하러 갔다가 만난 삼십 대 후반의 주부가 상담을 요청했다. "지는요, 와 그리 다혈질인교? 고칠 방법이 없을까예?" 그녀의 사

---

8   최윤희, (2010). 고 최윤희 씨도 '말하기'와 '행복'이 결정적 관계임을 설파했다. 우울증을 극복하고 열정적으로 행복 전도사로 활동하던 중, 지병으로 고통을 겪다가 아쉽게도 자살했다.

연은 다음과 같다. 여자 목욕탕에는 수돗물을 한없이 틀어놓고 씻는 사람이 간혹 있다. 알뜰살뜰한 그녀는 수도꼭지를 잠그면서 한마디 톡 쏘아붙였다. "손모가지가 뿌러져 뺐나? 이거 하나 몬 잠그고 뭐꼬?" "… 당신이 뭔데 간섭하노? 하이고, 목욕탕 주인이라도 되면 사람 치겠네?" 옆에서 지켜보던 딸이 집으로 오면서 사정하더란다. "엄마, 제발 좀 발가벗고 싸우지 마이소!"

그녀는 나라면 어떻게 했겠느냐고 물었다. "사람은 자기가 잘못하더라도 '너 잘못했어!'라고 지적하면 기분이 상한답니다. 직격탄으로 쏘아붙이면 감정에 흠집 나잖아요? 저 같으면 일단 수도꼭지를 잠그면서 살짝 웃겠어요. 그러고 말하는 거죠. '어머, 수도꼭지, 얘 힘들겠다! 좀 쉽게 해주면 안 될까요?' 양심을 가진 사람이라면 배시시 웃어버리지 않을까요?"(중략) 생각 없이 내뱉는 '무(無)매너＋무개념＋무배려'의 말은 칼이나 총 못지않게 가슴에 대못을 박는다.(17쪽)

말하기가 잘못되면, 말은 이따금 시퍼런 흉기가 된다. 말 한마디 때문에 내가 쓰라린 상처를 받고, 또 말로써 상대에게 아물지 못할 아픔을 주기도 한다. 사소한 말 때문에 주먹다짐도 벌인다. 상사의 빈정거리는 말투를 견딜 수가 없어서 급기야 사직서를 던진다. 자존심을 쑤신 쓸데없는 말 때문에 결국 이혼까지 강행한다. 불필요한 자극적인 말이 실마리가 되어 국회에서는 매일 싸운다.

상사의 학대적 피드백, 무감각과 인식 불능 문제

 사례 15

내가 사장일 때다. 어느 날, 사직서를 제출했다는 직원이 사장 독대를 요청했다. 반년 전에 경력직으로 입사한 사람이었다. 학력 및 경력 그리고 실적이 두드러지게 뛰어난 직원이었다. 씁쓸했다. 사직서는 꼭 고성과자가 낸다. 점심시간에 곰탕집에 마주 앉았다. 그 직원은 작심한 표정이었다.

"입사 면접 때 사장님께서 제게 칭찬을 많이 해주셔서 …. 떠나기 전에 사장님께 꼭 말씀을 드리고 싶었습니다. 마침 매주 목요일 사장님과 직원들이 점심을 함께하는 프로그램이 있다기에 …."

"우수한 사람이 회사를 왜 떠나려고 그래요?"

"자존심이 상해 견디기가 힘듭니다. 이 회사에서는 제가 가치 없는 사람처럼 보여요. 팀장이 …."

(역시 상사와의 관계가 문제구나.)

필자가 소주를 시켰다. 낮술 할 만하다. 얼마나 마음이 상했으면 자청했을까 싶다. 묵묵히 이야기를 들어주었다.

"항상 그래요. 저희 팀의 파워포인트는 제가 다 만들거든요. 매일 불려 가면, 팀장은 복잡한 사안을 요령 없이 장황하게 설명하면서, 종이에 휘갈긴 '추상화'를 그려서 던져줘요. 그걸 파워포인트로 만들어 오라는 겁니다. 질문 좀 할라치면, '아, 너 이런 건 아예 모르는구나~' 빈정거려요. 어휴, 주변에 다른 직원들도 다 듣고 있는데, 자꾸 그렇게 무시당하면, '그게 아니라.'라는 변명만 하게 되고, 그런 저의 모습이 너무 싫어집니다."

"그 팀장이 다른 직원들에게도 그러나요?"

"그럼요. 누구에게나 그래요."

그 친구는 따라주는 소주를 한 번에 털어 넣었다.

(팀장의 잘못된 말버릇이군.)

"그리고 제가 밤새도록 만들어서 이튿날 가져가면, 쓱 훑어본 후 첫 마디가 항상 '… 에잉? 이게 뭐야~?' 혼잣말로 중얼거리는 겁니다. 제가 뭐 대학생이 쓴 리포트 들고 간 것도 아니고, 당하는 사람은 기분이 엄청 나쁩니다. 마치 '이런 어처구니없는 건 뭐야~?'로 들려요. 근데 막상 설명해주면 별말이 없어요."

한잔을 더 따라줬다.

"어떤 때는 더 심해요. '너 야근하면서 한 게 고작 이거야? 내가 어제 그렇게 정성껏 마스터피스(걸작품)를 그려줬는데?' 물론 자기가 낳

은 자식이 훨씬 예뻐 보이겠지요. 또 자기도 야근했으니까 피곤도 할 테고. 제가 꾹 참으면서 설명해주면 이해하긴 해요. 별거 아닌 거 같아도 그런 스트레스가 보고할 때마다 쌓여요. 자존심이 많이 상하네요."

모든 조직에서 보고는 생명이다. 정보가 흐르는 핏줄이기 때문이다. 그런데 보고할 때마다 스트레스를 받는다니 …. 이 친구는 심장이 박동할 때마다 통증을 느끼는 환자가 되어버렸다.

(그 팀장, 습관이 심하구나!) "쯧쯧, 그런 식으로 말하지 말라고 좀 해봤어요?"

"아이고 사장님, 제가 그런 말을 어떻게 합니까? 한번은 술자리에서 '너무 무시하시는 것 같다.'라고 운을 뗐더니, '이제는 막 개기네~!' 라고 빈정거리더라고요. 그만뒀습니다. … 아, 예, 그런 지적을 들을 필요도 없는 사람들입니다. 죄다 그래요."

"누가 또 그래요?"

"상무님도 그래요. 예를 들어, … 팀장이 제대로 안내도 해주지 않고 다시 만들라고 요구하면, 어쩌겠습니까? 그 이해할 수 없는 추상화를 원하는 대로 파워포인트로 옮겨서 가져가지요. 그러면, 또 '… 이게 뭐야~?'예요. 아니, 팀장이 시킨 거 그대로 해간 거잖아요. 아무리 치매 증상이 있더라도, 왜 그렇게 빈정거리는 말투로 얘기할까요? 그러고는 저에게 상무실로 따라오래요. 웃기는 건 상무한테 팀장이 엄청나게 깨지는 모습입니다. 상무도 똑같아요. '… 이게 뭐야~? 뭘 모르네. 엉뚱하게 일했어! 모르면 물어봐야 할 것 아냐!' 팀장이 상무에게 그대로 배웠나 봐요. 그다음 날, 원래 제 작품을 좀 수정해서 팀장에게 건네주면 '에잉? 이게 뭐야~? … 알았어, 가봐.' 칭찬 한마디 없지요. 그리고 제가 만든 걸 그대로 상무한테 보고하지요."

(이 친구 능력만큼 자존심이 좀 세구면!) "다른 부서로 옮겨보는 건 어떨까요?"

"사장님, 죄송합니다. 저 이미 선배가 하는 스타트업에 들어가기로 약속해버렸습니다."

인내심은 자존감과 반비례한다더니, 돌이킬 수 없는 일이었다.

그날 오후에 문제의 팀장이 사장실로 찾아왔다. 사직서를 낸 부하 직원이 사장과 면담했다 하니 좌불안석이었나 보다.

"그 친구가 기가 좀 셉니다. 고집도 그렇고요. 제가 좀 힘들었습니다." 팀장이 선수를 쳤다.

"그런 것 같더군요. 그래도 경험 많고 똑똑한 김 팀장이 포용할 수 있었을 텐데. 부하들 기죽일 필요가 있나요?"

나는 말하는 습관을 고치면 좋겠다고 예를 들어 조언해줬다.

"어? 그럴 리가요! 그 친구가 …. 제가 그런 식으로 말했다고 그럽니까?"

(역시, 본인은 모르는군 ….)

자신은 모른다. (사실 필자도 나 자신을 모른다. '너 자신을 알라!'는 경구를 들을 때마다 오금이 저린다. 혹시 내가 끔찍한 괴물이 아닐까?) 그게 바로 문제다. 자신이 부하들을 향해 학대적 피드백을 날린다는 사실 자체를 잘 모른다. 무감각! 인식 불능! 이 세상 모든 상사의 가장 큰 문제다. 당연하다. 상사의 그러한 나쁜 습관을 감히 지적해주는 부하는 이 세상에 없으니 말이다. 어? 그런데 의문 하나가 떠오른다.

(아니, 상사 자신도 과거 부하 시절에 모욕적인 학대적 피드백을 잔뜩 받아 고통을 겪어봤을 터인데 …. 그런데도 어찌 모를 수 있을까?)

철학적 숙고의 시간이 부족했나 보다. 혹은 폭력적 분위기의 가정에서 자랐기에 폭력적 언행을 문제의식 없이 그저 쉽사리 구사하게 되었나 보다. 시집살이 당해본 시어머니가 시키는 시집살이가 더 심한 꼴이다. 권위적 조직문화 속에서 커온 사람은 당연히 권위적 행태를 보이기 쉽다. 한마디로, 심하게 요동치는 고물 배를 너무 오래 탔다. 뱃멀미에 익숙해져 이제 전혀 못 느끼는 것이다. 모욕에 대한 무감각과 사람멀미 인식 불능 환자가 되어버렸다.

직장인의 가슴속에 침전된 묵직한 앙금들

사례 16

필자가 어떤 대기업에서 워크숍을 열었다. 주제는 '소통경쟁력 강화'였다. 토의를 위해 팀이 만들어졌다. 부장에서부터 평사원까지 직급별 팀이 7~8명씩으로 구성되었다. 시간이 좀 남았기에, '학대적 피드백'의 사례를 찾아보고 그것을 어떻게 고칠지 토의한 후 발표해보라고 주문했다. 내용보다는 팀워크 향상을 위한 토의 그 자체가 목적이었다.

그런데 갑자기 떠들썩해졌다. 곧 여기저기에서 손뼉 치는 소리가 들렸다. 낄낄거리는 웃음소리가 마구 퍼졌다. 학대적 피드백 사례 토의에

뜻밖에도 수강자들의 열정이 엄청나게 표출되는 것이었다.

　(… 어? 이 사람들이 왜 이러지?)

　예상치 못했던 상황이었다. 나는 입을 벌린 채 두 눈을 크게 뜨고 그들을 관찰했다. 일종의 축제가 벌어지고 있었다. 억눌림이 풀어지며 맘 놓고 상사를 향한 조롱이 쏟아졌다. 풍자와 해학이 넘쳤다. 집단적 감정 순화 작업이었다. 동질감 확인 의식이었다. 학대적 피드백은 직장인들의 가슴속에 차곡차곡 침전되어 묵직한 앙금이 되어 있었다. 직장인의 가슴속에서 끄집어낸 그 시커먼 침전물 덩어리를 몇 개만 소개하자. (욕설은 필자가 뺐다.)

　"인생 모토를 '나는 분노한다. 고로 존재한다.'라고 잡은 상사가 많아요."

　"이 세상 누구보다 부하가 제일 만만한가 봐요. 부하를 함부로 대하면서 부하의 인격을 부정하는 그런 상사가 안 그런 상사보다 훨씬 더 많을 걸요."

　"필요 이상으로 호통치지요. 자신의 힘을 과시해야 직성이 풀리는 조폭 성향과 유사합니다."

　"부하가 어쩔 줄 몰라 하는 모습을 보면서 자기 존재감("내가 살아 있군.")과 효능감("꼼짝 못 하는군. 내가 역시 능력 있어.")을 맛보는 듯해요. 일종의 변태가 대단히 많습니다. 귀신은 뭘 할까요? 저런 인간을 안 잡아가고."

　"출처를 알 수 없는 분노의 폭탄을 가슴속에 차곡차곡 재워 넣고 있다가, 부하가 보고하러 들어가면 신경질과 화풀이라는 대포로 닥치는 대로 쏘아댑니다. 살벌하고 황량한 그 좁은 가슴속에 인간다움이 들어설 자리는 없는 듯합니다.”

“자신의 상사에게는 공손하게 잘해요. 그런데 만만한 부하들에게는 함부로 대하는 거지요. 이중인격자가 많아요.”

평사원이건 부장이건 모두의 가슴속에는 상사의 날카로운 혀가 할 퀸 상처들이 묵직한 감정적 앙금이 되어 침전되어 있었다. 그 침전물을 끄집어내어 분석해보자.

공개수배범 명단: 학대적 피드백 유형 모음

다음은 우리의 직장에 널리 퍼진 학대적 피드백 사례를 유형별로 모은 것이다. 독자 여러분이 혹 필자의 의도를 다음같이 오해할까 겁난다.

(흠, 필자가 상사들에게 학대적 피드백의 ‘무기고’를 마련해주려는 의도인가? 좋네! 성질날 때마다 상황에 맞추어 꺼내 쓸 수 있겠군.)

그건 절대 아니다.

(그렇다면 부하직원들을 위한 ‘분노 촉진제’인가? 즉 부하들이 학대적 피드백의 유형을 더 잘 이해해서, 더욱 신속히 더 크게 분노하게끔 돕자는 의도인가?)

이것도 결코 아니다. 한마디로 다음 쪽의 사진과 같은 ‘공개수배범’ 게시물이다. 무엇이 학대적 피드백인지 알아야 한다. 흉악범이 누구인지 알아야 체포와 처형에 도움을 줄 수 있다. 심지어 자신이 험한 말을 함부로 뱉어대는 현상 수배범이라는 사실을 모르는 사람도 많지 않은가. 모르는 게 죄다. 나쁜 것이 무엇인지 알아야 한다.

다른 비유를 들자면, '마른기침을 지속하면 빨리 치료해야 한다.'라는 등 유행하는 '전염병의 증상'을 알리는 게시물과 같은 것이다. 알아야 치료를 시작할 수 있기 때문이다. 상사는 대부분 자신의 언행이 학대적 피드백인지를 모른다. 벽보 속에서 자신의 모습을 발견하고 질겁해 보아야 한다.

(아니, 그게 기분 나쁜 말이라고요? 세상에! 왜 기분 나쁘다는 것이지요?)

이는 공감 과정에서 인지(noticing)능력 결핍이다. 아스퍼거 증후군 환자 쪽에 치우친 경우다. 또는, 자신이 상대방을 기분 나쁘게 했다는 사실은 알지만, 다음과 같이 느낌(feeling)의 강도가 낮을 수도 있다. 사이코패스 쪽이다.

(엥? 뭘 그걸 가지고 …. 그 정도 말에 그렇게 심한 모욕감을 느낀다고요?)

만약 인지하고 또 느낄 수 있다면 어찌 부하에게 고통을 계속 주입하겠는가? '인지'와 '느낌' 면에서 공감능력의 침식 현상이다. 공감능력이 떨어진다면, 그럼 이제 머리로라도 이해해야 한다. 도대체 무엇이 학대적 피드백인지 상사들이 정확히 이해하기를 바라는 마음에서 사례를 모았다. 민감성 증진이 목적이다. 괄호 안의 대안은 워크숍에 참여했던 직장인들이 학대적 피드백을 이렇게 갚으라고 제시한 것이다. 즉 우월의식을 버리고 모욕 본능을 억제한 피드백이다. 가끔 가정에서의 예도 나온다. (아래 학대적 피드백의 예를 보면서, "너무 심한 말들만 모은 것 아닌가?"라고 생각한다면, 여러분은 점잖은 분위기의 대단히 훌륭한 직장에 다니고 있음이 분명하다.)

결과물 가치 폄하

과업(task)의 결과를 통틀어 부정적으로 평가하는 피드백이다.[9] '너는 틀렸다.'라는 부정의 강도가 심한 학대적 피드백 사례들이다. 이걸 고치려면 공감능력을 회복하든지, 이게 당연히 어려우니 우선 시급히 자신의 우월감을 버려야 한다. 아니, 우월감을 극복해야 한다.

사례 17

- "이걸 보고서라고 작성했니?" (이 보고서를 이렇게 고쳐보면 어떨까?)

- "아니, 뭐 이렇게 만들었는고?" (나의 요구와 좀 다르네. 다시 좀 더 신경 써서 개발해주겠나?)

- "어휴~, 초등학생이 해도 이것보다는 낫겠다. 아니, 초딩은 좀 모

---

9 앞에서 Richard Williams는 피드백을 효과 측면에서 (1) 지지적(supportive), (2) 교정적(corrective), (3) 학대적(abusive) 그리고 (4) 무의미한(insignificant) 피드백으로 구분했다. 반면 Hattie, J., & Timperley, H. (2007)은 피드백 자체의 내용에 따라 (1) 과업(task: 결과에 대해 '잘했다', '잘못했다', '뭔가 빠졌다' 등의 평가), (2) 과정(process: '이 과정에서 이걸 좀 더 잘 처리해야 해.' '단문으로 다시 쓰면 읽기가 훨씬 쉬워질 거야.'), (3) 자기조절(self-regulation: '툭하면 화내는 성격 좀 고쳐야 해.'), (4) 사람(self: '넌 참 훌륭한 학생이야.')으로 구분했다.

욕적이고, 딱 대학교 1학년 리포트 수준이네." (대안 제시 불가.)

- "아, 이건 말이 안 되는 거다." (네 말도 일리는 있지만, 한 번 더 생각해 주겠니?)

- "회사 일을 네 맘대로 하니?" (네 의견도 존중하지만, 이번에는 내 결정을 좀 따르겠니?)

- "너 이게 뭐야? 지금 장난하냐? 회사를 장난으로 다녀? 회사가 놀이터야?" (실적을 어찌 올릴지 함께 좀 더 생각해보자.)

- "이 녀석아, 학교 성적이 이게 뭐니? 이렇게 해서 대학 문턱이라도 밟겠냐?" (성적을 올리려면 무엇을 어떻게 해야 할까? 아버지가 뭐를 도와주면 될까?)

- "주인 양반, 이 집 반찬이 이게 뭐요? 돼지에게도 이렇게는 막 주지 않겠네." (대안 제시 불가.)

사고력 및 판단력 폄하

사고력 및 판단력 폄하 역시 학대적 피드백이다. *(이것 보게, 또 잘못투성이구먼.)* 매사 부정적 사고(negative thinking)에 휩싸였기 때문이다. *(참으로 한심한 친구네.)* 자기 우월감(superiority)을 통제하지 못하기 때문이다. 상대의 자존심을 뭉개버린다.

 사례 18

- "생각 좀 하고 말해라." (다른 방향으로 생각해볼 수도 있지 않을까?)

- "이거 제대로 확인한 거야? 똑바로 좀 해!" (내가 생각했던 것과 좀

다른데, 근거가 무엇이지?)

- "자네 제대로 생각했냐? 그게 맞아?" (그럴 수도 있는데, 이런 것은 어떨까?)

- "아, 그건 내 생각이랑 전혀 다른데?" (그것도 좋은데, 이런 아이디어는 어떨까?)

- "그건 네 생각이고 ….." (네 생각도 좋은데, 다른 관점에서 생각해보자.)

- "생각하지 말고, 내가 시키는 대로 해." (잘했는데, 이것을 좀 고려해서 보완하면 좋겠다.)

- "됐고 …. 제대로 생각한 건가?" (좀 더 미래지향적으로 해보겠니?)

- "내 말 좀 똑똑히 들어보라고!" "이런 식으로 일하지 말라고 내가 몇 번 말했니?" (내가 제대로 전달을 못 했구나. 다시 이야기해줄게.)

- "착각하지 마!" (그렇게 생각할 수 있어. 이해해. 그렇지만 ….)

- "너 뭔지 알고 말을 하는 거냐? 제대로 이해한 거야?" (이 부분이 정확하지 않은데, 다시 설명해줄래?)

- "문제는 그게 아니라니까!" (그것도 중요하지만, 다른 관점에서 한번 문제를 생각해볼까?)

- "지금까지 말한 건 교과서적인 원론이고." (원칙은 좋은데, 우리 회사에 적용할 구체적인 아이디어가 더 필요하지 않을까?)

- "말이 되는 소리를 좀 해라." (그 점도 맞는데, 이걸 다시 한 번 생각해보겠니?)

- "그게 중요한 게 아니고 …." "그건 다 아는 이야기고 …." "자네가 뭘 잘 모르는 것 같은데 …." "그건 쓸데없는 말이고." "마! 말도 안되는 소리 하지 마라." "무슨 말을 그따위로 하는 기가?" (대안 제시

불가. 부정적 사고에 사로잡힌 이런 말버릇은 빨리 버려야 한다. 그런데 알아야 버릴 터인데 ….)

- "됐다! 시간도 없는데 이제 쓸데없는 이야기는 그만하고 …. 내가 말해 줄 테니 들어봐!" "니 요즘 쪼까 한가하나 본디, 아따 그따위 허접한 생각이나 하고, 잉." "입 벌린다꼬 무조건 말이 되는기가? 생각 좀 하고 말해야 한다 아이가. 그리 할 끼가 아니가!" "니 머리는 뒀다가 뭐에 쓰냐? 모자 쓸 때만 쓰니?" (대안 제시 불가. 자신의 우월감을 버려야 한다. 겸손을 향한 인격 수양이 시급하다. 위 사투리는 이 현상이 전국적임을 나타낸다.)

부하는 존중과 예의로써 대해야 할 '인간'이다. 인간은 태어날 때부터 그런 대접을 받을 자격이 있다. 공감의 대상이다. 습관적으로 터져 나오려는 '너는 잘못했다.'라는 부정적 평가를 쇠 말뚝으로 붙들어 매고, '너는 낙제다.'라고 심판해서 깎아내리는 모욕을 빼버린 상태에서, 내 생각을 단순히 서술적으로 표현하는 습관을 들이자.

그냥 현재 모습을 찰칵 사진 찍어 보여주는 것이다. 상대가 못 본 측면의 사진도 찍어서 보여주자. 제발 그 사진 위에다가 '너는 나쁜 놈', '사고력 및 판단력이 열등한 자' 등 지저분하게 낙서하지 말자. 사진을 상대에게 집어 던지지도 말자. 즉 상대가 같은 정신적 수준이라면 상황을 심판하지 말고 그저 묘사하자. 상대는 알아차린다. 그게 더 효과적이다.

전반적 역량 부정

부하 역량에 관한 '전반적인 부정'은 그저 '모욕'이다. 부하의 역량 부족을 막연히 지적만 하면 어쩌나. 관찰과 숙고의 노력을 쏟아야 한다. 역량 계발 방법까지 구체적으로 안내해주어야 한다. 부하 육성은 상사의 임무 아닌가. 물론, 상사가 그럴 수 있는 능력을 갖추고 있어야 가능한 이야기다.

사례 19

- "너 이것밖에 못 하니?"(현상 파악은 훌륭하다. 그런데 경쟁사와의 비교, 원인 요소 판단, 건의 등이 더 들어가면 좋지 않을까?)

- "이걸 네가 했다고? 흥, 조금 나아졌군."(와, 놀랍다. 정말 잘했다. 분류가 좋고 미래예측도 훌륭하네.)

- "네가 뭐 그렇지.""이 정도냐? 그러려면, 하지 마."(다 좋은데, 분석에서 비교 사례를 더 넣고, 시사점과 교훈을 좀 더 뽑을 수는 없을까?)

- "네가 근본적으로 역량이 부족하네 ….."(고생했다. 자네는 발전 가능성이 충분해. 그런데 문장이 전반적으로 길어. 이해하기 힘들거든. 단문 만들기 연습을 하면 좋겠어.)

- "야, 하라는 대로 좀 해.""네가 그렇게 잘났냐? 시키는 대로 해라. 제발!"(네 아이디어도 좋은데, 이번 보고에는 가장 급한 인공지능 상품 개발에만 집중하는 게 어떨까?)

- "네가 뭘 안다고 그래?""이것도 몰라?""너는 안 돼!""네가 소설가냐? 무슨 보고서가 주절주절 너저분하니? 소설가라면 굶어 죽기

딱 맞겠군." "네가 그것을 제시간에 해 오면 내 열 손가락에 장을 지지겠다." "능력도 없는 사람이 능력 있는 척하니까 역겹네." "너, 다른 직장에 갈 수도 없잖아." (대안 제시 불가. 모욕 본능을 억제하는 인격 수양이 긴요함.)

인격 폄하

소통 단절 선언, 학력 및 이력 폄하, 사생활 비판, 가족 공격 등은 모욕의 강도를 높인다.

 사례 20

- "… 됐고!" "설명 그만해! 됐거든 …." (일단 경청)
- "말해야 뭐하겠니, 말을 말자." (수고했어요. 그런데 이 도입 부분에서는 문제점을 좀 더 찾아 부각하고, 결론은 더 좀 생각하자. 결론이 단순히 요약은 아니잖니?)
- "일은 그따위로 해놓고 식당에 와? 이 시점에 밥이 넘어가니?" (그래, 밥은 먹고 하자. 힘 내자.)
- "너 학교 어디 나왔어?" "너 낳고도 네 엄마가 미역국 먹었냐?" "넌 월급을 공짜로 받는다고 생각하냐? 이 월급 도둑놈아!" "회사에 놀러 오니?" (대안 제시 불가. 감정 통제 능력 배양이 절실함.)

유사 성희롱

여성의 외모에 관한 언급은 아무리 좋은 의도(칭찬, 칭송, 찬양, 경배 등)라도 조심해야 한다. 자칫 성희롱이 될 수 있다. 21세기를 사는 사람이라면 민감성을 가져야 한다. 섣부른 농담은 절대 삼가자. 정녕 칭찬하려면 외모가 아니라 한 인간의 경쟁력 구성 요소인 실력, 즉 '전문가적 역량'을 칭찬해야 한다.

사례 21

- "요즘 우리 회사 여직원은 얼굴 보고 뽑나 봐?"(꼰대는 이런 말을 칭찬으로 생각한다. 악의는 없지만, 시대에 뒤떨어진 어처구니없는 농담이다. 양성평등 감수성 문제가 심각하다. 경쟁력의 구성 요소가 아닌 외모, 즉 얼굴을 내밀어서 입사했다니! 능력 폄하다. 모욕이다. 이 말을 듣고 기분 좋을 여성 직장인은 없다. 남성 직원에게 '당신 혹시 실력이 아니라 빽으로 입사한 것 아니야?'라고 말하면 어떤 반응을 받을까?)

- "우리 회사 다니더니 좀 세련되어졌구먼.""여자가 말이야. 좀 세련되게 입고 다녀. 쟤 봐. 저렇게 입어야지.""머리를 왜 그렇게 이상하게 했어? 가서 다시 하고 와. 돈 없어? (돈 꺼내 주며) 이걸로 해."(관심을 고마워해야 한다고? 천만의 말씀이다. 거듭 기분 나쁜 외모 평가다.)

- "어이, 아줌마!"(외부 손님이 와 있을 때도 그렇게 부른다. 왜 그렇게 부르냐고 물어봤더니, 그렇게 '임자 있는 사람'이라고 부르면 여직원의 남편이 좋아하리라 생각한다는 것이다. 결혼한 여성 직원을 프로페셔널답게 호

칭하지 않으니 분명 성차별이다.)

- "예쁜이, 나 좀 봐요." (친한 척한다고 외모와 관련된 별칭으로 호명하는 것도 마찬가지다.)
- "애는 언제 낳을래?" (결혼한 남자에게 묻는 것도 실례. 더욱이 여성에게는 조심해야 한다. 소름이 돋는다. 꼰대의 지나친 관심과 사생활 간섭이다.)

미래 저주

 사례 22

- "참 네 앞날이 걱정된다." (대안 제시 불가.)
- "이렇게 해서 진급하겠니?" (네가 진급하려면 어떤 역량을 더 보강해야 할까?)

유사 언어 모욕

언어는 아니나 '소리'가 난다. 대부분 습관적이다. 스스로는 자신의 이런 악습관을 알 수 없으니 부하들에게 물어봐야 한다. 그리고 버리자.

 사례 23

- "휴~" 한숨 쉬기.
- "쯧쯧" 혀 차기.
- "ㅎㅎㅎ" 비웃기.

- "흥" 콧방귀 뀌기.
- 기타 야유하기.

비언어적 몸짓 모욕

대부분 '시간지향 유형'의 경청 태도다. 없애야 할 습관이다.

 사례 24

- 대화 중 휴대전화를 보는 등 딴짓하기. (이는 요즘 젊은 부하직원들이 더 잘하는 짓이라고 상사들이 반박한다. 딴짓하기가 비언어적 몸짓 모욕임을 인식하지 못하나 보다.)
- 팔짱 끼고 먼 산 바라보기.
- 자꾸 시계 쳐다보기.
- 한심하다는 표정으로 말없이 빤히 쳐다보기.

무시와 기피: 거부 모욕

침묵은 무시다. 반응을 기대하는 사람에게 소통 거부는 종종 경멸로 여겨진다. 부부싸움 끝에 며칠간 말하지 않고 지낸 적이 있지 않은가? (당신 같은 인간과 말을 섞을 내가 아니야. 난 고귀해.) 소통 차단이다. 상대를 존재 없는 투명 인간처럼 취급하는 무시와 경멸이다.

사례 25

- 인사 외면하기.

- 대화 거부하기.

- 대화 도중에 갑자기 상대를 외면하고 다른 사람에게 말을 걸기.

- 미안하다는 말이나 몸짓도 없이 전화하기, 문자 보내기.

- 보고를 받으며 전혀 아무런 반응도 보이지 않기.

- (냉정한 말투로) "나 나가야 해. 다음에 보고해."

- "얘 뭐라는 거야? 보고를 하나도 못 알아듣겠어. 넌 됐고, (다른 사람을 가리키며) 네가 좀 쉬운 말로 말해봐." (당하는 사람은 민망하다. 자존심 상한다. 심지어 대신 말해보라고 지명한 사람이 자신의 부하라면 모욕감은 급상승한다.)

- (음식을 사주면서) "이렇게 비싼 거 못 먹어봤지? 맛있게 먹어~." (사람 무시다.)

누락에 의한 모욕

앞서 언급한 무시와 기피는 의도적이나, 아래 누락은 깜빡 실수 때문인 경우가 많다. 하지만 누락당했을 때 상대는 종종 무시와 기피로 인식하며 모욕감을 느낀다. 의도적인 누락, 즉 제외를 따돌림이라고 한다. 충격은 더 심하다. 만약 회식 때 모든 팀원에게는 연락하고, 나만 쏙 빼놓는다면 어떤 느낌이 들게 될까?

사례 26

내가 사장이었다. 회의 시에 부하 임원들을 한 사람씩 거명하며 칭찬할 일을 칭찬하고 해야 할 일을 지시했다. 이튿날 아침에 한 임원이 입을 쭉 내민 뿌루퉁한 표정으로 사장실로 들어왔다. 자신을 왜 무시하냐는 항의성 하소연이다. 어제 회의에서 오로지 자기에게만 지시가 빠졌다는 것이다. 본의 아닌 누락이었다. 그러나 그 임원은 따돌림으로 생각했나 보다. 충격 때문에 어젯밤에 한숨도 못 잤다는 것이다. 내 실수였다고 사과했다. 다음 회의에서 두 배로 지시해주겠다고 약속했다. (그러고 보니 필자도 범죄를 자주 저질렀다. 비록 과실범이었지만.)

다른 예다. 회사의 창립 기념식 등 행사에서는 덕담과 건배사를 통상 높은 사람 순서대로 한다. 거의 모든 나라, 모든 조직에서 마찬가지다. 사회자는 정신을 바짝 차려야 한다. 인간의 본성인 사회적 서열 확인을 무시하면 큰일 난다.

"지난 일 년간 우리를 세계로 뻗어나가도록 '들볶아'주신 사장님께서 귀한 덕담을 해주시겠습니다." "이제 우리를 더욱더 들볶으신 전무님께서 한 말씀 해주시겠습니다."

이런 식이다. 무대 등장 순서가 중요하다. 그런데 아뿔싸! 사회자가 순서에서 전무보다 더 높은 부사장을 빠뜨렸다. 의도치 않은 누락이다. 부사장은 기분 나쁘다. 받은 모욕은 재치 있는 모욕으로 대꾸하든지 아니면 유머(특히 자기 비하 유머)로 대응하는 것이 최고다. 화를 내면 하수다. 부사장은 이렇게 말한다.

"사회자가 마음을 비웠군요. 진급을 포기했나 봅니다." 또는 "나까

지 들볶으면 어쩌겠습니까? 들볶지 않아서 누락됐나 봅니다. 앞으로
도 계속 사장님 뒤에 서서 여러분들을 다독이겠습니다."

비교 모욕

뛰어난 사람과 비교당하면 기분 나쁘지 않을 재간이 없다. '비교'는 '분
석'의 핵심이나, 인간과 인간의 비교는 범죄행위다. 절대 해서는 안 될
일이다. 정녕 비교하려면 이미 누구나 신적 존재로 인정하는 예수나 부
처와 비교해야 한다. 인간은 자기 이름이 몇 번째로 언급되는지 예민하
다고 말했다. 이것도 비교 때문이다.

 사례 27

- "당신 형이나 동생은 날씬한데 당신은 몸매가 왜 그래? 진짜 형제
  사이야?" (대안 제시 불가.)
- "너랑 김 과장이 동기 아니니? 김 과장 반만 따라가라!" (대안 제시
  불가.)
- "네 형 좀 봐라. 너는 왜 그러니?" (대안 제시 불가.)

말 자르기

자신의 발언을 중간에 끊는 행동 자체가 기분 나쁘다. 무시당했으니 그
렇다.

사례 28

소통의 원칙은 말하는 순서 주고받기(turn-taking)다. 남의 말을 중간에 끊는다면 이는 의사소통의 근본 규칙을 무시하는 행위다. 왜 그럴까? 말을 끊는 사람 관점에 서보자. 상대가 답답하기 때문이다. 말 같지도 않은 말을 주절거린다. 핵심을 요령껏 전달하지 못하고 헤맨다. 이런 식이니, 상대의 열등함을 도저히 견딜 수 없다. 더구나 말 자르는 행위에 덧붙여 자신의 말 자르기를 정당화하기 위해 학대적 피드백을 던지기 쉽다.

"좀 짧게 이야기합시다.""왜 자꾸 한 말을 또 합니까!""요점이 뭐예요?""답답하네. 결론부터 말해봐요."

경청 능력이 부족한 시간지향 유형의 상사가 분명하다. 말 자르며 내리치는 이런 피드백은 "너는 열등해!" 강력한 폭력과 유사한 느낌을 받는다. 상대가 설령 아무리 '바보'라 하더라도 손찌검할 수는 없지 않은가. 상대를 탓잡아 말을 자를 수는 없다. 말 자르기는 상대의 문제가 아니다. 자신의 폭력적 말맵시 문제다. 지성인으로서 용서할 수 없는 악습이다.

열등하다는 평가를 좋아할 사람은 없다. 자존심은 본능이다. 그 평가가 결과물의 가치 폄하, 사고력과 판단력 폄하, 전반적 역량 폄하, 인격 모독, 저주, 무시, 기피이기에 부하가 모욕감을 느낀다.

공감능력이 부족한 상사가 제법 많다. 부하의 곤경, 아픔, 고민, 스트레스 등을 제대로 인지하거나 잘 느끼지 못한다. 인간 이해를 위한 면담도 부족하여 부하가 낯선 사람처럼 보인다. 그러니 급한 대로 부디 위 학대적 피드백의 사례를 기억해놓자. 목에 일종의 기억의 필터(거름막)를 만들어 장착하는 셈이다. 자칫 뛰쳐나오려는 공개 현상수배범을 걸러서 잡아줄 것이다.

다음 장에서 사람멀미와 직장 내 괴롭힘 촉발의 가장 큰 원인인 이 학대적 피드백을 더욱 깊이 따져보자. 완전한 이해가 긴요하다.

우리는 효과적으로 말하기에 능숙하지 않다.

☐ 자신의 말하기 역량 부족 인정이 발전의 시작이다.

- 직장에서 토론할 때 아쉽게도 창의력의 상승작용을 효과적으로 만들어내는 데 애를 먹는다. 대신에 감정적 앙금만 남기기에 십상이다.

- 매일매일 토론하고 타협해야 하는 국회는 툭하면 말꼬리 잡고 싸우기만 한다. 국가 경쟁력 문제다.

☐ 기업의 경쟁력이 문제이고 국가의 앞날이 걱정된다. 근본적으로 제대로 말하기를 학습하지 못했기 때문이다.

상대방이 말하면 내가 '반응'한다. 이를 '피드백(feedback)'이라고 한다.

☐ 인간의 대화는 '연속되는 피드백(메시지와 감정)의 교환'이다.

- 상사와 부하의 대화, 즉 피드백 주고받기에서 직장인의 행복과 불행이 결정된다.

피드백의 종류는 네 가지다.

☐ 지지적(supportive) 피드백은 상대 언행에 동의하고 칭찬하며 격려해주는 반응이다.

- 계속 잘하라는 나의 의도를 전달한다. 또는 상대의 호의를 끌어내리려는 목적이다.

☐ 교정적(corrective) 피드백은 상대에게 변화나 개선을 촉구한다.

- 상대를 교정하려는 내 의지를 주입하는 피드백이다.
□ 무의미한(insignificant) 피드백은 상대에게 전혀 신경 쓰지 않다가 아무런 가치 없는 입에 발린 말(lip service)을 던지는 것이다.
- 의미 있는 '말'이 아니다. 그냥 하는 '소리'다. 피상적인 사실 확인 이외의 목적이 없다.
□ 학대적(abusive) 피드백은 감정 통제가 안 된 상태에서 상대에게 던지는 모욕이다.
- 주는 상사의 '목적'과 받는 부하가 느끼는 '결과'가 전혀 다르다. 상사는 '앞으로 일 좀 잘해라.'라는 훈육 의지를 주입하는 교정적 피드백이라고 생각한다. 반면 부하는 모욕하기 위한 학대적 피드백이라고 느낀다.

학대적 피드백은 종종 시퍼런 흉기가 된다.

□ 말 한마디 때문에 내가 쓰라린 상처를 받고, 또 말로써 상대에게 아물지 않을 아픔을 주기도 한다.
□ 상사는 통상 자신이 부하들을 향해 학대적 피드백을 날린다는 사실 자체를 잘 모른다.
- 그런 나쁜 습관을 감히 지적해주는 부하는 이 세상에 없기 때문이다.
- 근본적으로 공감능력 결핍 탓이다. 무감각과 인식 불능이 큰 문제다.
□ 자신의 상사에게는 공손하나, 만만한 부하들에게 함부로 학대적 피드백을 던지는 상사가 많다. 인격과 습관의 문제일 수도 있다.

학대적 피드백의 종류는 다양하다. 민감성을 높이기 위해 머리로 이해해야 한다.

□ 결과물 가치 폄하는 과업(task)의 결과를 통틀어 부정적으로 평가하는 것이다.
- 우월감을 버려야 한다. 아니, 자신의 우월감을 극복해야 한다.
□ 사고력 및 판단력 폄하는 부정적 사고와 자기 우월감을 통제하지 못하는 학대적 피드백이다.

- 심판과 폄하 대신 생각을 서술적으로 표현하는 습관을 들이자.

□ 전반적 역량 부정은 그저 '모욕'이다.

- 구체적으로 어떠한 역량이 더 계발되면 좋을지 정확하게 지적해주어야 한다.

□ 인격 폄하는 모욕의 강도가 더욱더 높은 학대적 피드백이다.

- 소통 단절 선언, 학력 및 이력 폄하, 사생활 비판, 가족 공격 등이 인격 폄하다.

□ 기타 학대적 피드백에는 유사 성희롱, 미래 저주, 유사 언어 모욕, 비언어적 몸짓 모욕, 무시와 기피 모욕, 누락 모욕, 비교 모욕 그리고 말 자르기가 포함된다.

머리로 이해하여 목에 학대적 피드백을 거를 수 있는 기억의 필터(거름막)를 장착해야 한다.

□ 공감능력과 인간 이해를 위한 면담이 부족하다면, 부디 본문에 나열한 학대적 피드백의 사례들을 기억하자. 자칫 뛰쳐나오기 쉬운 공개수배범을 걸러줄 것이다.

기억의 창고를 뒤져보자.

☐ 지난 며칠간 직장과 가정에서 대화를 많이 했을 것이다. 그러니 셀 수 없이 많은 피드백을 주고받았다. 여러분은 대체로 어떤 종류의 피드백을 주었는가?

- 여러분이 준 '지지적 피드백'은 정말로 관심과 관찰을 바탕으로 나온 것인가? 그렇지 않다면 부하, 자녀, 배우자는 '무의미한 피드백'으로 받아들였을 공산이 크다. 진정한 지지적 피드백이었다는 관찰 근거를 생각해보자.

- '교정적 피드백'을 줄 때 감정을 통제했는가? 상대에게 존중과 예절을 갖추었는가? 만약 소홀했다면 상대는 '학대적 피드백'으로 받아들였을 공산이 크다. 효과적인 교정적 피드백이었다는 근거를 생각해보자.

☐ 부하들에게 준 지지적 피드백, 교정적 피드백, 무의미한 피드백 그리고 학대적 피드백의 비율을 생각해보자.

- 만약 지지적 70%, 교정적 30%, 무의미한 0% 그리고 학대적 0%라면 여러분은 성인군자다.

- 반면 지지적 0%, 교정적 0%, 무의미한 30% 그리고 학대적 70%라면 여러분은 잔혹한 범죄자다.

- 여러분은 성인군자와 범죄자 중 어느 쪽에 더 가까운가? 생각해보자.

☐ 마찬가지로 가족들에게 준 지지적 피드백, 교정적 피드백, 무의미한 피드백 그리고 학대적 피드백의 비율도 생각해보지.

제3권 제2장

이 QR코드를 휴대전화의 QR코드 앱으로 인식하면 토론방으로 연결되어 여러 독자들이 남긴 소감을 접할 수 있습니다. 여러분의 느낌도 써주십시오. 이 책의 저자와 질문으로 소통할 수도 있습니다.

제3장

말하기 원칙 1:
학대적 피드백 사용 금지

"칼의 상처는 아물어도
말의 상처는 아물지 않는다."
—몽골 속담

"세 치 혓바닥이
여섯 자의 몸을 살리기도 하고
죽이기도 한다."
—법정 스님

HOW TO BETTER USE
YOUR MOUTH

앞 장에서 피드백의 종류를 자세히 알아보았다. 특히 학대적 피드백의 구체적 사례까지 살펴보았다. 흉악범이 누구인지 정체를 알았으니, 이제 잡을 수 있다. 물론 자수도 가능하다. 이 장에서 토의하는 말하기 제1원칙은 '학대적 피드백 사용 금지'다. 이 처방전을 이해하면 그리 어렵지 않게 내 몸의 병을 스스로 치료할 수 있다. 주변에 사람멀미를 일으키는, 자각 증상이 전혀 없는 그 못된 고질병 말이다.

저자가 접해본 선진국(미국, 유럽, 캐나다, 일본 등)에 비해 우리는 참으로 올바른 내용도 '싸가지 없이' 말한다.(미국은 따갑고 아픈 내용도 참으로 'nice'하게 표현한다.) 심지어 욕까지 섞어서 말한다.(일본은 욕이 거의 없다.) 이런 못된 말맵시 때문이다. 감정적 앙금, 동기 저하, 팀워크 훼손, 집단 창의력 저하, 인간 관계 파괴, 사직, 이혼, 폭력, 정치 파행 등이 벌어진다. '학대적 피드백 사용 금지'라는 원칙만 지켜도 우리의 가정과 직장이 좀 더 행복해지고, 그래서 우리나라 GDP가 상승하리라는 추정은 무리일까.

삼사일언(三思一言)은 세 번 생각한 후에 말하라는 경구(警句)다. 뼈 없는 혀가 심장을 찌르는 흉기가 될 수 있기 때문이다. 한 번 내뱉은 따가운 말은 용서받을 수 있을지언정 잊히지 않는다. 세 치 혀가 무서운 이유다. 지혜는 '들음'에서 생기고, 후회는 '말함'에서 생긴다. 소통의 악마, 학대적 피드백의 특징을 더욱더 헤쳐보자. 앞 장에서 흉악범이 누구인지 파악했으니, 이제 그 흉악범의 정신세계를 해부해보는 것이다. 깊은 이해가 선행되어야 실천력이 배가되는 법이다.

학대적 피드백의 특징,
열등감 주입과 모욕

"한심하다! 그걸 일이라고 했니? 초딩도 이것보다 잘하겠다. 지시를 다시 해줄 테니, 정신 좀 차리고 귓구멍 열고 똑바로 다시 들어봐!"

학대적 피드백의 공통점은 무엇일까? 상대를 무시한다, 무례하다, 모욕한다. 그래서 상대의 감정에 앙금을 남기고, 자존감에 상처를 주고, 인간관계를 파괴한다. 어떤 조직문화에서 이런 못된 말씨가 자주 쓰일까? 권위적이고 위계질서가 강하며, 이직이 어려운 직장 환경(예를 들어 군대)에서 많이 발견된다. 누가 이런 막말의 주된 먹잇감일까? 사표를 던지고 이직하기 어려운 경쟁력이 낮은 부하, 또는 쉽게 내칠 수 있는 대체성 높은 부하 그리고 보호막이 약한 부하(예를 들어 비정규직)다. 즉 만만하고 얕볼 수 있는 부하에게 함부로 쏟아내는 언행이다.

상사는 주장한다. 무능한 부하를 교육하기 위한 교정적 피드백이었다고. 그것이 좀 호되었기에 학대적 피드백으로 받아들여졌다면, 근본 원인 제공자는 결국 못난 부하가 아니냐고 반문한다. 애당초 그들이 원래 욕가마리, 맷가마리[1] 라는 것이다. 맞는 말일까? 피상적인 분석이다.

---

[1]   (편집자 주) '욕가마리'는 '욕을 먹어 마땅한 사람', '맷가마리'는 '매를 맞아 마땅한 사람'이라는 뜻의 순우리말.

인간성을 훼손하는 모욕을 교육으로 미화하는 용서받지 못할 변명이다. 주관적으로 판단하기에 부하가 무능하다면, 그런 열등한 인간은 함부로 대해도 된다는 말인가? 얕잡아볼 수 있는 인간은 이 세상에 없다. 학생의 성적이 아무리 나쁘다 해도, '나는 바보입니다.'라는 팻말을 들고 서 있게 할 수는 없다. 모욕은 결코 교육의 방법이 될 수 없다.

학대적 피드백을 던지는 상사의 언행과 머릿속을 분해하면 더욱 정확한 특징이 나온다. 학대적 피드백은 ▶첫째, 독선적 사고다. 부하는 틀리고 자신은 항상 옳다고 생각한다. ▶둘째, 부정적 평가다. '한심하다.' 즉 '너는 틀렸다.' 비난하는 말과 행동으로 상대를 심판한다. ▶셋째, 상대를 권위적으로 통제한다. 즉 '네가 무지하거나 현명하지 못하니 내 지시대로 그대로 해라.'라는 뜻이다. ▶넷째, 이 세 가지 특징의 근원은 바로 '우월감'이다. ▶다섯째, 학대적 피드백이 때로는 상사의 열등감에서 비롯될 수도 있다. 과민한 자기 보호 의식이 과도한 공격성으로 나타나는 경우가 많기 때문이다. 이 역시 자기 우월감의 확인 욕구가 드러난 것이다. *(아, 이 다섯 가지를 모두 지닌 그 누군가가 문뜩 떠오른다! 혹 나 아닐까?)*

위 묘사가 낯익지 않은가? 바로 제1권에서 살펴보았던 꼰대의 특성과 유사하다. 학대적 피드백을 쉽게 던지는 사람을 분류해보자. 꼰대, 선천적 감정 통제 불능자, 인격적 미성숙자, 개인으로 혼자 활동해왔기에 조직의 쓴맛 경험이 부족한 자, 평생 비판을 받아보지 못한 금수저 출신, 소위 권력 기관에 근무하며 늘 '갑'의 위치에 서 있던 사람, 그리고 마구 흔들리는 권위적인 고물 배를 너무 오래 승선했기에 뱃멀미가 무엇인지 잃어버린 사람이다. 이런 사람들이 던지는 학대적 피드백에 현미경을 들이대보자.

열등감 주입

(내(상사) 판단력으로 '평가'하자면 → 너(부하)의 판단력에서 비롯된, 네 말이나 행동은 '틀렸다.' → 내 판단력이 네 판단력보다 우월하다. → 즉, 너(부하)는 나(상사)보다 열등하다. → 그러니 군소리 말고 내 '통제'에 따라라.)

한마디로, 학대적 피드백이란 '나는 우월하고, 너는 열등하다.'라는 느낌을 상대의 의식 또는 무의식에 은근히 또는 노골적으로 주입하는 언행이다. 상대는 어렴풋하게 또는 확실하게 열등감을 느끼게 된다.

"무슨 말인지 모르겠지? 내가 좀 쉬운 말로 해줄까?"

이 말의 속뜻은 다음과 같다.

(내 판단력으로 평가해보니, 너 지금 이해력이 무척 떨어지는구나. (우월한) 내가 (열등한) 네가 이해할 수 있도록 좀 쉽게 이야기해줄게.) 역시 독선적이고 평가적이다. 열등감도 쑤셔 넣는다.

"자네, 회사 생활 몇 년 했어?"

이는 단순한 의문형 질문이 아니다. *(내 판단으로는 네가 회사 생활이 미천해서 뭘 모르는구나. 열등해. 아직 나 정도가 되려면 멀었다.)*라는 의미가 담겨 있다. 상대의 언행이 무지에서 비롯되었음을 암시한다. 즉 판단력이 틀렸다는 독선적 평가다.

"뭔가 제대로 이해를 못 하고 시시는 말씀 같은데요."

여기엔 (머리가 좀 안 좋으시네요. 이해력이 그것밖에 안 되세요? 내 말 좀 잘 들으세요. 들어도 모르겠지만.)이라는 독선, 부정적 평가 그리고 통제의 의미가 담겨 있다. 이 역시 상대에게 열등감을 심어준다.

공감능력 결핍

학대적 피드백을 던지는 '사람'의 특징을 하나 더 짚고 넘어가자. 바로 '공감능력 결핍'이다. ▶열등감을 전달하면 상대가 은연중에 기분 나빠 하리라는 사실을 전혀 모르는 것이다.(공감 과정에서 인지(noticing)의 문제다.) ▶또는 (너는 당해도 싸!) 감정 통제력이 떨어지거나 심리적 유연성이 부족하기 때문인지도 모른다.(공감 과정에서 판단(sense making)의 경직성 문제다.) ▶또는 상대의 아픔을 전혀 느낄 수 없는 사람일지도 모른다.(공감 과정에서 느끼기(feeling) 문제다. 설마, 사이코패스란 말인가?)

요컨대 공감능력이 훌륭한 사람이 학대적 피드백을 지속해서 남발하는 경우는 없다. (물론 간호사 사회의 '태움' 관행 등 예외도 있다. 개인적 공감능력의 문제라기보다는 조직문화의 영향이다.) 이제 학대적 피드백을 받는 사람의 처지에 서보자.

수치심과 모욕감의 차이

열등감을 은연중 강요당하면 모든 인간은 수치심 또는 모욕감을 느끼게 된다.[2] 예를 들어 회의 중에 상사에게 다음과 같은 질책을 받았다 치자.

"일을 어떻게 이따위로 했나요? 부끄럽지도 않아요!"

이때 어떤 속마음이 생기는가?

수치심은 부끄러운 감정

(부끄럽다. 창피하다. 낯을 들 수 없다. 내가 왜 그런 실수를 했을까…. 핀잔먹어도 싸지.)

만약 이렇게 자신의 잘못을 받아들인다고 하자. 즉 죄책감과 미안함이 섞인 부끄러운 감정을 갖게 되었다. 그렇다면 수치심을 느낀 상태다. 수치심은 타인, 조직 또는 사회의 기대에 못 미친 자신의 모습을 바라보며 느끼는 '스스로 떳떳하지 못한 감정'이다.[3] 스스로 찾아서 받는 정신적 채찍질이다. 이 수치심을 비록 타인이 촉발했더라도 말이다.

2 　모욕감을 수치심의 일부로 분류하기도 한다. 예를 들어 제2차 세계대전 직후 나치에 협력한 여성의 머리를 박박 깎는 경우가 그렇다. 수치심을 유발하려고 일부러 모욕을 주는 경우, 두 감정 사이의 경계를 긋기가 매우 어렵다.

3 　신화연. (2010). 40쪽. 저자는 '수치심'을 다음과 같이 정의했다. "내면화된 사회적 기대에 부응하지 못하는 자신을 발견하면서, 동시에 갑작스럽게 느껴지는 다른 사람들과의 심리적 거리를 인식할 때 일어나는 감정. 부끄러움은 가장 진화된 감정이라는 뜻이고, 다른 한편으로는 자의식을 가장 많이 반영하는 (고통스러운) 감정이라는 말일 것이다."

이러한 인간의 수치심에는 사회적 순기능도 크다. 사회나 타인의 기대에 못 미친 자신을 반성하도록 한다. 수치심은 어찌 보면 사회적 징계인 셈이다. 사회를 발전시켜온 인간의 본능이다. 반면에 모욕감은 조금 다르다.

모욕감은 억울함과 분노의 감정

(에이 씨, 뭐가 잘못이라는 거야? 많은 사람 앞에서, 이거 왜 이래? 기분 더럽네. 내 부하들도 지켜보고 있는데!)

만약 상사의 질책에 '수용'보다는 '반발'과 '분노'가 생겼다면, 이는 '모욕'을 느낀 것이다. 모욕감은 '분노의 감정'이다. 타인이 자기를 대하는 부당한 태도나 방식 때문에 느낀다. 나의 존재 가치가 얕잡아 보였고, 깔아뭉개져 낮은 위치로 떨어졌다. 존엄성이 부정당한 것이다. 수치심과는 다르다. 모욕감은 억울한 감정이다. 즉 '내가 모욕을 당해도 싸다.'라고 생각하는 사람은 없다.[4] 수치심과 모욕감은 다른 동물과 구별되는 인간의 본질이다. 『모멸감』의 저자 김찬호 교수는 이를 다음과 같이 설명한다.[5]

---

[4] Hartling, L. M., Rosen, W., Walker, M., & Jordan, J. V. (2004). 이 논문은 수치심과 모욕감을 잘 설명했다. Shame의 어원은 덮고(cover), 가리고(veil), 숨는다(hide)는 뜻이다. 부끄러우면 노출된 느낌이 들게 되며 눈 마주치기를 피하게 되고, 숨으려 한다는 행동에서 비롯됐다. 이러한 행동 특성은 모욕감을 느낄 때도 마찬가지다. 그러나 조금 다르다. 모욕(humiliation)의 라틴 어원은 '땅(humus)으로 떨어뜨리기' 또는 '흙먼지처럼 취급하기'다. 인간을 낮은 위치에 처하게 하는 행위다. 수치심은 자신을 되돌아보게 만드나, 모욕감은 타인의 행동을 부당하다고 느끼기에 분노에 휩싸인 감정이다. 수치심과 모욕감이라는 감정은 주로 권위적이고 위계질서가 강하며 상하 간 힘의 불균형이 심한 조직에서 많이 느끼게 된다.

"음식을 바닥에 획 던져줘도 개는 개의치 않는다. (중략) 인간은 그렇지 않다. 모욕감은 다른 동물과 구별되는 인간의 본질이다. (중략) 인간은 목숨을 부지하는 것 이상을 원하는데, (그게) 바로 존재감이다. 자신의 가치를 스스로 인식하고 타인을 통해 확인하면서 살아 있음을 느낀다. (중략) 그래서 정신세계의 구현, 사회적 헌신, 업무의 성취, 인간관계의 구축, 지배력 확대, 재력의 획득, 속물적 과시 등에서 자신의 존재 가치를 확인하려 애쓴다. 그 바탕에는 자존감의 추구가 깔려 있다. 때에 따라서 그것은 생명보다 더 귀하게 여겨진다. 모욕은 바로 인간의 그 자존감을 손상하는 행위다."(61-62쪽)

상사가 의도했건 안 했건, 부하가 '열등감'을 느끼고, 더 나아가 '모욕감'까지 느꼈다면, 상사의 그 언행은 학대적 피드백이다. 상사의 의도와는 상관없다. 강아지도 주인을 모욕할 수 있을까? 그럴 수 있다. 위에 언급한 김찬호의 비유다. 주인이 평소에 싫어하는 사람이 집에 오자 그 강아지가 냉큼 그 손님의 품 안에 쏙 기어들어 간다면, 주인은 모욕감을 느낄 수 있다. 강아지가 모욕을 기도할 지능이나 의도는 전혀 없었더라도 말이다. 강아지가 나중에 '주인이 모욕을 느낄지 전혀 몰랐다.'라고 변명해도 주인의 모욕감은 줄지 않는다.

성희롱도 마찬가지 아닌가. 양성평등 감수성이 중요하다. 이제 '학대

---

5 김찬호. (2014). 61-62쪽. 저자는 모욕감을 다음과 같이 정의했다. "모욕은 타인을 업신여기고, 얕잡고, 깔아뭉개고, 하대하고, 비하하는 식으로 낮은 위치로 떨어뜨리는 행위다. 모욕감은 나의 존재 가치가 부정당하거나 격하되고 존엄성이 부정당할 때 갖게 되는 괴로운 감정이다. 사람이 사람으로 존립할 수 있는 원초적인 토대를 짓밟는다."

적 피드백 감수성'도 키워야 할 때다. 학대적 피드백을 던져놓고서, "모욕할 의도가 전혀 없었다."라거나 "그렇게 괴로웠는지 전혀 몰랐다."라는 변명은 통하지 않는다.

심한 모욕을 받은 부하의 가슴속에는 묵직한 적개심 덩어리가 침전된다. 훼손된 자존감을 회복하려는 충동이 거칠게 표출될 수도 있다. "그 미친 X가 오늘 또 발작했네." 술자리에서 동료들과 상사의 험담을 나눈다든지, 사직서를 던져버리는 행동이 바로 이런 자아 회복 충동이다. 모욕당했다는 피해 의식과 적개심은 맹렬한 공격성으로 이어지기도 한다. 외국에서는 총기 난사 사건의 원인이 되기도 한다. 우리나라 국회에서 여야 싸움의 주된 발단이다. 혀를 잘못 놀린 학대적 피드백은 부하의 가슴속에 심한 모욕감으로 차곡차곡 침전되어 제어되지 않은 '정서적 시한폭탄'이 되고 만다.

공개적 모욕은 가장 멍청한 범죄행위

조심해야 한다. 모욕이 공개적으로 자행될 때 부하의 고통은 심각하게 가중된다. 예를 들어, 상사가 학대적 피드백을 ▶개인적으로 만나 던질 때, ▶많은 사람이 모인 회의에서 쏟아낼 때, ▶참지 못하고 익명으로 온라인상의 SNS에 함부로 써 댈 때 그리고 ▶그럴 리는 없겠지만, 울화가 치민 상사가 사내 방송실에 난입하여 방송 마이크를 빼앗아 잡고 부하의 실명을 들어 욕해 댈 때, 부하가 느낄 그 모욕감의 정도를 비교해보자.

부하가 느끼는 모욕감은 공개범위가 커질수록 기하급수적으로 증폭한다. '서늘한 가을비'와 같은 모욕이 흡사 '한겨울에 100m 위에서 떨어지는 폭포의 차디찬 물벼락을 바로 밑에서 그대로 맞는 것'처럼 강도가 세진다. 그러면 어떻게 될까?

자존감 훼손, 타인과의 연결감 상실 그리고 리더십 파괴

사회적 동물인 인간은 원래 다음과 같이 작동한다. *(아, 사람들이 나를 알아주고 인정해주는구나!)* 인정감을 느끼면, *(그래, 나는 훌륭해!)* 자존감이 충만해지고, 그러면 호르몬의 작용으로 *(아, 기분 좋다!)* 행복감을 느끼게 된다. 인간은 친사회적 행동을 하고, 그 가치를 인정해주는 타인의 시선과 미소 그리고 칭찬에서 자존감과 행복감을 느끼게끔 진화되어온 것이다.[6]

그러니 대다수 인간은 행복을 느끼기 위해서 나를 인정해줄 수 있는 타인(배우자, 자녀, 친구, 상사, 동료 등)과의 우호적인 관계가 필요하다. 즉 인간의 기본적 욕구 중 하나는 '타인과의 연결감(sense of connection)' 확보다. 공감능력이 떨어지는 사람은 물론 이 연결감 욕구가 크지 않다. 평균적으로 남성보다 공감능력이 훨씬 좋은 여성은 이 연결감 욕구가 상대적으로 더욱 크다.

---

6 인정감 → 자존감 → 행복감이라는 이론을 적용할 수 없는 예외적인 사람도 있다. 후기인상파 화가 폴 고갱을 모델로 삼은 윌리엄 서머셋 몸의 『달과 6펜스』를 보자. 고갱은 살아생전 그림 한 점 팔지 못했다. 그런데도 타인이 주는 인정감 없이도 높은 자존감을 가진 사람이었다. 특이한 경우다.

예를 들어, 인간에게 만약 공포감이 없다면 금세 위험에 빠질 수 있다. (아이고 무서워!) 공포감을 더 느끼기 싫으니 (도망가자!) 위험을 피하게 된다. 즉 공포감이라는 본능이 안전을 보장한다. 마찬가지다. (사람들이 나를 어찌 볼까? 창피하다.) 수치심과 (억울하다. 부하들 앞에서 당하다니, 기분 나쁘다.) 모욕감은 타인과의 연결 파괴, 즉 단절의 두려움을 느끼는 상태다.[7] 일종의 공포감이다.

공개의 범위가 커지면 커질수록 모욕은 '자존감'의 파괴뿐 아니라, '타인과의 연결감'을 송두리째 앗아가는 끔찍한 범죄가 된다. 대인기피증까지 초래한다. 공포의 독방에 몰아넣는 끔찍한 짓이다. 인간 삶의 원동력인 인정감과 행복감에 재를 뿌리는 행위다. 더구나 부하(팀장)의 휘하 부하들이 함께 있는 자리에서 던지는 모욕은 부하(팀장)의 '리더십'까지 박탈하는 참으로 어리석은 짓이다.

상사의 처지에 서보자. 스트레스 해소했다. 시원하다. 많은 부하에게 자신의 가치관과 판단기준을 널리 전파했다. 만족스럽다. 그리고 부하들 앞에서 자신의 우월감을 과시했다. 뿌듯하다. 그런데 그 대가는 혹독하다. 부하들의 공포감이 초래된다. 부하들의 모욕 기피 본능이 작동한다. 결국, 부하들의 접근 회피, 정보의 단절, 부하들의 적극성 상실 등이 결과다. 공개적 모욕은 실로 멍청한 짓이다.

---

7 Brown, C. B. (2012). 저자는 공감능력이 전혀 없는 사람, 즉 인간의 연결성에 무관심한 사람만이 수치심을 느끼지 않는다고 주장한다. 또한 수치심의 본질은 '나는 부족하다.'라는 생각이다. 나는 날씬하지 않고, 돈도 없고, 예쁘지도 않고, 똑똑하지도 않아 멍청하고, 어리석게 일을 처리했고 …. 그러나 이 부족함을 인정하는 용기를 가질 때 비로소 타인과의 진정한 연결이 가능하다. 자신의 부족함을 너그러이 대하고 사랑할 수 있을 때 비로소 타인의 부족함을 공감해줄 수 있기 때문이다. 그 공감 없이 인간관계 형성은 불가능하다.

저주받은 고립

눈을 감고 최악의 고통을 그려보자. 자존감뿐 아니라 타인과의 연결감 까지 와해당하는 심한 수치심과 모욕감을 느낀다고 치자. '죽음과 가장 가까운 위험한 상태'다.[8] 성폭력 피해자가 겪는 고통과 유사하다. 인간 내면을 파괴한다. 평생 시달리는 응어리를 가슴에 남긴다. '저주받은 고립(condemned isolation)'[9]에 빠진다. 제1권에서 직장 내 괴롭힘의 극 단적 피해를 언급했다. 은행 여직원, 현장 실습생, 간호사, 검사 등은 모 두 '공개적 모욕'을 당했다. 그래서 자살하고 말았다.

'칭찬은 가능한 공개적으로, 질책은 절대로 개인적으로.' 부디 기억 하고 실천하자. 옛말에도, 책망은 몰래 하고 칭찬은 알게 하랬다. 사람 관리의 법칙이다. 요컨대 '모욕의 공개 극대화'는 부하를 심하게 증오 하지 않는 한 도저히 할 수 없는 잔혹한 일이다. 여러분은 혹시 '살인' 을 해보았는가? 말도 안 되는 질문이다.

그렇다면 부하를 향해 잔혹한 학대적 피드백을 공개적으로 던져보 았는가? 없다면 다행이다. 만약 그런 경우가 있다면 여러분은 인격적 살인을 한 셈이다.

---

8 호킨스, 데이비드(백영미 옮김). (2011).
9 Covington, S. S., & Surrey, J. L. (2000). 이 논문은 여성의 심리적 발달이 남성과 다르다고 주 장한다. 여성의 기본적 욕구 중 하나는 타인과의 연결감(sense of connection) 확보다. 여성 의 공감능력이 뛰어나기 때문이다. 연결감은 여성의 심리적 건강에 큰 영향을 끼친다. 연결감 상실로 인해 심리적 고립감을 느끼며 그 문제가 자신 때문이라고 생각할 때 '저주받은 고립' 현상이 나타난다.

이 사람 고자다!

그런데 학대적 피드백의 공개만이 문제일까? 참고로, 상대가 감추고 싶은 사실을 만천하에 공개하는 행위도 역시 모욕이다. 다음 사례를 보자.

 사례 29

연말 고과 결과가 나왔다. 부장이 직원들을 차례로 불렀다. 부장의 책상 바로 옆 테이블에서 평가 면담이 시작되었다.

"자네에게 C를 줄 수밖에 없었어. 이런저런 점은 개선했으면 좋겠어."

부장의 평가 피드백은 나지막했다. 하지만 탁 트인 사무실의 직원들 모두는 안테나를 최대 출력으로 가동하고 있었다. 부장 앞에 앉은 직원의 침 넘기는 소리까지 모조리 들렸다. 차례로 불려 가는 직원들은 C나 D 고과를 받은 사람들이었다. 그렇지 않아도 수치스러운 노릇인데, 그들의 숨기고 싶은 사실이 만천하에 노출되고 있었다. 공개적인 망신이었다. 아니, 상담실이나 회의실이 멀찌감치 떨어져 있는 것도 아닌데 ….

"이 사람 고자다!"라고 공개해보자. 이건 질책이 아니지 않은가. 엄연한 사실을 지적하여 보였을 뿐이다. 모욕일까? 모욕이다. 설령 그것이 진실이더라도 상대가 꼭꼭 숨기고 싶은 정보를 만천하에 공개하는 행위도 모욕이 된다. 법적으로 명예훼손죄다. 위 사례에서 부장은 왜 그랬을까? 단순하다. 부장이 상담실이나 회의실까지 걸어가기가 귀찮았을 뿐이다. 부장은 펄쩍 뛰며 그것이 모욕인 줄 전혀 몰랐다고 변명할 것이다. 몰랐다니 …. 민감성 부족이다. 부장의 공감능력 결여 문제가 심각하다. 훌륭한 리더가 되기는 힘들겠다.

공개적 모욕은 가장 잔혹한 범죄행위다. 참으로 멍청하고 어리석은 소통이다. 치료 약은 없다. 단지 (1) 학대적 피드백의 정체와 폐해 인식, (2) 공감능력의 적극적인 계발, (3) 인간의 공격적 본능 이해 그리고 (4) 충동적인 모욕 본능을 억제하는 인품 수양만이 해결책이다.

여기까지 학대적 피드백이 초래하는 모욕감이란 무엇인지, 그 공개 확대에 따라 파괴적 악영향이 어떻게 커지는지 충분히 살펴봤다. 그렇다면 궁금해진다. 인간은 애당초 알게 모르게 왜 모욕을 주고받는 걸까?

인간은 왜 모욕을 주고받을까?

여러분은 혹시 시퍼렇게 날카로운 칼을 휘둘러 사람의 가슴팍을 쿡 찔러본 적이 있는가? 인간의 세 치 혀가 비수보다 더 날카로울 수 있다. 우리는 알게 모르게 자주 칼부림한다. 부지불식간 빈번히 피를 본다. 잔인함을 인식하지 못한 채 말이다.

모욕은 본능

"내 앞에 무릎 꿇고 엎드려! 고개 숙여!"

모욕은 흡사 상대의 몸(정확히 말하자면, 몸에서 가장 중요한 머리)을 물리적으로 낮추게끔 강제하는 행위와 비슷하다. 물론, 뺨을 때리는 등의 물리적 모욕도 있다. 그러나 모욕은 주로 말로써 상대를 낮춰 잡고, 업신여기고, 얕잡고, 깔아뭉개고, 하대하고, 비하하는 것이다. 즉 상대의 존재 가치를 격하한다. 상대의 자존심을 박살내어 땅바닥에 떨어트린다. 이게 모욕이다.

인간은 왜 모욕할까? 인간의 본능이다. 철없는 어린아이들이 친구를

늑대의 사회적 서열 싸움

골탕 먹이고, 놀리고, 따돌리는 행위에서 모욕 본능의 실마리를 엿볼
수 있다. 윌리엄 어빈 교수는 철학, 심리학 그리고 문화 연구를 넘나들
며 모욕감이라는 인간의 충동을 탐구했다.[10]

> "우리는 사람들 속에서 살아야 한다. 문제는 (중략) 사회적 서열에서 자
> 신의 위치를 가늠하지 않을 수 없다는 것이다. 늑대라면 잇단 싸움을
> 통해 서열을 매길 것이다. 상대를 모두 물리친 늑대가 무리의 우두머리
> 가 된다. 하지만 우리는 늑대가 아니다. 뇌로 언어를 개발했다. 그 결과
> 단어를 결합해 모욕을 만들어냈다."(10-11쪽)

---

10 어빈, 윌리엄(홍선영 옮김). (2014).

인정감과 모욕감은 같은 뿌리

타인이 나를 인정해준다. 타인이 나를 모욕한다. 즉 우리가 느끼는 인정감과 모욕감의 공통점은 '타인이 제공한다.'라는 사실이다. 인정감과 모욕감은 동전의 양면이다.

많은 사람 앞에서 칭찬을 받으면 뿌듯한 인정감을 느낀다. 인간은 자신의 가치를 타인(부모, 친구, 상사, 동료, 부하 등)을 통해 확인하면서 살아 있음을 느낀다. 사회 속에서 자신의 진가를 인정받으려는 이 욕구는 인간 본능이다. 엄밀히 말하자면, 인정 갈증이 심한 그런 독특한 유전자가 친사회적 행동을 잘했기에, 집단에서 배척당하지 않고, 자원분배를 더 많이 받고, 그래서 자웅선택의 우위를 확보할 수 있었으니, 더 많이 생존, 번식하면서, 계속 그 특성이 강화되어온 것이다.

내 위치가 높아지기 위해서는 상대가 낮아져야 한다. 이는 위에 언급한 어빈 교수의 분석이다. 이런 인정의 욕구를 달성하는 방법 중 하나가 바로 타인을 낮추는 것이다. 어찌 보면 쉽사리 내 위치를 높이는 방법이다. 사람들이 모여 수군거리는 뒷담화 역시 대부분 그 자리에 없는 제삼자의 사회적 위상을 낮추는 대화다. 즉 모욕이다.

아니, 인간이 이토록 비열하고 치사하고 잔인하단 말인가? 그렇다고 인정할 수밖에 없다. 수백만 년간 고대의 험악하고 야만적인 환경 속에서 인간은 생존하기 위해 습격, 약탈, 학살, 모욕 등 온갖 공격적 행동을 다 했다. 그런 야만적 행동을 잘하는 유전자가 생존에 훨씬 더 유리했다. 비열함이나 치사함을 따질 계제가 아니었다. 오늘날, 남자아이들은 가르치지도 않았는데 막대기를 휘두르며 논다. 청소년이 되면 모여 앉아 곧잘 그 자리에 없는 아이 흉을 본다. 공격성의 일종인 모욕은 나의 사회적 위상을 높이기 위한 인간의 본능 중 하나다.

"내가 너보다 사냥을 더 잘해. 봐라. 내가 고기를 훨씬 더 많이 가져왔잖아. 너는 뭐했니? 한심하다."

상대가 얼마나 하찮은 존재인지 공동체 내에서 자신의 위상을 깨닫게 해준다. 상대의 열등한 위치와 분수를 철저하게 깨우쳐주는 것이다. 그래서 의식적으로 (또는 반 무의식적으로) 직접적인 (또는 교묘한) 모욕을 가한다. 나의 존재감을 높이는 '인정감'의 갈구와 상대를 낮추려는 '모욕'의 주입은 뿌리가 같은 인간 본능이다.

공감능력이 뛰어나다면 모욕 본능을 억제하겠지만, 아쉽게도 공감능력이 부족하니 훈육이라는 핑계를 내걸고 날 선 학대적 피드백으로 부하를 계속 찔러댄다. 학대적 피드백이 인간의 근본(인정감과 자존감)을 죽이는 잔인한 모욕임을 알아채지 못한다. 우리의 직장 곳곳은 아직도 정글이다. 인간의 모욕 본능이 마치 야생의 늑대처럼 마구 으르렁거리는 것이다. 참으로 못됐다.

하지만 아래와 같은 변명도 많다. 세 가지다. (1) 모욕이 본능인데, 인간이 어찌 본능을 버릴 수 있는가? (2) 모욕당할 짓을 하는 그 모욕 유발자도 문제 아닌가? (3) 모욕은 나 개인의 문제가 아니라 문화적 문제 아닐까? 이 세 가지 변호의 공통점은, DNA를 조작하지 않는 한, 고칠수 있는 문제가 아니라는 주장이다. 그리고 나의 내적 역량과 인품이 문제가 아니라 모욕 유발자와 문화라는 외적 문제가 원인이라는 분석이다. 맞는 말인가? 하나씩 자세히 살펴보자.

모욕이 인간 본능이라면서요?
인간이 본능을 버릴 수 있나요?

식욕과 성욕도 인간 본능이지만 다행히 우린 스스로 통제한다. 그런데 어째서 모욕 본능은 걸핏하면 거침없이 튀어나오는 것일까? 본능의 자제력이 없다면 인간이 아니다. 야생 동물이다. 동물이 아니라 호모 사피엔스라고 주장한다면, 인문학적 소양 교육이 심히 부족한 인격적 미성숙자다. 구체적으로 본능의 어떠한 면을 스스로 억제해야 할까?

'상대 인정(즉 긍정적 평가) 또는 모욕(극심한 부정적 평가)은 모두 '비교'에서 비롯된다. 즉 평가라는 비교다. 상대가 만들어놓은 결과를 평가할 때, 비교의 대상은 원래 목적, 목표치, 약속, 합리적 기대치, 이론적 원칙, 상식, 경쟁자의 실적, 과거 실적 등이다. 비교 후 '왜 차이가 나지?' 원인 판단, '이런 식이면 앞으로 어찌 될까?' 미래 예측, 그리고 '의미와 교훈이 뭘까?' 시사점 도출 등은 분석다운 분석을 위해 마땅히 해야 할 일이다.

인간과 인간의 '비교' 자제

이 분석 과정에서 모욕을 억제해보자. 첫째, "김 과장이 네 동기 아니야? 김 과장 반만이라도 좀 따라가 봐!" "당신 언니는 날씬하던데 ···." 인간과 인간의 '비교'를 삼가자. 인간의 역량, 품성, 외모의 직접적 비교는 쉽사리 모욕이 된다. 왜냐고? 인간이 본능적으로 민감한 사회적 위상과 자웅선택을 결정짓는 요소들의 비교는 인간의 자존심을 심각하게 파괴하기 때문이다. 평생 금지다. 성숙한 인간이라면 인간과 인간의 비교는 자제해야 한다.

원인 판단에서 '폄하' 금지

둘째, 원인 판단에서 모욕이 많이 발생한다. 조심할 점을 찾아보자. 자, 비교하면 차이가 난다. "왜 달성 목표치보다 실적이 낮아졌지?" 당연히 차이를 만든 원인을 판단해야 한다. "경쟁사가 변형된 상품을 세 개나 내놓았을 때 아쉽게도 우리는 한 개도 못 내놨지요. 앞으로 경쟁에 좀 더 민감하게 반응하고 상품개발이나 마케팅에 창의력을 발휘하길 바랍니다." 이렇게 구체적으로 부하육성에 관심을 쏟아 세밀히 관찰, 분석하여 보완할 역량을 미래지향적으로 지적한다면 나무랄 바가 없다. 그러나 '폄하'가 문제다. 모욕이 되어버리니 말이다. 앞서 이 책의 앞 장에서 언급했듯이, "쯧쯧, 내가 진작 알았어. 자네는 안 돼. 능력 부족이야!" 이런 식의 전반적인 능력 폄하, "생각 좀 하고 살아라!" 사고력 및 판단력 폄하, "네가 앞으로 도대체 뭘 할 수 있겠니?" 미래 저주 등의 학대적 피드백이 모욕을 만든다. 차라리 질문하자. "앞으로 어떻게 개선하면 될까요?" 앞으로 평생, 비교 후 차이 나는 원인을 판단할 때 상대의 역량이나 품성 탓잡기는 금지다. 대신 개선 방향을 질문하자.

한마디로 말해서, 인간의 모욕 본능 억제는 가능하다. 방법은 분석 과정에서 비교와 원인 분석을 조심하면 된다. 인간과 인간 비교는 결코 긍정적 자극이 되지 못한다. 사람을 헐뜯는다고 해결책이 마련되지는 않는다.

모욕? 맞을 짓을 하니 매 맞는 것 아닙니까?

또 다른 변명도 들어보자.

"글쎄요? 정신병자가 아니라면 부하를 아무 까닭 없이 험한 말로 모욕하는 상사가 어디 있을까요? 맞을 짓을 하니 맞는 것 아닐까요?" 하긴 군대에서 폭행죄를 저지른 병사의 통상적인 변명은 '피해자가 구타 유발자'라는 것이다.

"그 친구가 써 온 보고서를 보면 정말 한심해요. 항상 열 받지요."

"밥 먹을 때 쩝쩝 소리를 내요. 함께 식사하는 경우가 많은데. 사실 그런 부하를 대면하면 기분이 좋지 않지요. 좋은 말이 안 나와요."

이렇듯이 상사의 모욕적 언행, 즉 학대적 피드백은 상호작용의 결과라는 말도 맞다. 아무렴, 마음에 드는 뛰어난 부하에게 왜 험한 말을 공연히 내뱉겠는가. 독자(상사) 여러분 표정에서 이제 안도하는 기색이 엿보인다.

(그렇지. 그런 친구는 맞아도 싸지.)

그렇지만 애당초 원인을 누가 제공하였든 폭행은 범죄다. 이제 지속적 언어 폭행도 범법행위다. 결과적으로 보았을 때, 직장 내 괴롭힘은 유죄다.

(나는 부하가 그렇게 괴로워했는지 전혀 몰랐는데 ….)

부하의 고통을 모르고 했다면 설령 고의범은 아니더라도 과실범이다. 역시 범죄다.

(직장 내 괴롭힘 금지법이 있는지조차 몰랐는데 ….)

변명은 통하지 않는다. '나는 법에 폭행죄가 있는지도 몰랐다.'라고 주장한다고 해서 폭행범을 용서할 수는 없지 않은가. 법률 부지(不知, 모름)는 죄의 성립에 아무런 영향이 없다.

그런데 필자가 도저히 못 참겠다. 위와 같은 변명에 한마디 잔소리를 하지 않을 수가 없다. 아니, 부하의 보고서가 늘 한심하다면, 보고의 원칙과 기술을 애써 가르쳐야 하거늘. 부하육성은 상사의 중요한 임무 중 하나다. 그리고 '쩝쩝' 소리를 내는 부하에게는 효과적으로 교정적 피드백을 주어야 하지 않나? 상사의 의무를 내팽개치고 왜 언어폭력을 행사할까. 엄밀히 따지고 보면 '그 친구가 애당초 맞을 짓을 했다.'라는 변명은 도저히 납득하기 힘들다. 교육은 인내와 안내다. 모욕이 아니다.

모욕은 문화적 문제 아닌가요?

또 다른 변명이다. "뭐라고요? 내 입버릇이 삐뚜름하고 말투가 모욕적이라고요? 우리 회사 분위기가 원래 그래요. 좀 참아야지요. 이 정도는 양반이랍니다. 말도 마세요. 내가 졸병일 때는 엄청 당했어요."

모욕은 조직문화의 문제이고 자신은 그 문화의 희생자 또는 단순한 전수자일 뿐이라는 주장이다. 맞는 말이다. 조직문화에 따라 모욕의 묵시적 허용 정도가 다르다. ▶위계질서가 강한 조직(예를 들어 군대), ▶권위적인 조직(공공기관과 자원봉사 조직을 비교해보자.), 또는 ▶과중하거나 시급한 업무 때문에 늘 스트레스가 쌓여 있는 조직(경찰의 강력반)의 경우를 보자. 물론 상사를 향한 부하의 언행에 학대적 피드백은 찾아볼 수가 없다. 반면에 상사를 제외한 타인(부하, 피의자 등)에게는 호통치는 등 소홀히 대하며 학대적 피드백을 많이 날린다. (사실 요즈음 많이 달라졌다. 인권 향상 때문이다.) 좋다. 모욕의 허용 범위는 조직문화에 따라 다름을 인정할 수 있다.

일반 직장도 마찬가지다. 모욕의 문화는 전염성이 높다. 직장 내에 욕설과 막말이 난무하면, 직장인들은 언어폭력에 무감각해져 버린다. 무감각해지지 않으면 심리적으로 생존할 수 없기 때문이리라. 심지어 욕하며 배운다. 며느리 자라 시어미 되니 시어미 티를 더 내기도 한다. 다음은 온라인 취업포털 '사람인'이 직장인 1,105명을 대상으로 조사한 결과다.[11]

직장인 44.3%가 직장 내 언어폭력에 무감각해졌다고 답했다. 그 이유로는 '욕설을 들어도 아무렇지도 않을 때'(43.6%, 복수 응답), '나도 모르게 거친 말을 내뱉을 때'(42.1%), '언어폭력이 폭력이라고 인식되지 않을 때'(38%), '점점 나의 언어폭력이 심화될 때'(18.2%), '폭언을 당하는 사람이 불쌍하지 않을 때'(17.4%) 등의 답변이 이어졌다.

방금 언급한 조직문화뿐만이 아니다. 모욕감은 또한 상대적이다. ▶ 부하의 기대심리(칭찬을 기대했는데 오히려 호통을 듣는다면 모욕의 강도가 더

---

11 온라인 취업포털 '사람인(www.saramin.co.kr)'이 2016년 8월 직장인 1,105명을 대상으로 '직장 내 언어폭력 민감성 여부'를 조사한 결과다.

세게 느껴진다.), ▶부하의 개인적 민감성(공감능력이 다르기에 여성과 남성은 모욕에 대한 민감성이 다르다.) 그리고 ▶상하 간 인간관계(친한 사람끼리는 설령 욕을 주고받아도 모욕을 느끼지는 않는다.)에 따라 똑같은 내용에도 상대가 느끼는 모욕감의 정도는 달라진다.

이 현상이 사실임에도 불구하고, 이제 조직문화, 개인적 민감성, 또는 상하 간 인간관계에 따라 '직장 내 괴롭힘'이라는 범죄행위의 경중이 가려지는 것은 아니다. 설령 대단히 강한 폭력적 조직문화를 지닌 조폭 집단 내부에서 폭력에 둔감해진 폭력배 간에 벌어진 폭행이더라도 범죄는 범죄다. 개인적 책임에서 벗어날 수는 없다. 이제 조직문화를 탓잡지 말자. 인간다움이 무엇인지 인문학적 소양 교육이 긴요하다. 모욕의 찌꺼기를 깨끗이 털어낸 말하기, 그래서 교정과 교육 효과가 훨씬 큰 말하기의 방법을 익혀야 한다.

학대적 피드백 개념 확대

앞에서 학대적 피드백을 정의했다. 즉 상사가 의도했건 안 했건, 부하가 '열등감'을 느끼고 더 나아가 '모욕감'까지 느꼈다면, 상사의 그 언행은 학대적 피드백이라 했다. 단순화하자면 다음과 같다.

상사의 우월감, 공감능력 결핍 → 독선 → 부정적 평가, 통제 의도 전달 → 부하의 열등감 → 더 나아가 부하의 분노, 즉 모욕감 → 부하의 인정감, 자존감 그리고 행복감 파괴 → 제어되지 않은 정서적 시한폭탄 상태.

만약 학대적 피드백의 공개범위가 커진다면 → 부하가 느끼는 모욕감은 기하급수적으로 증폭 → 부하의 리더십과 타인과의 연결감까지 파괴 → 저주받은 고립 상태가 된다.

독자 여러분이 자칫 오해할 수도 있겠다. 극단적으로 끔찍한 상황을 마치 일반적이고 통상적인 듯 설명했기 때문이다. 정녕 '모욕감'이 항상 심각한 '정서적 시한폭탄' 그리고 '저주받은 고립 상태'를 초래한다고? 물론 드물다. 단지 깊은 이해를 돕기 위한 설명이었다. 전쟁이 터질 확률이 거의 없다고 해도 군 지휘관이라면 최악의 상황을 설정한 온갖 전략 전술을 깊이 이해해야 하지 않을까. 의사라면 아무리 희소한 질병이더라도 자신의 전공 분야에서 그 질병에 관한 이해를 깊이 해놓아야 하지 않을까. 마찬가지다. 사람을 관리하는 상사라면 인간의 작동 원리를 깊이 이해해야 마땅하다.

상대가 심한 열등감과 모욕감을 느껴야만 학대적 피드백일까?

사실 모욕이 교묘하기에 또는 그리 심하지 않기에, 알아채기 어려운 경우가 많다. 열등감 역시 어렴풋하고 모호할 때가 많다. 하지만 부하가 자신도 모르게 방어행위(변명, 고집, 반발, 침묵 등)를 나타내게 된다면, 이는 부하 자신도 모르게 미묘한 모욕감을 무의식적으로 느낀 것이다. 한마디로 상대의 방어행위를 불러오는 피드백은 학대적 피드백이라고 말할 수 있다. 즉 방어행위 발현 여부가 학대적 피드백을 정의한다. 방어행위는 반드시 학대적 피드백이 선행되어야 나타나는 것이기 때문이다.

부하가 써 온 보고서를 뒤적여보니 형편없다. 여러분의 피드백은 무엇인가? 다음에서 골라보자.

(1) 보고서를 부하의 이마 한가운데를 정밀하게 겨냥해서 냅다 던진다.
(2) 한숨을 쉰 후 고개를 들어 말없이 부하 눈을 잠자코 물끄러미 들

떠본다. 부하가 보고서를 도로 집어 들어 우두망찰 허깨비걸음[12]으로 사라질 때까지.

(3) 부하를 쳐다보지도 않고 보고서를 쑥 밀어제친다 "다시 해 와!" 지시한다.

(4) 부하를 앞에 세워놓은 채 아무 말없이 빨간 펜으로 쫙 긋고 고쳐 준다. "가져가!"

위에서 (1)번, 부하의 이마를 겨냥해 보고서 던지기는 당연히 모욕이다. 분명한 학대적 피드백 행동이다. 과거에는 그렇게 서류를 집어 던지기도 했다고 하지만 오늘날에는 찾아보기 힘든 행태다. 그렇다면 나머지 (2), (3), (4)번은 괜찮은 행동인가? 아니다. 모든 언행이 학대적 피드백이다. 왜냐고? 기본적인 예절을 지키지 않았기 때문이다. 인간에게 등급이 있을까? 그에 따라 대하는 예절이 천양지차로 달라질 수 있을까? 능력이 열등한 사람은 함부로 대해도 될까? (2)번의 말없이 들떠보기는 무시다. (3)번의 쳐다보지 않고 말하기는 경멸이다. 상대를 오랫동안 앞에 세워놓는 (4)번의 행동은 멸시다. 또한 보는 앞에서 아무 소리 없이 빨간 펜으로 쫙 긋는 신경질적 반응은 열등감 강요다. (2), (3), (4)번 모두 부하는 기분이 나쁘다. 우월감이 지나친 상사에게 인격적 대접을 받지 못했기 때문이다. 가르치겠다는 교정적 피드백이 부패한 것이다. 냄새가 고약한 학대적 피드백이 되어버렸다.

설령 모욕을 주입하여 상대에게 아픔을 주는 말은 아니더라도, "알

---

12 (편집자 주) '허깨비걸음'은 '정신없이 허둥지둥 걷는 걸음'을 뜻하는 순우리말.

앗어, 가봐." 등, 싸늘한 대꾸도 상대에게 상처를 남긴다. 관심, 따스함
그리고 배려 한 점도 없는 차디찬 말 한마디는 종종 '무시'와 '거부'로
느껴지기 때문이다. 만약 상대의 인정감, 자존감 그리고 행복감이 채워
지고 고양되기는커녕 오히려 비워지고 낮아진다면, 예외 없다. 비록 차
디찬 말 한마디일지라도 학대적 피드백이라고 정의하지 않을 수 없다.
조직에 부정적인 영향을 끼치는 것이 분명하지 않은가.

　다음 사례를 보자. 부하에게 과연 심한 열등감 또는 모욕감을 강요
했는지 찾아보자. 교묘하고 어렴풋하더라도 그런 학대적 피드백이 조
직 구성원들에게 어떠한 영향을 끼치는지 살펴보자.

학대적 피드백:
상 찡그리기, 한숨 쉬기, 휴대전화 들여다보기

내가 어떤 회사 사장이었을 때다. 무더위가 끝난 가을이었다. 팀장급
이상을 모아 연수회를 열었다. 프로그램 중에 '피드백의 원칙과 기술'
을 넣었다. 직급별 그룹으로 나누어 학대적 피드백 사례를 찾아보는 과
제를 줬다. 그 효과를 익히 알기 때문이다. 예상대로 떠들썩해졌다. 갑
작스레 신이 난 듯했다. 익명성이 보장되니 그동안 상사에게 당해 쌓였
던 스트레스가 해소되는 기분인가 보다. '불체포'와 '무질책'이라는 특
별 권리가 선언되자, 발표 시간에는 상사들의 못된 말버릇, 표정, 행동
들이 까발려졌다.

사장의 학대적 피드백

사례 30

어떤 임원팀 발표였다. 그런데 얼씨구? 공연히 내가 이런 연수회를 열자고 해서 …. 임원들의 하소연과 지청구[13]가 은근히 나를 겨냥하기 시작하는 듯했다. 자충수다. 내가 간 도끼에 내 발등 찍힐 참이다.

"사장님께서는 말씀은 참 부드럽게 해주십니다만, 섬세한 행동으로 잔인한 피드백을 주십니다. 보고가 마뜩잖으면, 제1단계로 눈을 감고 계속 한숨을 내쉽니다. 더 못마땅하면, 제2단계입니다. 얼굴을 찡그리며 양손으로 턱을 쾝니다. 제3단계는 휴대전화를 꺼내서 들여다보시는 겁니다. 이는 최악입니다. 이 단계까지 오면 보고를 빨리 끝내는 게 상책입니다. 제4단계는 '요점이 뭐냐!'고 계속 재촉하시는 겁니다. (아이고, 시간지향 경청 유형이다.) 이는 최최악입니다. 보고를 빨리 끝낼 수도 없으니까요."

박장대소가 터졌다. 필자도 계면쩍게 웃었다.

"아니, 내가 그런다고요? 기분이 엄청 나빴겠군요? 어이구, 미안합니다. 앞으로는 안 그럴게요."

"아닙니다. 기분 상하는 건 절대 아니고요. 단지 사장님의 행동적 피드백의 단계 상승에 따라 저희의 정신적 공황 상태가 아주 조금씩 악화할 뿐입니다. 견딜 만합니다. 종종 신경정신과 상담을 받으면 괜찮습니다."

---

13   (편집자 주) '지청구'는 '까닭 없이 남을 탓하고 원망하는 말'을 뜻하는 순우리말.

아는 도끼에 발등 찍혀버렸다.

나는 머리를 테이블에 찧으며 석고대죄했다.(마음속으로 말이다.) 자기 자신을 스스로 아는 사람은 거의 없다. 자신도 모르게 '사소한 행동'만으로도 학대적 피드백을 준 것이다.

임원들의 학대적 피드백

 사례 31

팀장 팀들의 발표가 이어졌다. 이제 임원들이 당했다. 쌤통이다.

"경쟁사 동향을 분석해 오라는 지시가 대단히 많습니다. 날밤 새우며 인터넷을 뒤지고, 동종업계 친구들에게 소주를 사줘도, 결코 나올 수 있는 정보가 아닌 경우가 대부분입니다. 최신 기술인 만큼 타사들 역시 보안이 철저하고요. 아직 현장 적용 사례도 찾아볼 수 없습니다. 고개 숙이고 기어들어 가 중간보고를 드리면, 여기 계신 임원님들 피드백은 공통적입니다."(이때 발표자 옆에 함께 서 있던 사람이 임원 흉내를 낸다. 뒷짐을 지고 목소리를 깔아서 묵직하게 말한다.)

"내가 시간만 있다면 금방 찾겠다! 그런 것도 못 찾냐?"(전반적인 역량 폄하다.)

"저희 자존심이 엄청나게 상합니다. 그렇게 허무한 리서치를 계속하다가 지쳐서, 도저히 찾을 수가 없다고, 죄송하다고 보고를 드리면, 헉! 피드백이 기막힙니다."

(또다시 임원 흉내가 나온다.) "그래, 알았어. 그런 사례는 없을 줄 알

고 기대도 안 했어!"

"아니, 이게 도대체 무슨 상황입니까? 금방 찾으실 수 있다더니! 차라리 '그런 적용 사례가 아직 없다는 것을 확인해줘서 고맙다.' 이렇게 좀 좋게 말씀해주시면 입에 덧이 난답니까?"

팀장들이 마구 손뼉을 쳤다. 환호성도 질렀다. 나도 손뼉을 쳤다. 임원들도 뭐 씁은 표정으로 손뼉 치는 시늉을 했다. (그야말로 쌤통이다.)

또 다른 팀장 팀의 발표가 이어졌다.

"저희 팀장들이 끙끙거리며 야근해서 나름대로 창의력이 가득 담긴 결과물을 보고 드리면, 몇몇 임원분들은 들여다보면서 한쪽 입꼬리를 쓰윽 올립니다. 이건 인간관계를 윤활하는 착한 미소와는 전혀 다릅니다. 저희가 '무슨 문제가 있습니까?' 여쭈어보면, 없어요. 전혀. 그런데 왜 비웃는 표정을 지으실까요? 왜 그런 잔혹한 표정이 습관이 됐을까요? (비언어적 모욕이다.) 어떤 임원님들은 '흐흐, 허허~' 이제 웃기 시작합니다. (유사 언어 모욕이다.) 저희도 당황하고 뻘쭘해져서 따라 웃을 수밖에 없지요. 그런데 그 웃음이 길어지면 자존심이 상하고 기분이 불쾌해집니다. 아까 임원님들 발표하셨지요. 사장님의 행동적 피드백은 결코 기분 나쁜 유형의 습관은 아니라고. 그런데 계속 웃는 그런 어이없는 피드백을 늘 보게 되면 억하심정을 품게 됩니다. 부하직원들도 옆에 서 있는데 저희 팀장들 자존심이 얼마나 뭉그러지겠습니까? 다른 게 아닙니다. 바로 그런 사소한 비웃음이 쌓이면 직장생활을 하기가 참 힘들어집니다."

"아니, 그렇게 실없이 웃는 임원이 누구인고?"

어떤 높은 임원이 묻는다. 쥐 죽은 목소리다. 그러자 몇몇 임원이 슬그머니 손을 들어 자수하는 것이다. 사람들이 웃었다. 발표가 이어졌다.

"웃음의 반대 경우도 많습니다. 보고하러 들어가면, 쓱 올려보는 임원님들 표정이 벌써 안 좋은 겁니다. 장팔사모 창을 움켜쥔 장비처럼 눈썹 끝이 팔자로 올라가고, 미간에 내 천(川)자가 깊이 팹니다. 동시에 눈에 힘이 들어가며 상을 찌푸립니다. *(역시 비언어적 모욕이다.)* 짜증의 원인이 저희가 곧 드릴 보고에 관한 앞지른 판단이라는 섬뜩한 느낌이 듭니다. 보고하기도 전에 강력한 행동적 피드백을 받는 겁니다. 긴장하게 되니 보고가 꼬입니다. 항상, 늘, 언제나, 춘하추동 그런 표정이니, 임원실이 지옥처럼 느껴집니다. 보고를 머뭇거리게 되면, 또 보고를 자주 안 한다고 질책이 쏟아지고 …. 저희 직장은 지옥입니다."

"… 알았어. 이제 천당으로 만들어줄게!"

임원들 사이에서 기어들어 가는 목소리가 나왔다.

이러한 하소연이 우리에게 이해를 촉구한다. 굳은 표정, 비웃음 등 심지어 비언어적 행동도 엄연한 학대적 피드백이다. 즉 오랫동안 반복하며 몸에 밴 이러한 작은 습관까지도 부하들에게 강력한 학대적 피드백으로 인식된다. 사소하더라도 지속하면 악습이다.

학대적 피드백에 관한 지금까지의 이러한 '이해'야말로 스스로 자신을 돌아보는 첫걸음이다. 나 자신을 안다면 훌륭한 상사, 존경받는 리더를 지향하는 자기 혁신이 가능해진다. 이제 학대적 피드백을 받은 부하의 반응을 살펴보자. 학대적 피드백에 대응하는 부하들 언행의 특징을 이해해야 한다.

방어행위의 징후

정리해보자. 알게 모르게 열등감을 주입하는 학대적 피드백을 받으면 상대는 모욕감을 느낀다. 그것이 심하면 죽음과도 같은 무기력 상태에 빠지기도 한다. 반대로 어떤 사람은 총기 난사 등 극심한 공격성을 보이기도 한다. 그런데 모욕감은 분명하게 느꼈지만, 자신이나 상대를 죽여야 할 정도로 그리 극심한 것이 아니라면, 또는 긴가민가 어렴풋이 느낀 정도라면, 보통은 자존감을 지키려는 자세를 취한다.

(아니, 내가 열등하다고!)

아무리 정교하고 합리적 논리를 듣더라도 상대의 말을 그저 받아들이기 힘들다. 상처를 입은 것은 논리가 아니라 감정이기 때문이다.[14] 자신도 모르게 '방어행위(defensive behaviors)'를 보이기 시작한다. 당연하다. 자존감을 지키려는 인간의 본능 그리고 사회적 위상에 민감한 인간의 본능 때문이다.

이런 방어행위는 다양한 방식으로 나타난다. 지금껏 필자가 여러 조

---

14 김문성. (2011). 515~516쪽.

직에서 목격했던 다양한 유형의 방어적 행위를 분류해보았다. 대표적으로 몇 가지만 소개한다. 이해해야 비로소 보이는 법이다. 알아야 알아챌 수 있다.

반복

"자네, 이 사안을 제대로 이해 못 하고 말하는 거 아니야?" *(사고력 및 판단력 폄하다.)*

(아니, 이분, 왜 이래? 내 이해력이 엉망이라고? 아니지! 자기가 잘못 알아들은 것 아니야!) "제가 하려 했던 말은요 ….."

했던 말을 반복하게 된다. 다시 '이해'시키기 위해서다. 에너지 낭비다.

"자네. 지금 무슨 소리를 하는 거야? 알아듣게 좀 설명해봐." *(역량 부정이다.)*

(아니, 내 설명이 뭐가 잘못됐다고! 자기 이해력이 문제 아니야?) "제가 드린 말씀을 반복하자면 …." "다시 말씀 드리면 …."

이런 식으로 방금 한 말을 반복한다. 인내력을 유지하지 못한 상사는 은연중 부하의 열등함을 암시했고, 부하는 자존감을 지키기 위해 방어행위에 나선 것이다. *(내가 뭐가 잘못이야?)* 부하는 상사의 이해력이 문제라고 생각한다. *(이번에는 이해하겠지.)* 한 말을 또 한다. 상사는 반복에 짜증이 난다.

"시간도 없는데, 한 말 또 하고. 자네 제정신이야!" *(인격 폄하다.)*

인격 펌하라는 더 심한 학대적 피드백이 튀쳐나오게 된다. 부정적 피드백 상승작용의 시작이다. 아쉽게도 소통, 대화, 면담, 지시, 보고 또는 브레인스토밍은 이렇게 '반복'이라는 방어행위 때문에 헛돈다. 애초에 학대적 피드백이 만든 문제다.

변명

"자네, 그게 무슨 소리야? 말 같은 말을 해야지!"*(사고력 및 판단력 펌하다.)*

(어? 이분이 오해했어! 큰일 났네.) "아니, 제 말씀은 그게 아니고요 ….""제 말씀을 이상하게 해석하셨네요.""그게 아니라니까요!""제 말씀을 오해하신 것 같은데, 제 말씀의 취지는 …."

변명한다. 상대가 내 말을 단순히 '이해' 못 한 것이 아니라 잘못해서 '오해'했다고 생각하기 때문이다. 그 변명이 상대를 다시 기분 나쁘게 한다.

(뭐라고? 내가 이해력이 떨어져서 오해한 거라고? 내가 멍청하다는 소리야?)

피드백에 좋지 않은 감정이 실린다. 악순환의 시작이다. 문제 해결에 창의력이 모이지 않는다. 쓸데없는 감정 다툼에 에너지가 모두 빠져나간다. 이러한 '변명'이라는 방어행위 역시 학대적 피드백이 초래한 것이다.

제3장 말하기 원칙 1

고집

"자네 말이야, 의견 제시하기 전에 생각 좀 하고 말하라고! 내 지적이 틀렸나? 틀렸다고 생각하면 말해봐!" *(사고력 및 판단력 폄하다.)*

(에이 씨, 지적은 맞는 것 같은데 …. 기분 더럽게 말하네!) "제가 다시 말씀 드리지만 …."

고집을 부린다. 고집은 변명과는 다르다. 이미 내 의견이 잘못됐다는 사실을 안다. 또는 상대의 견해에도 일리가 있음을 깨닫기는 했다. 그러나 상대의 거친 말에 자존심이 상한다. 기분이 나쁘다. 질 수 없어서 고집을 부린다. 자존심을 지키려는 본능이다.

(상사, 당신이 옳다는 건 알겠는데 …. 기분 나빠서 내 의견은 못 굽히겠다!)

이처럼 비생산적 방어행위인 고집이 여기저기 발동하면 조직은 골치 아파진다. *(기분 나빠서 인정 못 하겠다!)* 타인의 의견에 대해 반대 근거 찾기에 몰입하는 부정적 사고가 번진다. 반대를 위한 반대가 만연해진다. 건강한 소통 문화는 깨진다. 조직의 소통경쟁력은 추락하고 만다.

반발, 반항, 공격

"정신 줄은 어디다 빼놓고 다니냐? 일 좀 제대로 해라!" *(인격 및 결과물 가치 폄하다.)*

(이런 씨 …) "아니, 제가 도대체 뭘 잘못했다는 겁니까!"

대지른다. '반발'하는 것이다. 최선의 방어는 공격 아닌가. 이제 점점 방어행위가 공격적으로 변하는 상태다.

"중요한 건 지금 그게 아니잖아!" *(사고력 및 판단력 폄하다.)*

"아니, 그럼, 지금 중요한 게 진짜 뭔데요? 저는 절대 그렇게 생각하지 않습니다!"

쏘아붙인다. 단순한 '반발'을 넘어 반대 의사까지 적극적으로 밝힌다. 말맵시에 존경 대신 혐오가 배었다. '반항'이다. 부하를 이렇게 공격적으로 반응하게끔 만드는 상사가 과연 제대로 된 상사일까?

"자네, 나잇살 먹은 사람이 왜 자꾸 어린애처럼 이러지? 그렇게 툭하면 감정적으로 덤벼들지 말란 말이야!" *(어린애라니! 인격 폄하다.)*

"제가 뭘 감정적으로 말했다고 그러시는 거죠! 왜 자꾸 그런 식으로 말씀하십니까! 누가 먼저 감정적으로 말했는지 정말로 모르십니까!"

반발과 반항을 넘어 이제 '공격'을 감행한다. 최악의 경우다. 상하 간에 이 정도까지 일이 벌어지는 경우는 사실 드물다. 이는 통상 동료, 친구, 배우자 간에 서로 피드백을 받아치는 상황이다. 분노의 감정이 섞인 말이 오간다. 급기야 '공격' 자세까지 잡는다. 칼을 움켜쥐고 상대의 입만 쳐다본다. 트집 잡기, 찍자 부리기, 말꼬리 잡고 늘어지기 그리고 할퀴기 …. 이런 생각만 도사리고 있다. 정신 줄은 이미 대화, 토론 또는 브레인스토밍에서 멀리 떨어져 나갔다. 반발, 반항 그리고 공격 역시 학대적 피드백이 초래하는 방어행위다. 비생산적이고 파괴적인 소통이 되고 만다.

침묵

침묵도 자신을 방어하는 행위다. 정상적인 부부라면 당연히 부부싸움을 해보았으리라.

"그래, 당신 잘났어! 그만둡시다!" *(인격 폄하다.)*

이 말은 상대방 칭송이 아니다. 반어법이다. 실제 못났다고 비꼬는 말이다. 이 역시 상대의 열등함을 암시하는 학대적 피드백이다. 이런 모욕을 받은 배우자는 입을 닫는다.

(나는 고귀한 사람이야. 너같이 한심한 인간하고 말 섞을 내가 아니야.)

침묵에 들어간다. 소통 단절이다. 인간관계의 거부다. 자존심을 지키기 위한 방어행위다.

그런데 다른 종류의 침묵도 있다. 즉 자존심을 지키기 위해 의지적으로 선택한 침묵이 아닌 침묵이다. 타율적으로 강제된 침묵이다.

"김 대리, 요즘 한가한가 봐. 그걸 말이라고 하고 있냐? 쓸데없이 …." *(사고력 및 판단력 폄하다.)*

여럿이 참석한 회의 중에 상사로부터 이런 학대적 피드백을 받은 부하는 얼굴이 붉어진다. 수치심과 모욕감은 머릿속을 진공 상태로 만든다. 아무 생각도 할 수가 없다. *(사람들이 나를 어찌 볼까 ….)* 주변의 시선이 따갑다. 얼굴을 들 수 없다. 타인과의 연결감은 다 끊어졌다. 사회와 차단되었다. 수치심과 모욕감 때문이다. 강요된 침묵에 들어가게 된다. 대인기피 증상의 시작이다.

방어적 청취

마지막으로 방어적 청취(defensive listening)도 방어행위의 한 종류다.

(저 제안이 순수한 것일까? 꼼수 아니야? 나중에 또 뭐 트집 잡는 거 아냐? 조심해야 해.) 상대 말에는 모호하지만 숨겨진 의도가 있는 듯하다. 심지어 속임수 냄새가 난다. 하는 말이 자칫 여러 가지로 해석될 수도 있다. 어째 투명하지가 않다. 이는 결이 조금 다른 방어행위다. 모욕 때문이 아니라 신뢰 부족 때문에 나타나는 반응이다. 정치권에서 여야 간 협상할 때 자주 나타난다. 서로 방어적으로 청취한다. 상대를 이해하려고 귀를 기울이기보다는, 자신을 보호하기 위해 따지면서 듣는다. 방어적으로 상대의 말을 듣는 것이다. 당연히 상대방의 감정, 요구, 의도 등을 오해할 확률이 높아진다.

(이 상사, 나중에 또 오리발 내미는 것 아니야? 의도가 뭐지? 믿어도 돼?) 직장에서 상하 간 신뢰가 부족할 때 나타나는 현상이다. 서로 신뢰할 수 없기에 쓸데없이 에너지가 새어 나간다. 스트레스도 심하다. 이렇듯 상호 신뢰 부족은 소통 비용을 급상승시킨다.

방어행위의 낌새와 사과

각종 방어행위(즉 반복, 변명, 고집, 침묵, 분노, 반발, 공격 그리고 방어적 청취)는 모두 학대적 피드백 또는 불신이 초래한 불필요한 에너지 낭비다. 이제 이해할 수 있다. 상사의 지시가 안 먹히는 이유는 바로 '상사 자신에게서 찾아야 한다.'라는 진리 말이다. 상사의 소통 역량 부족이 초래한 비극이다. 지시만이 아니다. 그 상사가 주관하는 브레인스토밍은 감정적 앙금만 남기게 된다. 토론은 싸움으로 끝나곤 한다. '차라리 혼자 일하는 것이 더 낫다.'라는 말이 이래서 나왔다.

자존심이 상하면 어떤 사람은 눈물도 흘린다. 눈물은 눈에 뜨이니 알아채기 쉽다. 하지만 미묘한 방어행위의 낌새는 사실 알아채기가 쉽지 않다. "나, 화났습니다!" "나는 바야흐로 방어행위에 들어갑니다!" 또는 "나 지금 기분이 더러워져서 침묵에 돌입했습니다!"라고 상사에게 통보하는 부하는 없기 때문이다. 그렇지만 이제부터 여러분은 상대의 방어행위 징후를 알아챌 수 있는 능력을 갖추게 되었다. 방어행위란 무엇인지 충분히 이해했기 때문이다.

만약 여러분이 상대로부터 이런 방어행위의 낌새를 감지했다면 어떻게 해야 할까?

"야, 뭘 그런 것 갖고 그러니? 기분 나빠 하지 마! 쪼잔하게." *(인격 폄하다.)*

이 역시 '너는 마음 쓰는 폭이 좁다.' '못났다.'라는 열등감을 또다시 주입하는 꼴이다. 여러분이 해야 할 일은 딱 하나다.

"미안해. 내 본의는 아니었는데, 말을 험하게 했구나."

즉각적인 사과다. 제1권의 '제4장 공감의 과정'에서 언급한 아래 공식을 기억하는가?

[(a)공감+(b)고통의 원인 제공자라는 인식＝(c)죄책감]

[(c)죄책감+(d)용기＝(e)사과]

ⓐ공감(아, 저 사람이 기분 나쁘겠구나.), ⓑ고통의 원인 제공자라는 인식(내가 상처를 준 거야.) 그리고 ⓓ용기(그래, 인정하자.)의 결합에서 ⓔ사과가 나올 수 있다고 했다. 잃을 것이 없다면 용기가 아니다. 심리학자 브라운은 리더의 용기에 관해 다음과 같이 말한다.[15] "리더 자신의 취약성(vulnerability), 즉 부족함을 부하들에게 솔직하게 인정하는 것이 진정한 '용기'다."

그런데 상사는 왜 자신의 잘못 또는 부족함을 인정하지 못할까? 왜 용기를 내지 못할까? 상사는 생각한다.

(부하가 혹 이렇게 생각하지 않을까? '이 한심한 상사야! 그렇지, 결국 인정하지? 당신이 잘못한 거라고!')

권위를 상실한 채 수치심에 쌓이게 될 한심한 자신을 생각하게 된다. 당연히 자신을 보호하고 싶다. '용기'란 이러한 방어적 몸부림을 극복해야 나올 수 있다. 사실 부하는 그 상사가 한심한 사람이라고 이미 생각했다. 그 평가를 다른 직원과도 널리 공유했다. 상사 본인만 빼고 사무실 모두가 알고 있다. 사실 더 이상 잃을 것이 없는 상황이다. 사과는 용기다. 오히려 인격적 권위를 높일 기회다.

정녕 인간인가? 그렇다면 학대적 피드백을 던지지 말라. 정말로 성숙한 인간인가? 만약 학대적 피드백을 던졌다면 즉각 사과하는 용기를 내라. 진정한 리더십을 발휘하고 싶은가? 성숙한 인간의 용기가 신뢰를 끌어 온다. 부하들이 믿고 따라온다.

---

15 Brown, Brene. (2019).

학대적 피드백이
조직에 끼치는 영향

필자는 많은 직장인을 면담해보았다. 딱하게도 하소연이 심하다. 툭하면 부하에게 학대적 피드백을 던지는 상사가 대단히 많다. 사실 자신도 모르는 채 그런다. 습관이기에 지속적이다. 중소기업 직원의 아우성이 제일 심하다. 사람지옥이라고까지 표현한다. 심지어 일류 대기업에서도 상사 멀미의 고통 호소가 들린다. 오히려 공기업에서 조용하다. 상하 간 소통 요구 빈도가 그리 높지 않기 때문인지도 모르겠다.

학대적 피드백이 조직관리 수단?

심지어 학대적 피드백이 단순한 언어 습관을 넘어섰다. 머릿속에 '조직관리의 효과적 수단'으로 자리 잡혔다. 아뿔싸! 부하에게 의도적으로 수치심과 모욕감을 주는 것이다. 그래야 조직 내에 확실한 위계질서가 확립된다고 믿기 때문이다. 사람 관리를 잘못 배웠다.

　리더의 '리더십'에 부하는 자발적으로 '추종'한다. 상사의 '권위'에 부하는 타율적으로 '복종'한다. 그리고 농장 주인의 '학대적 피드백'

이라는 채찍질에 노예는 '굴종'한다. 여러분의 부하들은 과연 어떻게 반응하고 있는가? '학대적 피드백'에 의한 '굴종'이 과연 효과적인 조직관리 수단일까? 그런 식의 조직관리가 끼치는 악영향을 들여다보자.

학대적 피드백이 조직 구성원에게 끼치는 악영향

여러분은 부하 시절에 상사의 칭찬뿐 아니라 질책도 받아봤을 것이다. 칭찬 또는 질책 중에서 무엇을 더 강렬하게, 더 오래 기억하는가? 연구 결과는 질책이다.[16] 인간은 지지적 피드백(상사의 칭찬, 격려 등)보다는 학대적 피드백(비판, 질책, 모욕 등)에 여섯 배나 더 강하게 반응한다. 부하가 칭찬 한 번 받을 때 +1의 행복을 느낀다면, 유사한 강도의 질책을 한 번 받으면 −6의 불행을 느낀다는 뜻이다. 상사의 처지에서 보자면, 칭찬을 여섯 번이나 했더라도 질책을 한 번 하면 퉁치는 셈이다.[17] 이 책에서 학대적 피드백 문제를 심각하게 다루는 이유다.

---

16 Miner, A., Glomb, T., & Hulin, C. (2005).
17 티어니, 존, & 바우마이스터, 로이 F. (2020). 위의 '여섯 배' 이론과 비슷하다. 이 책의 저자들은 '4의 법칙'을 주장한다. 부정적 비판 한마디는 네 번의 칭찬 세례로써 겨우 퉁칠 수 있다. 나쁜 감정에 네 배 더 크게 자극받는 이러한 본능은 진화의 결과다. 공포와 같은 부정적 신호에 대단히 민감하게 반응하는 인간의 유전자만이 투쟁 또는 도피를 잘해서 살아남았기 때문이다. 무례하고 가혹한 상사는 그렇지 않은 상사에 비해 조직에 끼치는 부정적 영향이 네 배 높다고 주장한다.

학대적 피드백

학대적 피드백의 상처

그 강렬함 때문이다. 상사의 잘못된 언어 습관이 남기는 상처 역시 상
상외로 강렬하다.

　다음은 온라인 취업포털 '사람인'이 직장인 1,105명을 대상으로 조
사한 결과다.[18]

　　(언어폭력의) 가해자는 단연 '상사'(72.9%, 복수 응답)가 압도적으로 높았
　　다. 피해자들은 자신이 언어폭력을 당한 이유로 '상사의 언어 습관이라
　　서'(30%), '상대가 화 등을 풀기 위해서'(29.8%), '개인적인 감정 문제가
　　있어서'(11.9%), '업무 등을 제대로 못 해서'(10.5%)의 순으로 답했다.
　　　직장 내 언어폭력으로 인해 절반 이상(53.9%)이 심각한 수준의 스

18　온라인 취업포털 '사람인'(www.saramin.co.kr)이 2016년 8월 직장인 1,105명을 대상으로
　　'직장 내 언어폭력 민감성 여부'를 조사한 결과다.

트레스를 받고 있었다. 또, 언어폭력을 당하면서 '애사심이 떨어졌다.'(59.5%, 복수 응답), '업무 성과가 떨어졌다.'(44.3%), '앙금이 쌓여 대인관계가 나빠졌다.'(37.3%), '출근이 두려워졌다.'(29.8%) 등의 부정적인 영향을 받고 있었다.

필자가 직접 들은 직장인들의 하소연이다.

"어떤 때는 자는 것도 두려울 때가 있지요. 다음날 아침에 눈 뜨면 회사에 가야 한다는 생각 때문입니다. 잠을 못 자요."

"일요일도 월요일 걱정이 앞서서 제대로 못 보내기도 합니다. 스트레스가 크면 쉬지도 못해요. 마음 놓고 가족과 여행 한번 제대로 가지도 못했지요. 직장이 지옥이 되면 가정생활도 엉망이 돼요. 제 상사를 가정파괴범이라고 불러도 될까요?"

"실장이 출장을 가거나 연차를 내면 직원들의 생기가 돋지요. 그런 날을 우리는 무두일(無頭日), 즉 머리 없는 날이라고 불러요. 얼마나 좋은지, 무두일 저녁에는 꼭 술 한잔하지요."

직장인의 자살폭탄 테러

전문가의 연구 결과도 마찬가지다. 학대적 피드백은 부하들의 동기 저하에 결정적이다.[19] 부하들의 업무 집중도, 직무 만족도, 역량 발휘 정

---

19 Mayfield, J., & Mayfield, M. (2018). 10쪽. 상사의 언어 행태가 부하의 동기에 끼치는 영향이 지대함을 보여준다.

도, 헌신성 그리고 결국 업무 성취에 크나큰 악영향을 끼친다. 부하들의 주도성, 열성, 자발성 등의 저하 현상은 뚜렷이 관찰된다.[20] *(왜 저따위로 말을 할까? 한심한 상사네!)* 상사의 잘못된 언어 습관만을 놓고도 부하는 상사의 전반적인 역량 자체를 낮잡아 평가한다.[21]

상사의 잘못된 말씨 습관이 조직에 끼치는 악영향은 전 세계의 연구 결과가 공통으로 주장한다.[22] 통계 조사까지 나와 있다. 무례하거나 가혹한 피드백을 받은 직원은 고의로 자신의 '생산성'을 덜 발휘하려고 노력한다. 일에 쏟는 노력은 48%, 직장에 쏟는 시간은 47%, 작업의 질은 38%, 수행력은 무려 66%나 감소하였다.[23] 어찌 보면 복수심에 가득 찬 자살폭탄 테러와 다를 게 없다. 내 성과를 죽여서라도 상사와 조직의 실적을 파괴한다. 조직 측면에서 보면 이는 재앙이다.

[인재 = 능력×동기]라는 공식을 기억하는가. '능력'이 뛰어난 '인재'도 소통능력이 부족한 상사, 특히 학대적 피드백을 남발하는 상사를 만나면 소용이 없다. '동기'가 저하되어 '둔재'로 변하기 쉽다. 그런 험악한 '마법사'를 만나면 치열한 경쟁을 뚫고 들어온 사람도 순식간에 '유인원'으로 변한다. 부하들은 종종 자신이 원숭이로 변하기 전에 사표를 던지고 직장을 떠난다. 떠날 형편이 못 되는 사람만이 남아, 폭력적 문

---

20 Kanfer, R., Frese, M., & Johnson, R. E. (2017). 이 논문은 지난 한 세기 동안 발표된 동기 (motivation)에 관한 방대한 논문들을 검토하였다. 최근 심리적 영향에 관한 논문이 늘어나고 있다.

21 Tengblad, S. (2006).

22 일본(Kunie et al. 2017), 멕시코(Madlock and Sexton 2015), 대만(Fan et al. 2014), 호주 (Sarros et al. 2014), 쿠웨이트(Alqahtani, A. A. 2015), 폴란드(Wińska 2010) 등.

23 Porath, C., & Pearson, C. (2009).

화에 적응하면서 소극성과 보신주의로 자신을 방어하며 숨죽이고 가만히 엎드려 있기만 한다. 이제 구체적으로 조직 차원의 악영향을 살펴보자.

학대적 피드백이 만드는 보신주의 조직문화

매일같이 화를 내고 질책만 쏟아내는 상사들이 많다면, 부하들은 어떻게 행동할까? 입도 벙끗할 수 없는 억압적이고 권위적인 분위기다. 부하에게 자존심 방어행위(defensive behavior, 즉 변명, 고집, 반발, 반항 등)도 허락되지 않을 정도다. 즉 학대적 피드백이 조직에 만연되어 그것이 일종의 조직문화가 되었다면 어떤 현상을 보게 될까?

　위협감, 모욕감 그리고 무력감을 피하려는 부하들은 다양하게 대응한다. 게다가 실적주의가 아니라 연공서열주의 평가 시스템이다. 똑같이 승진할 터인데, 욕먹으며 앞에 나설 필요가 전혀 없다. 이런 조직에서 근무하는 직장인의 행태를 자세히 들여다보자.[24]

　분명 일류조직의 모습은 아니다. 보신(保身, self-protection)주의가 지배한다. 보신주의의 핵심은 질책받을 일을 피하는 것이 최선이라는 가치관이다. 그렇다고 일을 하지 않을 수는 없다. 뭔가 바쁘게 일한다는

24　Ashforth, B. E., & Lee, R. T. (1990). 이 논문은 억압적인 직장에서 부하들이 반응하는 다양한 행태를 정리했다. 필자가 이 논문에서 아홉 가지 방어적 행동을 뽑아 요약해서 이 책에 옮겼다.

인상은 주어야 한다. 일하는 모습을 보여주기 위해 일하는 조직이 된다. 당연히 실적은 별로다. 다음과 같이 아홉 가지 눈비음[25]만 전개된다. 이렇게 해도 독점적 공기업이라면 생존은 가능할 것이다. 사기업이라면 조만간 분명 망한다.

(1) 심한 질책을 피하는 가장 적법한 방법은 지나칠 만큼 규정을 준수(over-conforming)하는 것이다. "그거 안 돼요. 감사에 걸리는데요." 가능성을 모색하는 창의적 방법을 아예 찾지 않는다. 융통성 발휘하다가 질책받으면 나만 손해다. "나에게 뭐라고 하지 마세요. 내가 규정 만든 사람은 아니잖아요." 법규, 규정, 전례 그리고 업무 매뉴얼이라는 방패 뒤에 숨어버린다. 보신주의 문화 속에서는 '그렇게 하면 왜 안 되는지', 그 이유를 우선 찾는 부정적 사고(negative thinking)가 팽배한다.

(2) '고객 뺑뺑이 돌리기'도 일어난다. "죄송한데, 그게 제 일이 아니라서 …. 저쪽 부서로 가보실래요?" 책임 회피(passing the buck)가 만연된다.

(3) "저는 그런 일을 해본 적이 없는데요. 저 친구가 낫지 않을까요?" 위험한 일을 피하기 위해서라면 무능하게 보이기(playing dumb)도 마다하지 않는다. "제가 부족해서 …." 이런 말을 입버릇처럼 하는 사람들이 많다면, 분명 직장 내에 학대적 피드백이 난무하기 때문이다. 겸손의 표현이 아니다. 일종의 '전략적 무기력함

---

25 (편집자 주) '눈비음'은 '남의 눈에 들기 위하여 겉으로만 꾸미는 일'이라는 뜻의 순우리말.

(strategic helplessness)'이다.[26]

(4) 맡은 일은 최대한 늘린다.(stretching) 무슨 일이든 계속 만들어 바쁘게 보여야 한다. '마감 날짜가 정해지면 그때까지 시간을 꽉 채울 수 있을 만큼 일은 항상 늘어난다.' 유명한 파킨슨 법칙이다.

(5) 성과를 최고로 높이지 않는 것(smoothing)도 방법이다. 일을 잘하면 나중에 피곤해진다. 일을 획기적으로 잘해놓으면 그것이 향후 달성 기준이 되어버리니 말이다. 게다가 나중에 그 업무에서 빠져나올 수도 없다.

(6) 뭉그적거리기 또는 지연하기(stalling)도 일을 피하는 전략이다. "관련 조사를 더 깊이 해봐야 합니다." "그룹의 타 계열사들은 어떻게 하는지 좀 더 살펴봐야 하지요." 시간 끌다 보면 그 일을 추진해야 한다는 재촉의 바람이 잦아들게 마련이다. 책임을 회피하고, 뭔가 잘못됐을 때 질책을 피하는 현명한(?) 방법이다. 이러다 보면 행동주의 대신 분석만능주의가 조직문화로서 뿌리내린다.

(7) 그렇지만 주어지는 일을 피할 수 없다면 어쩌나? 또 다른 보신주의 유형은 잠재적 질책을 예방하는 행위다. 지나치게 상사의 말에 순종한다. "아이고, 그렇죠. 팀장님 말씀이 모두 맞습니다." 상사의 말에 그 어떤 토씨도 달지 않고 따른다. 의견 제시? 비판? 절대 안 한다. 지시대로만 일한다. 이런 수동적 구성원이 많아지면 조직의 발전은 기대할 수 없다. 창의적인 아이디어라는

26 Cole, D. (1986).

씨가 전혀 뿌려지지 않으니, 성장 발전이라는 열매가 맺어질 리 없다.

(8) 상사의 책임 전가와 질책이 횡행하는 분위기에서 부하는 당연히 업무 과정을 철저히 기록하게 된다. 그 기록이 대단히 중요한 업무다. 불필요한 문서가 쌓인다. 심지어 간호사가 쿨쿨 잠을 잘 자고 있는 환자를 흔들어 깨운다. 의사 처방대로 정해진 시간에 환자에게 수면제를 먹였다는 '기록'을 남기기 위해서다. 하긴 책임 회피를 위해서는 '문서화 기록'이 최고다. 요즘은 사사건건 녹음도 동원된다.

(9) 마지막으로 회의를 소집해서 집단 의사결정으로 돌림으로써 내가 떠안게 될 위험을 분산한다. 또는 자문위원회 등 각종 협의체를 만들어 아예 의사결정을 떠넘긴다. 이런 방어적 회피(defensive avoidance)가 효과적이다. 즉 위험한 결정은 절대로 하지 않는다. 또한, 항상 눈치 빠르게 다수의 의견을 좇는다. 새로운 일 시도는 바보짓이다. 상사가 승인해준 일만 하는 보신주의가 현명하다.

책임질 일을 피하고 질책 회피가 최선이라는 가치관, 믿음 그리고 행동 양식이 곳곳에 스며들어 조직문화가 되면 개선은 참으로 어렵게 된다. 경영환경 변화에 취약한 조직이 되고 만다. 왜냐고? 보신주의로 무장한 조직 구성원들은 변화의 바람을 전혀 따를 생각이 없기 때문이다. 실적이 좋을 때는 물론이고 그렇지 않은 위기 시라면 더욱더 새로운 아이디어가 직원들의 가슴과 머리에서 나와야 하지 않겠는가. 그런데 모두 고개를 푹 숙이고 잠수를 탄다. 일명 잠수 문화다. 결코, 발전하는 일류조직의 모습은 아니다. 만연된 학대적 피드백이 만든 조직문화의 폐해다.

제3장 말하기 원칙 1

제3장 말하기 원칙 1: 학대적 피드백 사용 금지 **159**

학대적 피드백의 특징은 '독선적'으로 '부정적 평가'를 가하며 '통제'하려 한다는
점이다.

☐ 이러한 학대적 피드백의 근원은 '우월감'이다. '공감능력 결핍'이다.

　● '우월감'을 전달받은 상대는 은연중 '열등감'을 느끼게 된다.

열등감을 강요당하면 정상적인 인간은 수치심 또는 모욕감을 느낀다.

☐ 수치심은 '스스로 떳떳하지 못한 감정'이다.

　● 타인, 조직 또는 사회의 기대에 못 미친 자신의 모습을 바라보며 느끼는
　　부끄러운 감정이다.

☐ 모욕감은 타인이 자기를 대하는 부당한 태도나 방식 때문에 느끼는 '분노의
　감정'이다.

　● '내가 모욕받아 싸다.'라고 생각하는 사람은 없다. 한마디로, 모욕감은 억
　　울한 감정이다.

부하가 '열등감'을 느끼고 '모욕감'까지 느꼈다면, 상사의 그 언행은 학대적 피드백
이다.

☐ 즉 상사의 우월감, 공감능력 결핍 → 독선 → 부정적 평가, 통제 의도 → 부하
　의 열등감 → 더 나아가 부하의 분노, 즉 모욕감 → 부하의 인정감, 자존감 그
　리고 행복감 파괴 → 제어되지 않은 정서적 시한폭탄 상태가 된다.

모욕이 공개적으로 자행될 때 부하의 고통은 심각하게 가중된다.

☐ 만약 학대적 피드백의 공개범위가 커진다면 → 부하가 느끼는 모욕감은 기하급수적으로 증폭 → 부하의 '리더십'과 '타인과의 연결감'까지 파괴 → 저주받은 고립 상태가 된다.

☐ '칭찬은 가능한 공개적으로, 꾸중은 절대로 개인적으로' 하자. 사람 관리의 법칙이다.

- 모욕 본능을 억제하는 인품 수양이 긴요하다. 인격 함양의 결과는 정신적 여유로서 나타난다.

인정 추구와 모욕은 본능이다. 동전의 양면이다.

☐ 늑대는 싸움을 통해 서열을 매긴다. 인간은 모욕의 언어로써 상대에게 사회적으로 저급한 서열을 인식시킨다.

☐ 나의 존재감을 높이는 '인정감'의 갈구와 상대를 낮추려는 '모욕'의 주입은 뿌리가 같은 인간 본능이다.

- 우리의 직장 곳곳에서 인간의 모욕 본능이 마치 늑대처럼 마구 으르렁거린다.

상사의 모욕적 언행, 즉 학대적 피드백은 상하 간 상호작용의 결과라는 논리도 맞다.

☐ 그렇지만 애당초 원인을 누가 제공하였든 폭행은 범죄다. 이제 지속적 언어폭행도 범법행위다.

- 부하의 고통을 모르고 했다면 설령 고의범은 아니더라도 과실범이다. 역시 범죄다.

- 법률 부지(不知, 모름)는 죄의 성립에 아무런 영향이 없다.

조직문화, 개인적 민감성, 또는 상하 간 인간관계에 따라 모욕의 허용 정도가 다르다.

☐ 위계질서가 강한 조직, 권위적인 조직, 또는 과중한 업무 때문에 늘 스트레스에 쌓여 있는 조직에서는 학대적 피드백이 많다.

☐ 일반적인 조직에서도 모욕의 문화는 전염성이 높다. 직장인들은 언어폭력에 무감각해지기 쉽다.

상대의 방어행위를 불러오는 피드백은 학대적 피드백이라고 할 수 있다.

☐ 학대적 피드백이 항상 심각한 모욕을 담는 것은 아니다. '방어행위 여부'가 학대적 피드백을 정의한다.

- 방어행위(변명, 고집, 반발, 침묵 등)가 나오게 된다면, 이는 미묘한 모욕감을 무의식적으로 느낀 것이기 때문이다. 방어행위는 반드시 학대적 피드백이 선행되어야 나타난다.

☐ 상대의 인정감, 자존감 그리고 행복감이 채워지고 고양되기는커녕, 오히려 비워지고 낮아진다면, 비록 차디찬 말 한마디, 굳은 표정 또는 비웃음일지라도 학대적 피드백이라고 정의하지 않을 수 없다.

모욕감이 극심한 것이 아니라면, 보통은 자존감을 지키려는 '방어행위'를 하게 된다.

☐ 상처를 입은 것은 논리가 아니라 감정이기 때문이다.

☐ 방어행위의 종류는 다양하다. 모두 학대적 피드백 또는 불신이 초래한 불필요한 에너지 낭비다.

- 다시 '이해'시키기 위한 '반복', '오해' 해소를 위한 '변명' 그리고 자신의 잘못을 알지만 거친 말에 기분 나쁘니 '고집', '반발', '반항'한다. 급기야 '공격'(트집 잡기, 말꼬리 잡고 늘어지기 그리고 할퀼 생각하기), '침묵' 그리고 '방어적 청취'가 이어진다.

상대로부터 방어행위의 낌새를 감지했다면 사과해야 한다.

☐ [(a)공감＋(b)고통의 원인 제공자라는 인식＋(d)용기＝(e)사과] ((a)＋(b)＝
죄책감).

- 리더 자신의 취약성(vulnerability), 즉 부족함을 부하들에게 솔직하게 인
정하는 것이 진정한 '용기'다.

☐ 정녕 인간인가? 그렇다면 학대적 피드백을 던져서는 안 된다.

- 정말로 성숙한 인간인가? 만약 학대적 피드백을 가했다면 즉각 사과하는
용기를 내라.

학대적 피드백이 '조직관리의 수단'으로 자리를 잡는 어처구니없는 예도 있다.

☐ 단지 언어적 악습이 아니라 부하에게 의도적으로 수치심과 모욕감을 주는 것
이다.

☐ 리더의 '리더십'에 부하는 자발적으로 '추종'한다. 상사의 '권위'에 부하는 타율
적으로 '복종'한다.

- 농장 주인의 '학대적 피드백'이라는 채찍질에 노예는 '굴종'한다.

☐ '학대적 피드백'으로 강요한 '굴종'이 효과적인 조직관리 수단이 될 수는 없다.
악영향이 크다.

학대적 피드백이 조직 구성원에게 끼치는 악영향은 심각하다.

☐ 인간은 지지적 피드백(상사의 칭찬, 격려 등)보다 학대적 피드백(비판, 질책,
모욕 등)에 여섯 배나 더 강하게 반응한다.

☐ 학대적 피드백은 부하들의 동기 저하에 결정적이다.

- 부하들의 업무 집중, 직무 만족, 역량 발휘, 헌신 그리고 결국 업무 성취에
큰 악영향을 끼친다.

- 부하들의 주도성, 열성, 자발성 등의 저하 현상은 뚜렷이 관찰된다. 조직
측면에서 이는 재앙이다.

☐ 상사의 잘못된 언어 습관만을 놓고도 부하는 상사의 전반적인 역량 자체를 저평가한다.

학대적 피드백이 조직에 만연되면, 보신주의 조직문화가 형성된다.

☐ 인사시스템에 따라 다르다. 직원 평가에 실적보다는 연공서열이 더 적용되는 구태의연한 인사시스템을 가진 조직이라면 보신주의는 더욱더 심해진다.

☐ 일을 되도록 피하고, 일하는 척 보이면서, 질책을 피하는 가장 적법한 방법은 다음과 같다.

● 지나치게 규정 준수하기(over-conforming), 책임 회피(passing the buck), 무능하게 보이기(playing dumb), 맡은 일은 최대한 늘리기(stretching), 성과 높이지 않기(smoothing), 뭉그적거리기 또는 지연하기(stalling), 상사의 말에 무조건 순종하기, 과도한 문서화 (또는 녹음) 기록, 방어적으로 회피하기(defensive avoidance) 등이 보신주의의 증세다.

학대적 피드백에 관해 다음을 생각해보자.

☐ 상사의 학대적 피드백을 직접 받아본 기억이 있는가? 모욕감을 느낀 경우를 말한다. 기억의 창고를 구석구석 샅샅이 뒤져도 찾을 수 없다면, 다음 중 하나다.

- 여러분은 대단히 훌륭한 조직문화를 갖춘 직장에 근무하고 있다. 훌륭한 상사들을 만났다.

- 만약 그런 훌륭한 조직이 아니라고 생각한다면, 여러분은 이미 권위적 조직문화의 희생자가 된 것일지도 모른다. 민감성이 무척 떨어져 버린 것이다. 여러분이 학대적 피드백을 던지는 잠재적 가해자가 될 소지가 크다. 조심해야 한다.

☐ 만약 상사의 학대적 피드백을 받은 기억이 난다면, 분명한 점은 학대적 피드백을 준 그 상사가 전적으로 잘못했다는 것이다. 받아 마땅한 학대적 피드백이란 이 세상에 없다.

- 그 상사의 무엇이 잘못되었다고 생각하는가? 그 상사의 우월감의 근원, 공감능력 상태, 말하는 습관, 조직문화의 영향 등을 분석해보자.

☐ 여러분은 부하에게 학대적 피드백을 던진 적이 있는가?

- 여러분은 이미 학대적 피드백의 정의를 충분히 이해하고 있다. 상대에게 열등감을 주입하여 자존심에 상처를 주는 언행뿐만 아니라, 상대로부터 방어행위를 불러일으키는 모든 사소한 말과 행동 습관도 학대적 피드백이 될 수 있다.

□ 부하에게 학대적 피드백을 던진 사실이 전혀 없다고 생각하거나, 기억나지 않는다면, 다음 중 하나다.

- 여러분은 대단히 훌륭한 인격자다.

- 혹은 자신의 언행 습관을 전혀 모르는, 즉 '자신이 어떤 사람인지 모르는', 그래서 학대적 피드백을 계속 쏟아낼 상당히 위험한 인물인지도 모른다. 부하들에게 물어보자. 답변은 쉽게 나오지 않는다. 꾸준히 물어보자. 스스로 자신의 인격과 언행에 관심을 두게 되는 부수 효과도 크다.

□ 부하에게 준 학대적 피드백이 기억난다면, 다음을 분석해보자.

- 혹 나는 무의식적으로 학대적 피드백을 조직관리 수단으로 삼는 것 아닐까?

- 나의 공감능력을 어떻게 평가하는가?

- 스트레스 해소를 위해 내가 무엇을 해야 할까?

- 부하 이해를 위해 면담에 시간과 노력을 쏟고 있는가?

- 부하를 향한 나의 우월감의 근원은 무엇인가? 그것을 억제하는 방법은 무엇일까?

- 말하기 습관을 어떻게 고치면 될까?

- 그 당시 부하의 방어행위에 나는 어찌 대응했는가?

□ 여러분 조직에서도 점차 기록이 많아지는가? 구두(oral) 소통보다 문서(written) 소통이 늘어나는가? 원인을 살펴보자.

제3권 제3장

이 QR코드를 휴대전화의 QR코드 앱으로 인식하면 토론방으로 연결되어 여러 독자들이 남긴 소감을 접할 수 있습니다. 여러분의 느낌도 써주십시오. 이 책의 저자와 질문으로 소통할 수도 있습니다.

말하기 원칙 2:
교정적 피드백 사용 조심

"할 수 있는 자는 행한다.
할 수 없는 자는 가르친다.
(He who can, does.
He who cannot, teaches.)"
—조지 버나드 쇼(George Bernard Shaw)

HOW TO BETTER USE
YOUR MOUTH

한 직장인이 필자 앞에서 탄식했다. "아끼는 후배인데, 밥 먹을 때마다 '쩝쩝' 소리를 너무 심하게 낸다."라는 불만이다. 늘 점심을 같이하는데, 귀에 거슬리는 정도를 넘어서 이제 스트레스가 되었단다. 지적하기도 뭐하고, 두들겨 팰 수도 없고, 가랑비에 옷이 자꾸 젖으니 그냥 꾹꾹 참기도 힘들고 …. 교정적 피드백을 어찌 주어야 하느냐는 질문이다. 아이고, 참으로 어렵고 조심스러운 문제다.

지금 시작하는 제4장 '교정적 피드백'의 핵심은 첫째, 교육의 효과 여부는 오직 부하(또는 후배, 자녀)가 판단한다는 점이다. 만약 부하가 '진정 고맙다.'라고 생각하지 않는다면, 상사는 가르친 것이 아니다. 아쉽게도 상사는 가르쳤다고 자부하지만, 부하는 모욕당했다고 분노하는 경우가 흔하기에 하는 말이다. 부하를 교육·교정하려는가? 부디 조심하자.

둘째, 부하를 교육·교정하려면 태도와 방법이 매우 중요하다는 점이다. 교육을 빙자한 섣부른 감정 풀이가 흔하기에 하는 말이다. 타인의 사고방식과 언행을 교정하려는 조언, 권유, 충고 또는 강제에는 아무리 조심해도 부작용이 나타나곤 한다. 부하 육성은 상사의 주요 임무다. 즉 상사는 교사다. 인내와 안내를 바탕으로 삼는 세련된 교육 방법론을 학습하지 않은 사람이 함부로 교사가 될 수는 없다. 교육·교정의 효과적인 방법론을 부디 공부하자.

어렵더라도 제4장 '교정적 피드백'을 정독하기 바란다. '쩝쩝' 소리 문제를 해결할 수 있다. 그래서 드디어 하산(下山)할 즈음에는, 사람멀미의 회오리바람을 한 점도 일으키지 않는 바람직한 상사로 변모해 있을 것이다. 즉 부하에게 효과적으로 교정적 피드백을 주는 상사, 더 나아가 부하들이 따르고 싶어 하는 훌륭한 멘토가 되어 있을 것이다.

'쩝쩝' 소리 해결책

여러분이라면 어떻게 할까? 아래에서 가장 효과적이라고 생각하는 교정적 피드백을 딱 하나만 골라보자.

(1) [직설 화법 교정] 혹여 멱살을 맞다잡게 되더라도 직설적으로 지적해서 시비를 캐야 한다. 어색함은 순간이고, 효과는 영원하다. "이봐, 내 속이 다 울렁거린다. 너 쩝쩝 소리가 엄청 심하구나! 그 불쾌한 소리 좀 제발 내지 않을 수 없니? 무슨 말인지 알겠어!"

(2) [충격 요법 교정] 밥알 묻은 숟가락을 높이 치켜든다. 교정 효과는 충격 요법이 최고다. 부인할 수 없는 사실이다. "야, 이놈아! 쩝쩝 소리 그만 내!" 그 후배의 머리통을 냅다 호되게 갈긴다.

(3) [모욕 주입 교정] 후배는 결코 잘못 없다. 죄다 가정교육 탓이다. "야, 니네 엄마가 밥 먹을 때 그렇게 쩝쩝거리라고 가르쳐줬니? 내가 널 아끼니까 하는 말인데, 우리 때는 말이야, 쩝쩝 소리가 아니라 입 벌리고 씹어도 숟가락으로 서너 차례 얻어맞았어. 요즘 참 세상 좋아졌지? 그래, 먹어, 쩝쩝 먹어!"

(4) [힌트 제공 교정] 마음 씀씀이가 넉넉해야 한다. 후배가 수치심을 느낄 터이니 실마리만 제공하자. "너 참 맛있게 먹는구나. …

아냐, 아무 일도 아니야. 응, 계속 먹어."

(5) [보상 제공 교정] 후배와의 사이가 떠서 뜨악해지면 나도 버겁
다. 돈으로 매수하는 게 어떨까? 돈질이 효과는 최고 아닌가. "너
참 맛있게 먹는구나. 그런데 네가 그 쩝쩝 소리 좀 줄여준다면
내가 십만 원 줄게." 설마 진짜로 돈을 내놓으라고 할까?

(6) [간접 화법 교정] 이리저리 에둘러 말하는 게 어떨까? 변죽을 치
면 복판이 울리니 어림잡을 거다. "예전에 내 친구 하나가 있었
는데, 밥 먹을 때 쩝쩝 소리가 너무 심해 … 그 친구랑 요즘 절대
같이 식사 안 해. … 아냐, 아냐, 네 이야기 아니야. 먹어. 먹어."

(7) [내 심정 묘사 교정] 조심스레 내 심정만 전달하자. 뒷귀[1]가 밝
으니 알아듣겠지. "너 참 맛있게 먹는구나. 부럽다. 그런데 내가
좀 불편한 듯해. 옆에서 너무 씩씩하게 밥 먹는 소리를 들으니까
그런가 봐. 아니면 이 식당이 너무 더워서 내가 불편한 건가?"

(8) [교정 포기] 그냥 꾹꾹 참자. 언젠가 누군가 숟가락을 치켜들어
저 머리통을 힘차게 내리쳐주거나 반짝 집어 들어 바닥에 패대
기쳐 주겠지. "뭐라고? 왜 자꾸 네 머리를 쳐다보냐고? … 아냐,
아무 생각도 안 했어."

답을 골랐는가? '쩝쩝 소리' 문제를 분석해서 답을 찾기 전에 잠시
복습해보자.

---

1 (편집자 주) '뒷귀'는 '들은 것에 대한 이해력'을 뜻하는 순우리말. 예: 뒷귀가 먹은 사람처럼
   못 알아들으니 답답하다.

교정적 피드백과
학대적 피드백의 구분

(아니, 왜 저따위로 ….) 상대를 참을 수 없다. *(에그, 저러면 안 되는데 ….)* 안타까워서 가르쳐주고 싶다. 교정적 피드백을 줘야 한다. *(그렇게 하면 안 돼!)* 목적은 '교정'이다. 상대의 잘못된 가치관, 사고방식, 업무 방법 및 태도 또는 말과 행동의 습관을 바꾸거나 개선하려는 의도다. 상사가 부하에게 주는 말 또는 부모가 자녀에게 늘 주는 말이 바로 이 교정적 피드백이다. 음지에서 헤매는 부하 또는 자녀를 양지로 끌어내 주기 위함이다. 나의 선한 의지 주입이다.

학대적 피드백과 방어행위 복습

내가 부하에게 조언을 주었다. 그런데 부하 표정이 삐뚜름하다. 먼 산만 쳐다본다. 침묵이다.

(어라, 이 친구 봐라. 내 충고를 옆집 개 짖는 소리로 여겨! 내가 강아지로 보이나?)

나의 '선한 의지'가 부하(또는 후배, 후임자, 자녀, 배우자 등)에게 씨도 먹히지 않고 도로 튕겨 나온 꼴이다. 그 귀한 조언, 충고, 고언, 훈계, 가르침을 '멍멍' 소리로 여기는 게다. 그런 효과 없는 교정적 피드백의 특징이 뭘까? 앞에서 이미 충분히 학습했다. 한마디로 내가 교정을 빙자하여 모욕이 잔뜩 묻은 학대적 피드백을 줬기 때문이다.

직장인 열 명 중 일곱 명이 괴롭힘을 느낄 정도다. 직장 내 학대적 피드백은 만연되었다. 언어폭력이 일상화됐기 때문이다. 상사는 부하육성을 위한 교정적 피드백을 주었다고 생각한다. 그러나 부하는 감정을 성질대로 쏟아 내놓은 학대적 피드백을 받았다고 생각한다. 학대적 피드백을 다른 말로 '헛된' 교정적 피드백이라 부르는 이유다. 상대의 방어행위가 냉큼 따라 나와서 '멍멍' 짖어댄다. 직장 여기저기에서 강아지 싸움이 벌어지며 에너지가 줄줄 샌다. 바닥에는 감정적 앙금이 깔리고 머리 위에는 불신의 먹구름이 퍼진다.

물론 학대적 피드백이 상사에게 마냥 헛된 것만은 아니다. 감정 풀이는 속 시원하지 않은가. 그러나 학대적 피드백은 '늦은 밤의 군것질'이나 '주전부리'와도 같다. 늦은 밤 어두움이 음식물 흡입이라는 동물적 욕망 충족 순간을 가려준다. 그러나 동이 터서 밝아지면 동물이 아닌 인간으로서 후회가 몰려온다. 다시 말해, 학대적 피드백을 쏟아놓고도 속 시원하다고 줄곧 흐뭇할 리가 없다. 부하의 방어행위를 알아채지 못할 리가 없기 때문이다. 공감능력이 정상적인 인간이라면 말이다. (만약 감정 풀이 후 후회해본 적이 없다면, 이 시리즈의 제1권으로 돌아가 '공감'의 본질부터 다시 학습하자.)

부하의 속을 다시 들여다보자.

(어, 이분이 왜 이래? 모욕적인데? 적어도 나를 인정하지 않는다는 소리네. 내 목을 치겠다는 건가? 자칫 잘리는 것 아냐?)

지금 부하는 모욕과 함께 위협이나 불안을 느낀다. 부하가 겉으로는 행여 정상으로 보이더라도 여러분은 이제 이런 부하의 가슴속을 훤히 감지하거나 추정할 수 있다. 그리고 이해도 한다. 부하는 방어적으로 될수록, 가슴과 귀를 닫아걸기 마련이다.

(저분 왜 저래? 아니, 뭘까? 무슨 속셈이야?)

자기방어를 위해 정신적 에너지를 쏟아붓는 중이다. 부하는 상사가 주는 교정적 피드백의 진실한 목적, 동기 그리고 가치를 정확하게 인식할 수 없게 된다.[2] 소통은 헛돈다. 우리 모두 여기까지 충분히 이해한다. 다시 확인해보자. 상하 간에 왜 이런 괴리가 생길까? 전적으로 상사가 조심하지 않았기 때문이다. 부하나 자녀를 가르치려고 하는가? 교정적 피드백을 주려면 '순수한 의도', '선한 의지'뿐 아니라 '현명한 방법'도 중요하다. 부하를 육성하는 훌륭한 상사가 갖추어야 할 인격 조건이고 능력 조건이다. 자, 복습이 끝났다. 어떻게 조심해야 하는지 살펴보자.

---

2 Gibb, J. (1961). 이 논문은 학계 최초로 방어 자세(defensiveness)를 높이거나 낮추게 하는 특정한 소통 패턴을 확인했다. 이 논문의 영향이 지대하다. 설득, 심리상담, 교육, 조직 효과 등의 연구에 바탕이 되었다. 필자도 이 논문의 이론을 많이 빌렸다. 특히 소통에서의 무관심 vs. 공감, 평가 vs. 서술 그리고 확실성 vs. 잠정성은 이 논문의 아이디어에서 비롯된 것이다. 반세기 후에 이 논문을 분석한 다음 논문도 참고하였다. Forward, G. L., Czech, K., & Lee, C. M. (2011).

온갖 못된 바람을 부르는
잘못된 주술

앞의 '쩝쩝 소리' 사례 해결책으로 돌아간다. 제시된 교정적 피드백 대부분의 술법이 어수룩하다. 주문을 잘못 외운 것이다. 교정적 피드백이 밝은 햇볕은커녕, 먹구름만 잔뜩 불러온다. 인간관계가 갑자기 어두워진다. 분석해보자.

'잘못된' 그리고 '잘된' 교정적 피드백 차이 분석

위 '쩝쩝' 사례 해결책 중에서 (1), (2) 그리고 (3)번은 부작용 문제가 심각하다. 쉽게 알아챌 수 있다.

   (1) [직설 화법 교정] 혹여 먹살을 맞다잡게 되더라도 직설적으로 지적해서 시비를 캐야 한다. 어색함은 순간이고, 효과는 영원하다. "이봐, 내 속이 다 울렁거린다. 너 쩝쩝 소리가 엄청 심하구나! 그 불쾌한 소리 좀 제발 내지 않을 수 없니? 무슨 소리인지 알겠어!" '… 울렁거린다.' '… 엄청 심하구나!' '불쾌한 소리 ….' 시거든 떫지나 말고 떫거든 검지나 말지. 이모로도 저모로도 아무 짝에 쓸모없는

말만 하고 있다.

기분 나쁘게 직설적으로 '평가'해대니, (에이, 씨 ….) 상대의 방어행위(반복, 변명, 고집, 반발, 침묵 등)라는 소슬바람이 싸늘하게 불어온다. 계속되면, 감정적 충돌이라는 돌풍도 세차게 몰아칠 거다. 심지어 폭행 사건이 발생할 수도 있다.

(2) [충격 요법 교정] 밥알 묻은 숟가락을 높이 치켜든다. 교정 효과는 충격 요법이 최고다. 부인할 수 없는 사실이다. "야, 이놈아! 쩝쩝 소리 그만 내!" 그 후배의 머리통을 냅다 호되게 갈긴다.

'흉기를 이용한 두부(頭部) 가격(加擊)'은 명백한 범죄다. 경찰서에 잡혀가 꼼짝없이 세찬 폭풍을 맞는다.

(3) [모욕 주입 교정] 후배는 결코 잘못 없다. 죄다 가정교육 탓이다. "야, 니네 엄마가 밥 먹을 때 그렇게 쩝쩝거리라고 가르쳐줬니? 내가 널 아끼니까 하는 말인데, 우리 때는 말이야, 쩝쩝 소리가 아니라 입 벌리고 씹어도 숟가락으로 서너 차례 얻어맞았어. 요즘 참 세상 좋아졌지? 그래, 먹어, 쩝쩝 먹어!"

'요즘 가정교육 탓.' '네 엄마가 잘못 가르쳤다.' '나 때는 안 그랬다.'라는 교정적 피드백을 어떻게 생각하는가? 뜬금없이 상대 부모를 욕보이다니, 이렇게 함부로 말을 내뱉어서 과연 무슨 잇속을 챙길 수 있을까.

"아, 선배님, 예, 죄송합니다. 숟가락으로 서너 차례나 … 그러셨군요."

그 자리에서 후배의 고분고분한 경청 자세는 사분사분한 산들바람이었다. 그런데 뒷소리를 들으니 글쎄 내가 '꼰대'란다. 난데없이 돌개바람을 맞은 기분이다. 교정적 피드백을 핑계로 내세워 학대적 피드백

제4장 말하기 원칙 2

을 날렸기 때문이다.

여기까지는 (1), (2) 그리고 (3)번 해결책을 실제로 행위로 옮겼을 때 발생할 결과를 내다보았다. 인간관계에 먹구름, 소슬바람, 돌풍, 폭풍, 돌개바람 등 못된 바람이 불어오게 된다. 이런 결과의 근본 원인은 뭘까? 교정적 피드백을 던지는 사람이 갖출 기본자세부터 따져보자.

기본자세, 즉 존중과 예의 문제: 우월성 vs. 평등성

우리나라에서 만 14세가 넘으면 형사적 책임을 진다. 만 17세가 넘으면 주민등록증을 소지해야 한다. 만 18세 이상은 취업도 가능하고, 운전면허도 딸 수 있다. 군대 입영도 가능하고, 9급 공무원도 될 수 있다. 선거권도 행사한다. 선거법상 국회의원 출마도 가능하다. 만 19세가 넘으면 민법상 성인이다. 판단력을 죄다 갖춘 사람으로 여긴다. 그래서 내키면 부모의 동의 없이 둘이 도망가서 결혼도 가능하다. 부동산 계약과 같은 재산권 행사도 맘대로 한다. 드디어 성인 영화도 눈치 보지 않고 당당하게 감상할 수 있다.

"이렇게 살아라, 저렇게 살아라." 이는 자신의 가치관과 행동 양식을 타인에게 주입하려는 습관이다. 상대가 성인이라면, '선한 교정 의도'가 '지적질'과 '간섭'으로 여겨지기 십상이다. 꼰대 취급받기 딱 좋다. 상대가 법적 성인임에도 불구하고, 요청받지 않았는데도 무릅쓰고, 툭하면 평가적 자세로 가르치려는 심리는 왜 생길까? 이 책에서 우리는 이미 학습했다. '우월감' 때문이다. 바로 꼰대의 결정적 특성이다.

우월감은 불평등을 내포했다. 길거리의 노숙자가 꼴 보기 싫으면 발로 냅다 걷어차는가? 욕설로 대하고? 세종대왕은 나보다 우월하니 각별하게 존경하고? 그렇게 차별적으로 인간을 대하는가? 그러지는 않을 것이다. 인간은 태생적으로 평등하다. 예를 들어, 한 노숙자와 세종대왕이 동시에 강물에 빠졌다면, 누구를 먼저 구출할 것인가? 이런 질문은 인간성 모독이다. 인간 존엄의 절대 가치는 똑같다. 이러한 인간관이 확실한가? 신념이 확고한가? 평등(equality)은 인격적 '존중'과 언행의 '예의'로써 나타난다. 즉 존중과 예의 없이 평등을 말할 수는 없다. 노숙자에게도 혀 짧은 반말로 대해서는 안 될 이유다. 성인이 된 자녀, 부하 그리고 후배를 인격적으로 평등하게 대하는가? 그들의 경험, 능력 또는 지성이, 내가 생각하기에 열등하건 아니건 간에, 그들을 동등하게 대하며 인격적으로 존중하는가? 예의로써 대우하는가? 정녕 가르칠 일이 있다면, 상대를 깔보지 말고, 말을 함부로 하지 않으면 된다.

위 '쩝쩝' 소리 사례의 해결책에서 (1) [직설 화법 교정]("너 심하다. 불쾌하다.")은 함부로 말했다. (2) [충격 요법 교정](숟가락으로 가격)은 함부로 행동했다. 그리고 (3) [모욕 주입 교정](상대의 가정교육 탓)은 상대를 깔봤다. 헛된 교정적 피드백, 즉 학대적 피드백일 뿐이다. 지속하면 직장 내 괴롭힘이다.

인간을 어떻게 대하는가? 모든 인간은 나와 대등하다. 법적 성인은 인격적 독립체다. 존중과 예의를 받을 자격이 있다. 참으로 힘들겠지만, 상대가 성인이라면 우선 내 속의 우월감이라는 잡초를 뿌리째 뽑아내야 교정적 피드백의 효과가 활짝 꽃필 수 있다. 드러나는 우월감과 교정적 피드백의 효과는 정확하게 반비례한다.

먹구름, 소슬바람, 돌풍, 폭풍, 돌개바람 등 못된 바람을 불러오는 잘못된 주술을 좀 더 분석해보자. 교정적 피드백을 어떻게 줘야 할지 알아챌 수 있다.

말하기 제3원칙(지지적 피드백 확대) 사용 문제

우선 먹구름을 만들지 말아야 한다. '장점을 찾아 칭찬'하라는 피드백의 제3원칙(다음 장에 설명이 나온다.)을 우선 지키는 게 중요하다. 밝은 햇볕을 만들면, 못된 바람은 절대로 출현하지 않는 법이다. 위의 '쩝쩝' 사례 해결책 중에서 (4) [힌트 제공 교정], (5) [보상 제공 교정] 그리고 (7) [내 심정 묘사 교정]을 보자.

(4) [힌트 제공 교정] 마음 씀씀이가 넉넉해야 한다. 후배가 수치심을 느낄 터이니 실마리만 제공하자. "너 참 맛있게 먹는구나. … 아냐, 아무 일도 아니야. 응, 계속 먹어."

(5) [보상 제공 교정] 후배와의 사이가 떠서 뜨악해지면 나도 버겁다. 돈으로 매수하는 게 어떨까? 돈질이 효과는 최고 아닌가. "너 참 맛있게 먹는구나. 그런데 네가 그 쩝쩝 소리 좀 줄여준다면 내가 십만 원 줄게." 설마 진짜로 돈을 내놓으라고 할까?

(7) [내 심정 묘사 교정] 조심스레 내 심정만 전달하자. 뒷귀가 밝으니 알아듣겠지. "너 참 맛있게 먹는구나. 부럽다. 그런데 내가 좀 불편한 듯해. 옆에서 너무 씩씩하게 밥 먹는 소리를 들으니까 그런가 봐. 아니면 이 식당이 너무 더워서 내가 불편한 건가?"

모두 '칭찬'으로 시작했다. 즉 "너 참 맛있게 먹는구나!"라는 역발상 칭찬이 그런 이물리는[3] 상황에서 나름 괜찮다. 그래서 상대의 인정감 통이 먼저 차게 된다. 즉 마음 문이 열린다. 따사로운 봄볕이 마련된다. 그러면 인격과 인격이 교접하는 사분사분한 소통이 가능해질 수도 있다.

다음 장에서 논의할 말하기의 제3원칙(장점을 찾아 칭찬하라=지지적 피드백 우선)을 지키면, 교정적 피드백의 효과가 훨씬 더 커진다는 뜻이다. 마음 문이 열리면 아프고 따가운 말도 쉽게 받아들이게 마련이다. 최소한 지키자. yes→but 원칙을. 지지적 피드백(yes)은 늘 앞장서야 하고, 교정적 피드백(but)은 늘 뒤에 따라와야 한다. 이런 순한 말투세를 써서 손해 볼 일은 결코 없다

적당한 공감 문제

(만약 내가 쩝쩝거리지 말라고 지적하면, 후배에게 어떤 감정이 초래될까? 수치심? 모욕감? 어떻게 반응할까? 변명? 반발? 침묵?)

모든 소통이 그렇듯이, 설득에는 이성뿐 아니라 감성도 크게 작용한다. 그래서 소통 달인의 특성은 뛰어난 공감능력이다. 즉 다정다감함, 자상함 그리고 배려심이다. (물론 카사노바 등 유명한 호색꾼들의 특성이기도 하다.) 상대가 처한 상황을 이해하려는 지적 능력만이 아니다. 상대의

---

3 (편집자 주) '이물리다'는 '참을 수 없이 아프거나 고통스럽다.'는 뜻의 순우리말. '이를 깨물리다.'가 줄어든 말이다.

감정을 읽고 예측하는 공감능력도 소통에서는 매우 중요하다.

위의 '쩝쩝' 사례 중에서 첫 세 개의 해결책은 공감능력이 심하게 부족하다. 즉 (1) [직설 화법 교정]('심하다, 불쾌하다.'라는 직설적 표현), (2) [충격 요법 교정](흉기로 가격) 그리고 (3) [모욕 주입 교정](엄마의 가정교육 탓 그리고 '나 때는' 이야기)이 그렇다. 나의 선천적 공감능력이 떨어짐을 알고 있다면, 상대에게 관심을 두고 면담해서 상대를 이해했어야 했다. 신뢰도 쌓아야 했다. 그랬다면 적어도 언어나 물리적 폭력은 방지할 수 있다.

반대로 공감능력이 지나치게 뛰어난 사람은 상대의 수치심을 쉽게 예상하기에 차마 직설적으로 지적하기 어려워한다. 위의 '쩝쩝' 사례 해결책에서 (4), (6) 그리고 (8)을 다시 보자.

(4) [힌트 제공 교정] 마음 씀씀이가 넉넉해야 한다. 후배가 수치심을 느낄 터이니 실마리만 제공하자. "너 참 맛있게 먹는구나. … 아냐, 아무 일도 아니야. 응, 계속 먹어."

(6) [간접 화법 교정] 이리저리 에둘러 말하는 게 어떨까? 변죽을 치면 복판이 울리니 어림잡을 거다. "예전에 내 친구 하나가 있었는데, 밥 먹을 때 쩝쩝 소리가 너무 심해 … 그 친구랑 요즘 절대 같이 식사 안 해. … 아냐, 아냐, 네 이야기 아니야. 먹어, 먹어."

(8) [교정 포기] 그냥 꾹꾹 참자. 언젠가 누군가 숟가락을 치켜들어 저 머리통을 힘차게 내리쳐주거나 반짝 집어 들어 바닥에 패대기쳐 주겠지. "뭐라고? 왜 자꾸 네 머리를 쳐다보냐고? … 아냐, 아무 생각도 안 했어."

(4) [힌트 제공 교정]은 밥 먹는 이슈를 거론했지만 '아무 일도 아니야.'라고 얼버무리고 말았다. (6) [간접 화법 교정]은 자신의 친구 예를 들어 에둘러 말하다가 '아냐, 아냐, 네 이야기 아니야.'라고 마무리를 우물거렸다. 그리고 (8) [교정 포기]는 다른 사람이 숟가락으로 내리치고 패대기치는 상상만 하면서 그저 참고 말았다. 종종 지나친 공감능력 때문이다. 필요한 교정적 피드백을 주지 못하기도 한다. 위의 (4), (6), (8), 세 사례가 거기에 속한다.

그러니 '적당히' 공감해야 한다. ('적당히 공감'하라고? 필자가 애당초 '참으로 어렵고 조심스러운 문제'라고 호흡을 가다듬은 이유다.) 그래야 교정적 피드백을 정확하게 줄 수 있다. 부하, 자녀 그리고 후배를 육성하려는 의지가 있는가? 교정적 피드백을 결코 피해선 안 된다. 그러자면 나의 의지에 따라 공감능력을 적절히 조절해야 한다.

(7) [내 심정 묘사 교정]('내가 좀 불편 …. 밥 먹는 소리….')을 다시 보자.

(7) [내 심정 묘사 교정] 조심스레 내 심정만 전달하자. 뒷귀가 밝으니 알아듣겠지. "너 참 맛있게 먹는구나. 부럽다. 그런데 내가 좀 불편한 듯해. 옆에서 너무 씩씩하게 밥 먹는 소리를 들으니까 그런가 봐. 아니면 이 식당이 너무 더워서 내가 불편한 건가?"

그런대로 확실한 교정 의지를 표현했다. 지적을 받은 후배가 수치심을 느끼지 않을 수는 없을 것이다. 지나친 수치심을 느끼지 않을 정도로 적당한 공감능력을 발휘했다. (쩝쩝 소리 해결 문제는 사실 난이도가 상당히 높다. 그러나 쉽사리 이해했다니! 진심으로 축하한다!)

말 표현 문제: 단정적 vs. 잠정적

"생각 좀 하고 살아라. 네가 실수한 거야. 이 문제는 잘못 풀었어. 제대로 좀 못 하겠니!"

　말투세가 삐뚜름하다. 귀에 담아 챙기기 거북하다. 대꾸가 고분고분할 리도 만무하다. 그런데 왜 이렇게 삐딱하게 말할까? 한마디로 정확한 꼰대다. 아쉽게도 공감능력이 부족한 사람이다. 우월성이 뚜렷이 드러난다. 평가적이다. 그러나 좋게 보자면, 이러쿵저러쿵 해석의 여지 없이 지극히 확실한 단정적 표현이다. 뒤집어 말하자면, 이러한 표현의 단정적 확실성(certainty)은 자신이 항상 옳다는 독선적 사고를 내비친다. 어떻게 보면 문제 해결보다는 복종심의 주입이나 논쟁 승리가 목적이라 여겨진다. 단연코 상대의 방어행위를 불러오게 된다. 세련되지 못한 유치한 소통 방법이다.

　물론 지시의 3대 요소는 방향의 정확성(correctness), 표현의 명료함(clarity) 그리고 적시성(timing)이다. 이 책의 앞에서 이미 논했다. 이 중에서 표현의 명료함이란 '다른 해석의 여지가 없이 확실(certain)하고 이해가 쉽다(understandable).'라는 뜻이다. 그러니 표현의 명료함이란 확실성과 같은 말이다. 어? 의문이 떠오른다.

　(어라? 바로 앞서서는 표현의 단정적 확실성이 안 좋다고 말하면서 …. 표현의 명료함은 중요하다고? 그렇지, 모순이네!)

　상사가 결단해서 지시할 때는 표현의 명료함이 중요하다. 하지만 의사결정 과정에서 부하와 토론하면서 상사가 자신의 의사를 구태여 단호하고 단정적으로 확실하게 표현할 필요는 없다. 자칫 부하들이 입을 닫는다. 교정적 피드백도 그래서는 곤란하다. 자칫 부하들의 자존심에 상처를 준다.

"생각 좀 하고 살아라. 네가 실수한 거야. (네가) 이 사안을 잘못 풀었어. (너는) 제대로 좀 못 하겠니!"

상사의 이 교정적 피드백을 조금 바꿔보자.

"내가 보기에 이 문제를 좀 이상하게 푼 듯하네. 내 오해인가? 이 사안을 이렇게 접근하면 보고서가 훨씬 더 훌륭해질 듯한데. (나는 네가) 그렇게 할 수 있다고 믿는다."

이런 식으로 '좀', '듯하네' 그리고 의문 형태인 '내 오해인가?'와 같이 판단을 미루는 '유보(reservation)적' 표현 그리고 판단 전에 일단 임시로 쓰는 '잠정적(provisional)' 표현이 훨씬 더 낫다. 상대가 나와 같은 지적 수준이라면 직설적으로 말할 필요가 없다는 뜻이다. 기둥을 치면 대들보가 울리고, 변죽을 치면 복판이 울리는 법이다. 넌지시 귀띔만 해주어도 알아듣는다. 유보적, 잠정적 표현에는 우월감, 독선 그리고 평가 의도가 모두 빠졌다.

유보적이고 잠정적 표현의 또 다른 특징이 무엇일까? 너무 심한 설득이나 통제 의도가 없다. 미리 정해진 해결책도 없다. 숨겨진 동기와 속임수도 없다. 오히려 함께 머리를 맞대고 새로운 가능성을 찾자는 개방성을 나타낸다. 투명하고 열린 제안이다.[4] 부하의 자존심을 전혀 건

---

4   Rothwell, J. D. (2007). 이 책에서 필자는 소통에서의 우월성(superiority) vs. 평등성 (equality) 그리고 통제(control) vs. 문제점 위주(problem orientation)의 개념을 빌려 왔다.

드리지 않는다. 그래서 부하의 방어 본능을 낮춘다. 대신 자유로운 사고의 여지를 넓힌다. 방어행위에 소모되지 않은 에너지가 해결책 모색에 모일 수 있기 때문이다.

앞선 '쩝쩝' 소리 사례 해결책에서 (7) [내 심정 묘사 교정]은 서술적 표현이 가장 훌륭하다고 이미 언급했다. 다시 보자.

(7) [내 심정 묘사 교정] 조심스레 내 심정만 전달하자. 뒷귀가 밝으니 알아듣겠지. "너 참 맛있게 먹는구나. 부럽다. 그런데 내가 좀 불편한 듯해. 옆에서 너무 씩씩하게 밥 먹는 소리를 들으니까 그런가 봐. 아니면 이 식당이 너무 더워서 내가 불편한 건가?"

'좀 불편한 듯해.' '그런가 봐.'라고 확실한 판단은 아니라는 식의 유보적 표현 그리고 '아니면 이 식당이 너무 더워서 그런가?'라고 불편함의 이유를 다른 곳에서 찾는 듯한 잠정적 표현을 동원했다. 제시된 여덟 개 해결책 중에서 그나마 가장 세련되었고, 그래서 효과가 큰 교정적 피드백이다.

말 표현 문제: 평가적 vs. 서술적

"너는 나쁜 놈이야!" 이 말은 평가적이다. "너는 좋은 사람이야!" 이 역시 평가적이다. 부정적이냐 긍정적이냐만 다를 뿐 자기 나름의 '기준'(예: 보통 사람)과 상대를 '비교'하여 '판단(judgment)' 후 내린 '평가'다. 자, 효과적 말하기의 핵심을 잡아보자. 즉 말하기의 인품은 다음과 같다. ▶ 사람과 사람을 '비교'하지 않는다. ▶ 비교하더라도 차이 나는 그 원인을 사람의 품성에서 찾지 않는다. 즉 서투르게 '판단'하지 않는다. ▶ 설령 판단하더라도 '평가'에 조심한다. 사람의 역량 및 자질뿐 아니라 더 큰 다른 문제가 원인일 수도 있지 않은가. ▶ 평가하더라도 그것이 부정적이라면 섣불리 '표현'하지 않는다. 다음과 같이 말한다.

> "너는 나쁜 놈이야!" → "내가 깜짝 놀랐어. 네가 다른 아이의 과자를 뺏어 먹는 걸 봤기 때문이야."

수정한 말에는 다른 사람과 '비교'한 그런 개념이 없다. 나쁘다, 좋다는 '판단'도 없다. 단지 현상과 내 느낌을 있는 그대로 '서술적으로 묘사'했다. 상대는 어린아이라도 이미 스스로 판단력을 발휘하여 자신의 행동을 평가하고 있다. 즉 나쁜 행동임을 알고 있다. 선천적으로 공감 능력을 지녔기 때문이다. 그러니 그 행동이 타인에게 끼친 느낌만을 서술하자. 그 아이는 곧 반성한다. 교정에 더 효과적이다. 섣불리 표현하여 반발을 사지 않아도 된다. 말하기, 특히 효과적인 교정적 피드백의 핵심은 서술적 표현이다.

우월감으로 무장한 사람은 평가의 날 선 칼을 쉽사리 휘두르기 마련이다. 내 우월한 판단에 의하면 저 '인간'은 잘못되었으니 말이다. 부디, '업무'를 평가할지언정, '인간'을 평가하지는 말자.

"한심하다. 그만두자. 네가 무슨 일을 할 수 있겠냐!" 말끝마다 상대의 인격과 능력을 평가한다.

"이따위로 일하려면 아예 출근하지 마!" 옐로카드다. '사무실에서 아웃'이라는 살벌한 심판이다.

이런 식이다. 처음부터 끝까지 공격적으로 부정적 평가다. 존중과 예의는 없다. 비난, 평가, 심판, 공격하려니 늘 이인칭(you, 너, 당신, 자네)을 주어로 삼아 말한다.

"(너는) 한심하다." "네가 무슨 일을 할 수 있겠냐!" "(네가) 이따위로 일하려면 ⋯." "(너는) 출근하지 마!" "당신, 그 황당한 행동이 뭐야!" "자네가 잘못 이해했어."

그렇지 않은가? 위 모든 문장은 주어가 이인칭(you)이다. '너'라고 콕 집어 호명하며 쿡쿡 평가의 칼로 쑤시는 꼴이다. 상대는 무슨 생각을 하게 될까? 교정할 생각은커녕 기분만 나쁘다.

여러분은 여러분의 상사와 소통할 때 '당신은 못났다.'라는 인격적 평가나 '회사 그만두어라.'라는 등 심판의 칼을 갈아서 들고 가는가?

"사장님, 이게 뭡니까? 일 좀 제대로 할 수 있게 (당신이) 지시 좀 똑바로 다시 내려주십시오!"

아닐 것이다. 존중과 예의를 갖출 것이다. 부하에게도 그렇게 인격적으로 소통하라는 의미다. 즉 '서술(description)적 소통'이다. '평가적 소통'의 반대말이다. 나의 인격은 내 혀가 좌우한다. '말'에서 인품이 드러난다.

"내 생각에 이 분석은 참 좋은데, 내 설명이 좀 부족했나 보구나. 이 점이 좀 더 보완되면 더 훌륭해지겠어."

위 피드백에는 인격 또는 능력의 평가는 없다. 비난과 공격도 없다. 서술이란 ▶사안의 내용을 '객관적'으로 묘사하고 ▶자기 생각과 감정을 ▶'존중과 예의를 갖춰' 표현하는 소통 방법이다. 평가적 태도가 대폭 줄어든다. (물론 전혀 없을 수는 없다.) 비판과 비난이 확 줄어든다. 그러니 상대가 위협감을 느끼지 않는다. 불안감 자극도 받지 않는다. 오히려 문제 해결을 생각하게 된다.

"내(I)가 그때 황당했어. 왜냐면 ……." "내(I)가 오해를 했는데 ……."

서술적 소통은 '내가', '나는' 등 주로 일인칭(I) 주어로 시작한다. 뭔가 잘 안 됐다면, "내(my) 설명이 좀 부족했나 보구나." 그 책임을 나에게 돌리는 태도다. "내(I)가 그때 황당했어." 단순히 내가 느낀 감정을 서술하여 묘사하는 방법이다.

앞선 쩝쩝 사례의 해결책을 다시 보자. (7) [내 심정 묘사 교정]이 어떤가?

(7) [내 심정 묘사 교정] 조심스레 내 심정만 전달하자. 뒷귀가 밝으니 알아듣겠지. "너 참 맛있게 먹는구나. 부럽다. 그런데 내(I)가 좀 불편한 듯해. (내가) 옆에서 너무 씩씩하게 밥 먹는 소리를 들으니까 그런가 봐. 아니면 이 식당이 너무 더워서 내가(I) 불편한 건가?"

상대의 인격과 능력을 평가하지 않았다. 주어를 '나'로 시작했다. 즉 비난과 공격도 없다. 교정할 문제를 객관적으로 그저 묘사했다. 물론 상대가 수치심을 느낄 수도 있다. 공감의 과정에는 판단도 작용한다. 상대의 교정 효과가 수치심이라는 부작용보다는 훨씬 클 것이다. 한마디로 상대가 성인이라면 평가를 자제하자. 변죽만 울리자. 상황을 서술만 해도 상대는 알아차린다. 교정 효과가 훨씬 크다.

여기까지 '쩝쩝' 소리 해결책을 앞에 놓고서 여덟 가지 교정적 피드백을 분석했다. 효과적으로 교정하려면 다음 다섯 가지를 주의해야 함을 학습했다.

첫째, 존중과 예의라는 인간관계의 기본자세를 지켜야 한다. 그러려면 나의 우월성을 내려놓아야 한다. 우리 모두 인간은 평등하다는 신념을 갖고 있기 때문이다. 존중과 예의 없이 평등을 말할 수는 없다.

둘째, 말하기 제3원칙, 즉 지지적 피드백 확대(다음 장에서 토의할 내용임.)를 꼭 익혀야 한다. 말이 순해진다. 교정의 효과가 급증한다.

셋째, 적당한 공감 없이 교정은 불가하다. 공감능력은 모든 소통의 기본이다.

넷째, 단정적인 말 표현보다 잠정적인 말씨가 한결 더 효과적이다.

다섯째, 평가적 표현보다 서술적 말맵시의 교정 효과가 훨씬 더 크다.

위 다섯 가지 중에서, 존중과 예의 유지, 적당한 공감 작동 그리고 서술적 말 표현의 원칙 준수에는 '나 전달법(I message)'이 가장 훌륭한 방법이다. 나 전달법, 즉 일인칭 사용 화법을 좀 더 자세히 살펴보자.

일인칭 사용 화법: '나 전달법(I message)'

위에서 일인칭을 사용하여 가뜬하게[5] 말하는 예를 몇 개 들었다. 그러면 평가의 의미가 줄어든다고 했다. 쓸모가 매우 큰 교정적 피드백 기술이니만큼 좀 더 자세히 살펴보자.

---

5 (편집자 주) '가뜬하다'는 '다루기에 가볍고 간편하거나 손쉽다, 마음이 가볍고 상쾌하다.'는 뜻의 순우리말.

지나쳐! 고쳐야 해!

(1) 이인칭 주어: "너(you)는 방금 발표하면서 '정말로'라는 단어를 습관적으로 지나치게 많이 사용해. 고쳐야 해. 여기 앉아 있는 다른 사람들도 모두 그렇게 느낄 걸."

(2) 일인칭 주어: "내(I)가 자네의 발표를 들으면서 세어보니 '정말로'라는 습관어를 열다섯 번이나 사용한 것 같아."

위에서 (1)번, 이인칭 주어로 시작한 교정적 피드백의 문제는 무엇일까? 우리의 뇌리에 새겨지도록 또다시 세밀하게 분석해보자. ▶'지나치게 많이'는 부정적 평가다. 나의 판단 기준에 의하면 '너는 잘못했다.'라는 의미다. 내 판단력의 우월감이 드러난다. 상대에게 열등감을 강요한다.

▶'고쳐야 해.'는 단호하고 확실한 표현이다. 결코, 유보적이고 잠정적인 표현은 아니다. 독선적이다. 지시다. 너를 가르치겠다는 우월감이 묻어난다. 상대를 평등한 대상으로 여기면서 존중과 예의로 대하는 경우가 아니다.

▶'여기 앉아 있는 다른 사람들'까지 거론했다. 공개석상에서 질책이나 단점 지적은 하책 중 하책이라고 누누이 강조했다. 인간은 자신의 인정감 통을 채워주는 사람을 위해서 목숨을 바친다고 했다. 그 반대로 자신의 인정감 통을 채워주지는 못할망정 많은 사람 앞에서 그 인정감 통을 공개적으로 박살 내는 사람은 죽도록 밉다.

▶한마디로, 우월감을 과시하며, 즉 상대를 열등하게 보면서, 존중과

예의를 팽개치고, 다수의 힘을 등에 업고 독선적 · 평가적 · 심판적으로 말했다. 곧 상대의 방어행위, 즉 반복, 변명, 고집, 반발, 반항, 공격, 침묵 등 삐뚤른한 대거리가 곧 나타날 것이다.

반면 위의 (2)번, 즉 일인칭 주어로 시작한 '나 전달법(I message)'은 효과가 크다. ▶'나'를 주어로 삼으면, 평가적이고 심판적 표현이 준다. 질책이 아니다. 내 개인적 견해를 전달했으니, 상대는 거부감 없이 그저 관찰 사실로 받아들이게 된다. ▶'열다섯 번'이라는 관찰 데이터 제시는 관심의 깊이를 보여준다. ▶'것 같아'라는 유보적이고 잠정적 표현을 사용했다. 교정의 효과는 훨씬 더 크다.

오빠는 왜 늦게 나와!

(1) 이인칭 주어: "오빠(you)는 왜 매번 늦게 나오는 거야! 사람이 뭐 이래! 이제 내가 싫어졌어?"
(2) 일인칭 주어: "나(I)는 왜 매번 이렇게 오빠를 기다려야 해?"

(1)번은 '너(오빠)의 잘못'이라는 부정적 평가다. 사람(people)과 업무(task)를 분리하자. 사람의 인격과 능력을 함부로 평가하지 말라는 뜻이다. 어떤 말 못 할 사정이 있을지도 모른다. 반면 (2)번은 '나'의 심리 상태가 이렇다는 단순한 서술이다. 의문형으로 말했기에 표현이 부드러워졌다.(tone down) (물론 이때 시각 및 청각적 전달 효과도 중요하다. 미술관에 가서 명화 앞에 서보자. 고갱, 고흐, 모네, 백남준, 이중섭 등(가나다 순)의 화가와 소통하는 것이다. 말소리는 없지만, 감동이 밀려오지 않는가? 보통 사람에게

도 '그림' 소통은 무척 중요하다.)

"나는 왜 매번 이렇게 오빠를 기다려야 해?" 이 순간이다. 명화를 그려줘야 한다. 수긋하게[6] 떨어뜨렸던 고개를 살포시 치켜든다. 어미 잃은 아기 사슴의 슬픈 눈망울을 만들어 오빠를 올려다본다. 그리고 들릴 듯 말 듯 나지막하게 말한다. 효과는 급증한다. 오빠는 급기야 냉큼 무릎을 꿇고 사과할 것이다. 장담한다.

실적이 형편없어!

(1) 이인칭 주어: "이번 달 자네(you) 뭐한 거야? (내가 평가해보니,) 자네(your) 판매 실적이 형편없어!"

(2) 일인칭 주어: "(내가 보니,) 이번 달 자네의 판매 실적이 목표보다 떨어졌네. 왜 이렇게 된 거지? 내(I)가 어떻게 도와주면 될까?"

(1)번은 '(내가 평가해보니) … 형편없어!'라고 업무를 평가했다. '뭐한 거야?'라고 사람도 평가했다. '당신은 무능한 사람이거나 불성실한 사람이다.'라는 쓴맛을 은연중 넣었다. 변명 또는 반발이라는 방어행위가 나오기에 십상이다. 모르긴 몰라도 단지 운이 나빴거나 적성이 그 업무에 맞지 않는지도 모르는 것 아닌가? 사람 그 자체가 형편없다는 암시는 평가적이고 심판적이다. 더구나 유보적이고 잠정적인 맛이 없다. 단호한 쓴맛이 심하다.

---

6 (편집자 주) '수긋하다'는 '고개를 조금 숙인 듯하다, 흥분이 꽤 가라앉은 듯하다, 꽤 다소곳하다.'라는 뜻의 우리말.

(2)번은 인간의 성품이나 능력을 감정적으로 평가하지 않았다. 대신에 내가 보는 사실(fact)만 건조하게 서술했다. 유도형 질문과 열린 질문으로 상대가 스스로 분석, 반성 그리고 각오를 내놓게끔 만든다. '네 잘못이야.'라는 조미료를 치지 않고도 훨씬 먹음직스럽게 전달하는 교정적 피드백이다.

당신이 창문 열었지? 내가 못 살아!

(1) 이인칭 주어: "여보, 당신(you)이 밤새 창문을 열어두었지요? 내가 못 살아! 그것 때문에 내가 감기 걸렸잖아요!"
(2) 일인칭 주어: "(내가 보니) 밤새 창문이 열려 있었네요. 그래서 내가 감기 걸린 것 같아요."

기억하자. 이인칭 주어로 시작하는 (1)번 문장은 질책과 비난이 되기 쉽다. 배우자의 판단력을 부정적으로 평가했다. 계속 이런 언어 습관이라면 집안이 평온해질 리 없다. (2)번 문장처럼 늘 일인칭 주어를 사용하자. 배우자의 입에서 자백과 사과 그리고 향후 행동 교정 약속이 쉽게 나올 수 있다. (장담한다. 특히 신혼부부라면 확실히 그렇게 된다.)

일인칭 활용 시험 문제

지금 여러분은 시나브로 실력이 늘고 있다. 다음 말을 바꿔보자. 쉬운 문제다.

문제 1: "자네, 거만하고 무례하더구먼. 어제 회의에서 자네가 한 행동을 기억하나? 사람들 말을 서너 차례나 마구 자르더군."

사람의 성격(거만하다)이나 태도(무례하다)를 평가하지 말고 사람의 행위(서너 차례 말 자르기) 그 자체에 초점을 맞추어 사실을 서술(묘사)해보자. 내 가슴을 열어 내가 받은 느낌만 그대로 보여주자. 섣부른 평가 없이 말이다. 상대는 알아차린다.

"어제 회의에서 (내가) 깜짝 놀랐어. 황당하기도 했고. 사람들 발언을 자네가 서너 차례 자르는 모습을 (내가) 보았기 때문이야."

그런데 상대가 실제로, 정말로, 확실하게, 분명하게 잘못한 것이라면 어쩌나? 그럼 다음과 같이 말할 수밖에 없지 않을까?

문제 2: "(자네는) 그게 완전히 틀린 말인 걸 모르나? 아이고 답답해. 내가 이유를 설명해줄게."

평가하고 비난하는 사람의 속은 분명 시원하다. 그런 원색적인 우월함의 확인이 순수한 교육적 의도에서 나왔다고 자기 최면을 걸 수도 있다. 스스로 그럴듯한 명분을 어떻게 만들건 상대의 방어행위는 당연히 촉발된다. 교정적 피드백의 목적이 과연 반발심 초래인가? 아니면 설득과 교정인가? 목적이 뭔가? 부작용도 생각해야 하지 않을까? 초가삼간 다 타도 빈대가 죽었으니 속 시원하다고 할 수는 없다. 피드백의 제3

원칙(다음 장에서 논할 장점 칭찬과 인정)부터 사용해보자.

> "자네 말도 … 면에서는 일리가 있어. 그런데 나는 좀 달리 생각하게
> 되네. 글쎄? 이렇게 생각할 수는 없을까?"

툭하면 상대의 잘못을 평가해서 질책하는 이유는 무엇일까? 교육하려
고? 상대의 감정에 상처를 남기는 교육은 교육이 아니다. 교육은 '인내'
와 '안내'다. 조급함과 감정은 '인내'해야 한다. 타율을 강제하는 지시
보다 스스로 깨우치게 만드는 '안내'가 교육적으로 훨씬 효과적이다.
교정적 피드백을 주려는가? 부디 일인칭 주어를 사용하자. 말소리가
순하고 착해진다. 교정의 의지 전달 효과가 훨씬 더 커진다. 그러니 여
러분은 부하를 진정으로 육성하는 훌륭한 상사가 된다. 꼰대가 아니라
멘토가 되는 것이다.

세련된 교정적 피드백 방법

경험 많은 사람이 자칫 꼰대 되기 쉽다. 가르칠 것이 많아서 툭하면 가
르치려고 하니까 그렇다. 또한, 나이가 많기에 갖는 '문화적 권위' 또는
상사라는 '조직상 권위'를 가진 사람도 꼰대 되기 쉽다. 바로 우월감 때
문이다. 하지만 몸만 사리면 어쩌나. 부하육성은 상사의 임무 아닌가.
가르치기는 해야 하지 않겠는가. 교정적 피드백 제공은 의무다. 그런데
꼰대라는 손가락질을 받지 않으려면 어찌해야 하나?

그 누구이건(부하, 노숙자, 후배, 자녀 등) 상대가 성인이라면 그 앞에서 ▶우선, 권위 의식을 버리자. ▶우월감을 내려놓는다는 뜻이다. 그렇다면 ▶대등한 처지에서 상대를 존중과 예의로 대할 수 있다. ▶인간의 본능인 공감능력을 부디 놓치지 말자. 그러니 ▶인격과 능력을 모욕적으로 평가하거나 심판하려 하지 않는다. 여기까지는 인간을 대하는 자세다. 다음은 말하는 방법이다. ▶서술적인 '나 전달법(I message)'이 효과적이다. 그리고 ▶유보적이고 잠정적 표현이라는 세련된 방법을 동원하자. 그렇게 인간을 대하고 소통하면 된다. (그렇지! 언제나 원칙은 쉬워 보인다. 실천이 어려울 뿐이다.)

이러한 소통이 부하, 후배 그리고 자녀를 효과적으로 교정하고 육성한다. 직장이건 가정이건 인간관계를 풍성하게 만든다. 원만한 인간관계는 인간 행복의 원천이다. (은퇴하고 나서 후회하지 말자. 지금부터 당장 학습하자. 그러나 사실 참으로 어렵다. 쉽다면 왜 이리도 학습을 강조하겠는가.)

교정적 피드백에도 즉시성의 원칙

"자네 말이야. 다음부터는 말 좀 조심하는 게 좋겠어. 한 달 전 마케팅 회의에서 자네가 나에게 '팀장님, 그렇게 말씀하시면 꼰대같아 보여요.'라고 그랬지? 물론 농담이었겠지만, 내 상사들 앞에서 자네가 그런 식으로 나를 평가해 내가 무척 기분 나빴었다. 다음부터는 그러지 마."

상사가 여러분을 호출하더니 뜬금없이 위와 같은 교정적 피드백을 획 던졌다. 여러분은 어떤 기분이 들까? *(헉! 아니, 무려 한 달간이나 가슴속에 간직하고 푹푹 곰삭혔단 말인가! 내 실수가 그 정도였나? 무섭네!)* 아래턱은 중력이 배가되어 바닥으로 털썩 떨어지고 두 눈알은 뒤집어져 허공에 매달리게 되고 머리카락이 중력을 거스르고 천장을 향해 쭈뼛 솟을 것이다.

많은 부하가 하소연한다. 어떤 상사는 공감능력이 훌륭하다. 그러니 타인의 감정 상태뿐 아니라 자신의 섭섭함이라는 감정도 더 강렬하게 인지하고 느낀다. 그렇게 저장된 기억의 강렬함 때문이다. 종종 화를 묵혀뒀다가 어떤 계기에 한꺼번에 폭발적으로 분출한다. 심지어 삼사 년 전 사건과 그때의 서운했던 감정까지 모조리 쏟아내곤 한다. 숨겨두었던 시뻘건 용암이 마구 터져 나오는 모양새에 놀라지 않을 재간이 없다. 상사가 자행하는 과거 감정 기억의 무시무시한 소환 앞에서 할 말을 잃은 부하는 그런 상사를 '옹졸하다', '보복한다' 그리고 '뒤끝 있다'라고 생각한다. 사실, 그 상사의 공감능력이 너무나 뛰어나기 때문일지도 모르는데 ….

상대의 실수나 잘못을 교정하려는 피드백은 즉시 주어야 한다. 물론 감정 통제 능력은 기본이다. 지적할 타이밍을 놓쳤는가? 그러면 영원히 잊어버리자. 도저히 그렇게 못 하겠다면, 상대가 받을 충격을 완화하며 이야기하자.

"며칠 전 그 일이 있을 때 내가 메모를 해놓고는 잊어버렸었는데, 내가 지금 그때 느낌을 말해줘도 될까?"

효과적인 교정적 피드백 실습

소통은 이성보다는 감정이다. 가르치려는가? 교정적 피드백은 신호등의 황색 불과 같다. 조심해야 한다. 까딱하면 사고 난다. 상대의 자존감과 정체감을 흔들지 말자. 심하게 흔들면 상대는 모멸감을 느낀다. 교정 효과는 없다. 사람멀미만 일으킨다. 끝으로 다음 사례를 음미하며 종합적으로 분석해보자.

금발 아가씨와 정우성의 분노

 사례 32

내가 외국에서 유학할 때였다. 경영대학원에서 조직행동론을 수강하며 피드백의 원칙을 배웠다. 심지어 강단에 올려 세워져서 옹골차게 실습까지 '당했다.' 참으로 뼈저렸다. 피드백이라는 주제가 나오기만 하면, 그래서 다음과 같은 피드백 체험 이야기가 새록새록 떠오르는지도 모른다.

　한국에서 총각 후배 하나가 유학 왔다. 모습사리가 영화배우 정우성 뺨치겠다. 땅 넓은 줄 모르고 하늘 높은 줄만 아는지 훤칠하다. 차에 태위 슈퍼마켓으로 향했다. 후배는 담요, 냄비, 필기구 등을 손수레에 바리바리 실었다. 나를 주겠다고 부득부득 사과 봉지도 하나 집어 들었다. 계산대의 금발 아가씨가 후배에게 사분사분한 미소를 지어주었다. 포실하고 곱상하다. 아르바이트 학생인가보다.

금발 머리의 분노

"그런데 선배님, 저 노랑머리가 왜 저렇게 헤매요?"

금발 아가씨는 바코드가 없는 사과 봉지를 흡사 곰이 가재 잡듯 굼뜨게 헤집고 있었다. 풋내가 났다. 결국, 모기 눈만한 가격표를 겨우 발견하고는 손가락을 머뭇거리며 어설프게 가격을 쳐넣었다. 아이고, 10불짜리 사과를 1불로 찍고 있었다. 옥셈[7]이었다. 후배는 지적하고 싶은 듯 머무적거렸다. 금발과 나를 갈마봤다.[8]

"나를 왜 봐? 네가 이야기해."

"제가요?"

금발은 후배의 머뭇거림을 곁눈으로 보고 우리의 숙덕거림을 바람결에 들었나 보다. 파란 눈을 껌벅이더니 후배에게 방시레 미소를 보냈다. 자신의 실수를 알아챈 눈치였다.

"영어로 말해야겠지요?"

"아니, 그럼 한국말로 하냐?"

나는 건넛산 쳐다보듯 지켜봤다. 멈칫멈칫, 후배가 드디어 다문 입

---

7 (편집자 주) '옥셈'은 '잘못 생각하여 자기에게 손해가 되는 셈'을 뜻하는 순우리말.

8 (편집자 주) '갈마보다'는 '양쪽을 번갈아 보다.'라는 뜻의 순우리말. '바꾸다'라는 뜻의 '갈다'와 어원이 같다.

을 열었다.

"You are wrong! wrong!"

아뿔싸! 금발의 예쁜 미소가 찰나에 가뭇없이 사라졌다. 갑자기 포 달지게 화를 내기 시작했다. 파란 눈을 부릅뜨고 내가 뭘 잘못했냐고 꽹과리 소리를 내었다. 똥 싼 놈이 성내는 격이었다. 되술래잡힌[9] 후 배는 난생처음 코앞에서 보는 현란한 노랑머리와 파란 눈 그리고 이 해할 수 없는 외국어 속사포 앞에서 걸레 씹은 표정이 되었다. 마른하 늘에 날벼락 맞은 꼴이었다. 내가 나서서 말렸다.

---

9 (편집자 주) '되술래잡히다'는 '잘못을 빌어야 마땅한 사람에게 도리어 어이없게도 나무람을 듣는다.'라는 뜻의 순우리말.

정우성의 분노

주차장으로 나왔다. 후배의 분노는 이미 불붙은 가랑잎 더미가 되어 있었다. 씩씩거리는 푸닥거리가 사뭇 거침이 없다.

"선배님, 아니, 손님의 정직한 선의를 저렇게 악다구니로 대할 수 있는 겁니까! 미친 거 아니에요? 달밤에 널까지 뛰네요!"

"그만해라. 쓸데없이 성내면 너만 해로워. 돌부리를 차면 발부리만 아프다."

차를 타고 오면서도 분이 풀리지 않은 듯했다. 이해 못 할 세상이 자못 궁금한 듯했다.

"금발은 머리가 나쁘다더니, 역시 …. 그런데 그 노랑머리가 왜 그랬을까요?"

"내 눈에 보였어. 그 금발이 멋있게 생긴 너에게 호감을 느꼈던 게야. 내가 앉으면 삼천 리, 일어서면 구만 리를 내다보거든. 그런데 그 멋진 남자가 'You are wrong! wrong! 너 틀렸다. 잘못했다.'라고 해 댔으니 …. 금발은 거절과 배신을 당하는 기분이 들었겠지. 네가 훤칠하고 잘생겨서 그래. 그런데 말이다. 건드리지 않은 벌이 쏠까?"

"선배님, 농담은 그만하시고요. 제가 노랑머리 뭘 건드렸나요? 아닌데요. 저는 아무것도 건드리지 않았는데요. 근데 왜 벌에 된통 쏘인 거지요?"

"이 나라는 문화가 좀 다른 것 같아. 평등주의(egalitarianism) 문화야. 고개 숙여 인사하는 법이 없잖아. 18세가 넘으면 부모도 간섭하지 않고. 그래서 어느 누구에게도 절대로 You are wrong 식으로 우월한 처지에서 평가적·심판적으로 말하지 않는 것 같아. 금발 아가씨도 평생 그런 말을 듣지 않았는데 하필 호감이 가는 총각한테 들었으니 방어 본능이 나온 게 아닐까?"

"아니, 그럼 잘못을 잘못이라고 말해야지, 달리 어떻게 말하나요?"

금발 아가씨와 데이트

"이렇게 말할 수는 있지 않을까? '아가씨, 제가 잘못 봤는지 모르지만, 10불짜리를 1불로 계산한 것 아닌가요?'"

"아니, 그게 뭐가 달라요?"

"다르지. 같은 말이라도 '아' 다르고 '어' 다르니까. 크게 달라. 우월한 처지가 아니라 평등한 입장이지. 그래서 평가적 표현이 아니고 단순히 현상을 묘사하는 서술이지. 그리고 '제가 잘못 봤는지 모르지만'이 들어갔고. 또 의문형으로 표현했으니까 말하는 내가 틀릴 수도 있다는 유보적이고 잠정적 표현이지."

"아이고, 그렇게 힘들게 말하면서 살아야 해요?"

"습관이 되면 돼. 그리고 만약 네가 이렇게 말했으면 어땠을까? 칭찬부터 하는 거지. '아가씨, 언제 저와 조용한 곳에서 따로 만날까요? 제가 9불을 돌려드려야 할 것 같아서요. 방금 10불짜리 사과를 1불로 찍은 것 같아서 드리는 말씀입니다.'라고 말이야."

"아이고, 영어로 어떻게 그렇게 말해요? 그리고 그 노랑머리, 너무 독해서 싫어요."

교정적 피드백이란 나의 의지 주입이다. 상대를 가르치기 위한 것이다.

☐ 즉 상대의 가치관, 사고방식, 업무 방법 및 태도 또는 언행 습관의 교정을 촉구하는 피드백이다.

그러나 '헛된' 교정적 피드백이 되기 쉽다. 교정을 빙자해서 학대적 피드백을 줬기 때문이다.

☐ 대부분 상사는 부하를 위해 교정적 피드백을 주었다고 생각한다. '선한 의지'라고 믿는다.

- 하지만 부하는 통상 학대적 피드백을 받았다고 생각한다. 곧 방어행위를 내비친다. 감정적 앙금이 깔리고, 불신의 먹구름이 퍼진다.

☐ 교정적 피드백을 줄 때는 '선한 목적', '순수한 의도'뿐 아니라 '현명한 방법'도 중요하다.

- 훌륭한 상사가 갖추어야 할 인격 및 능력 조건이다.

교정적 피드백 제공 시 말하기 제3원칙, 즉 지지적 피드백 사용(다음 장의 주제)을 대폭 늘리자.

☐ 먼저 '장점을 찾아 칭찬'하자. 먹구름 대신 밝은 햇볕을 만드는 것이다.

- 즉 지지적 피드백(yes)은 늘 앞장서야 하고, 교정적 피드백(but)은 늘 뒤에 따라와야 한다.

☐ 상대의 인정감 통이 먼저 차게 된다면, 즉 마음 문이 열린다면, 따사로운 봄볕

이 마련된다.

- 아프고 따가운 말도 쉽게 받아들이게 마련이다.

교정적 피드백에는 부족하지도 않고 넘치지도 않는 적당한 공감능력 발휘가 긴요하다.

☐ 설득에는 이성뿐 아니라 감성도 크게 작용한다. 상대의 감정을 읽고 예측하는 공감능력도 중요하다.

☐ 반대로 공감능력이 지나치게 뛰어난 사람은 차마 필요한 교정적 피드백을 주지 못한다.

- 상대의 수치심을 쉽게 예상하기 때문이다.

☐ 공감능력을 적절히 조절하자. 지나친 수치심을 느끼지 않을 정도로 공감의 효과와 교정의 효과 사이에서 균형을 찾아야 한다.

인간을 대하는 기본자세는 평등이다. 소통도 마찬가지다. 우월감을 빼자.

☐ 상대가 법적 성인임에도 불구하고, 요청받지 않았는데도 무릅쓰고, 훈계하려는 심리의 바탕은 '우월의식'이다. (우월감과 매사 교육의 자세는 바로 꼰대의 결정적 특성이다.) 우월함은 불평등을 내포했다.

☐ 인간은 태생적으로 평등하다. 즉 인격적 '존중'과 언행의 '예의' 없이 평등을 말할 수는 없다.

- 법적 성인은 인격적 독립체다. 존중과 예의를 받을 자격이 있다.

☐ 정 가르칠 일이 있다면, 우선 내 속의 우월감이라는 잡초를 뿌리째 뽑아내야 교정적 피드백의 효과가 활짝 꽃필 수 있다.

확실한 표현 대신에 유보적이고 잠정적인 표현을 활용하자.

☐ 단정적 말 표현의 '확실성(certainty)'은 자신이 항상 옳다는 '독선적 사고'를 내비친다.

- 문제 해결보다는 복종심 주입이나 논쟁 승리가 목적이다. 세련되지 못한 유치한 소통 방법이다.

□ 상사가 결단한 후 지시할 때는 표현의 명료함이 중요하다. 하지만 부하와 토론하는 마당에서 상사가 자신의 의사를 구태여 단호하고 확실하게 표현할 필요는 없다는 뜻이다. 자칫 부하들이 입을 닫는다.

- 교정적 피드백도 마찬가지다. 자칫 상대가 자존심에 상처를 받는다.

□ '좀', '듯하네', '그런가 봐' 등과 같이 판단을 미루는 '유보적' 표현 그리고 의문 형태인 '내 오해인가?'와 같이 판단 전에 일단 임시로 쓰는 '잠정적' 표현이 훨씬 더 낫다.

- 유보적 · 잠정적 표현에는 우월감, 독선 그리고 평가 의도가 모두 빠졌다. 너무 심한 설득이나 통제 의도가 없다. 미리 정해진 해결책도 없다. 숨겨진 동기와 속임수도 없다.

- 상대가 나와 같은 지적 수준이라면 넌지시 말해도 분명 알아듣는다.

평가적 표현 대신에 서술적 표현의 습관을 익히자.

□ 우월감으로 무장한 사람은 평가나 심판의 날 선 칼을 쉽사리 휘두르기 마련이다.

- 업무를 평가할지언정, 인간을 평가하지는 말자. 그 누구건 인간에게는 존중과 예의를 갖추자.

□ 서술(description)적 소통이란 '상황을 객관적으로 묘사하고 자기 생각과 감정을 존중과 예의를 갖춰 표현하는 소통 방법'이다. 상대가 성인이라면 상황을 서술만 해도 상대는 알아차린다.

- 서술적 소통은 평가적 소통의 반대말이다. 비판과 비난이 최소화된다. 교정 효과가 훨씬 크다.

상대를 교정하려는가? 일인칭 사용 화법, 즉 '나 전달법(I message)'을 적극적으로 활용하자.

☐ 공격적으로 느껴지는 부정적 평가는 통상 이인칭(you, 너, 당신, 자네) 주어로 시작된다.

- '너'라고 부르며 쿡쿡 평가의 칼로 쑤시는 교정적 피드백은 필경 방어행위만 불러오게 된다.

☐ 일인칭 주어로 시작하는 '나 전달법(I message)'이 효과가 크다.

- 주어를 '나'로 시작하면, 비난과 공격의 표현이 준다. 교정할 문제를 객관적으로 묘사했기 때문이다.

☐ 상대의 감정에 상처를 남기는 교육은 교육이 아니다. 교육은 '인내'와 '안내'다.

교정적 피드백에도 즉시성의 원칙을 지키자.

☐ 공감능력이 뛰어난 사람은 타인뿐 아니라 자신의 섭섭함도 더 강렬하게 인지하고 느낀다.

- 그렇게 저장된 기억의 강렬함 때문이다. 종종 화를 묵혀뒀다가 어떤 계기에 한꺼번에 폭발한다.
- 부하는 그런 상사를 '옹졸하다', '보복한다' 그리고 '뒤끝 있다'라고 생각한다.

☐ 상대의 실수나 잘못을 교정하려는 피드백은 즉시 주어야 한다.

- 지적할 타이밍을 놓쳤는가? 그러면 영원히 잊어버리자.
- 도저히 그렇게 못 하겠다면, 상대가 받게 될 충격을 완화하며 이야기해보자.

부하육성은 상사의 주요 임무 중 하나다. 가르쳐야 한다. 효과적으로 가르치는 방법을 생각해보자.

☐ 지난 며칠간 부하에게 교정적 피드백을 준 적이 있는가? 자녀에게는? 기억을 살려 그대로 글로 써보자.

- 혹시 상대의 방어행위를 느꼈는가? 그렇다면 여러분이 준 교정적 피드백에 무슨 문제가 있었다고 생각하는가?

- 즉 지지적 피드백 우선 원칙을 간과한 문제였는가? 공감표현의 부족 문제? 우월감을 내비친 문제? 말 표현의 유보성과 잠정성 부족 문제? 평가적 표현 문제?

☐ 기억을 살려서 써놓은 여러분의 교정적 피드백을 다음과 같이 바꿔보자.

- 위 문제점을 제거한 후, '나 전달법(I message)'을 활용하여 서술적으로 표현해보자.

제3권 제4장

이 QR코드를 휴대전화의 QR코드 앱으로 인식하면 토론방으로 연결되어 여러 독자들이 남긴 소감을 접할 수 있습니다. 여러분의 느낌도 써주십시오. 이 책의 저자와 질문으로 소통할 수도 있습니다.

제5장

말하기 원칙 3: 지지적 피드백 사용 확대

"사람들은 곧잘 따끔한 비평의 말을 바란다고는 하지만,
정작 사람들이 마음속으로 기대하는 것은 비평이 아닌 칭찬이다.
(People who ask for your criticism want only praise.)"
—서머싯 몸(Somerset Maugham)

HOW TO BETTER USE
YOUR MOUTH

앞 장에서 우리는 혀 밑에 숨겨진 날 선 도끼를 끄집어내 제거했다. 사람멀미를 일으키는 악마적 말버릇을 기꺼이 버린 것이다. 효과적으로 가르치는 방법도 익혔다. 정확히 말하자면, 사실 아직 습관까지 되지는 않았지만, '학대적 피드백 사용 금지'와 '교정적 피드백 사용 조심'의 노력이 중요함을 깊이 인식했다.

이제 사람멀미 없는 세상을 확고히 다지기 위해서 한 걸음 더 나가자. 말하기 제3원칙은 '지지적 피드백 사용 확대'다. 한마디로, 말을 할 때 '칭찬'을 대폭 늘리자는 뜻이다.

칭찬을 별로 받아본 적이 없다. 나도 다른 사람을 칭찬하는 데 인색하다. 회사에서 '칭찬하기 캠페인'도 벌이는데 …. 잘 안 된다. 상대를 인정해주는 말이 왜 이리 힘들고 어색할까? 칭찬이란 동기유발의 원천이고, 인간관계의 윤활제인데 말이다. 궁금하다. 인간은 왜 칭찬을 그토록 갈구할까? 칭찬은 왜 그리 큰 효과가 날까? 그런데 인간은, 특히 꼰대는 왜 그리도 칭찬을 못 할까? 근본적으로 인간 본능의 이해가 필요하지 않을까? 어떻게 하면 될까? 내가 좀 달라지는 묘수는 없을까?

지지적 피드백(칭찬) 우선 원칙

학대적 피드백을 마구 던지는 습관을 버린다면, 지지적 피드백은 쉽게 나온다. 즉 우월감을 내려놓는다면, 독선을 버린다면, 상대의 장점과 강점을 먼저 찾는 버릇을 키운다면 말이다. 어린아이에게도 배울 점이 있다고 하지 않는가. 주변 사람들은 모두 능력자이고 천사다. 어찌 칭찬이 절로 나오지 않겠는가. 그런데 벌써 항의 소리가 들린다.

(아니, 부처님이 되어야 한다니! 그게 가능한 일이라고 말하는 겁니까!)

할 말이 없다. 사실 이런 인간관의 극적인 변화는 실로 어렵다. 그렇다면 우선 급한 대로 상대에게 '질책'이나 '교정적 피드백'을 주어야 할 때 'yes → but 원칙', 즉 '긍정 먼저'라는 '지지적 피드백 우선' 원칙을 습관화해보자. 점차 인간관까지도 바뀔 수 있다.

(그런데 칭찬 우선? 이것도 쉽지 않지요. 수월했다면, 저자가 이런 책을 지금 쓰고 있지도 않을 테고요.)

맞다. 칭찬하긴 해야겠는데, 애를 쓰고 기를 써봐도 참 어렵다. 왜 그

제5장 말하기 원칙 3: 지지적 피드백 사용 확대 **213**

럴까? 우선 타인의 목마름, 즉 인정 욕구를 파악하기가 곤란하니 그렇다. 사람은 갈증을 느끼면, '나 목말라. 물 좀 줘.'라고 말한다. 다른 사람에게 부탁하는 것이다. 그러나 대부분 사람은 자신이 직접 물을 떠서 마신다. 즉 갈증은 스스로 해결할 수 있는 욕구다.

하지만 칭찬 등 인정받고 싶은 갈증은 직접 해결할 수가 없다. 칭찬이란 다른 사람이 해줘야 한다. 스스로 하는 칭찬은 효과가 없다. '인정'이란 원래 '사회적 위상 인정'을 뜻하기 때문이다. 그런데 지극히 건방진 사람이 아니라면 '나를 인정해줘. 빨리 칭찬해줘.'라고 요구하지는 않는다. 아기는 배고프면 울기나 하지. 말 없는 타인의 인정 욕구를 어찌 알아채란 말인가. 도대체 뭘 칭찬하란 말인가. 칭찬이 어렵다.

그렇다면 거꾸로 나를 분석해서 인간의 깊은 속을 이해해보자. 칭찬을 받으면 왜 그리 기분이 좋을까? 그다음에 'but'이라는 교정적 피드백이 나올 줄 알면서도 왜 마음 문이 열리는 것일까? 답해보자. 칭찬할 수 있으려면, 인간의 작동 원리 이해가 선행되어야 한다는 취지의 질문이다. 나를 알아주기 때문 아닌가. 즉 '인정감' 때문이다. 인정감, 이게 그렇게 중요하다. 내 가슴속을 뿌듯한 행복감으로 듬뿍 채운다. '지지적 피드백'의 중요성을 이해하려면, 채워달라고 말 못 하는 이 '인정 욕구'란 도대체 무엇인지, 얼마나 지독한 갈증인지 자세히 살펴봐야 한다. 인간 이해다. 자, 이제 우리의 머리와 심장 속으로 들어가 본다.

인정감의 중요성

"자네, 일 참 잘했네. 대단히 훌륭해."

상사의 긍정적인 '성과 인정'이다. 인정(認定, recognition)이란 '타인이 나의 뭔가를 알아준다.'라는 뜻이다. 참으로 행복하다. 사회 속에서 내 위치를 인정받았기 때문이다.

"박 매니저, 요즘 잘 지내?"

복도에서 마주친 사장이 내 어깨를 툭 친다. (어? 사장님께서 나를 기억하시네.) 기분이 날아갈 듯 좋다. 나의 '존재 인정'이다. 이러한 '성과 인정'과 '존재 인정'은 사람을 행복하게 만든다.

긍정적인 성과 인정

인정감 투쟁

사례 33

필자가 한 청년 창업가를 자문해줬다. (40대 초반이니 요즘 세상에는 청년이다.) 필자는 질문만 했다.

"고객이 누구인가요?" "전 국민이라고? 조금 좁혀본다면? 세분화해봐요." "고객이 원하는 가치가 정확하게 뭔가요? 우선순위대로 세 개만 말해봐요."

이야기가 길어져서 저녁 식사 후 생맥주도 한잔하게 되었다.

"앞으로 뭐 하고 싶나요? 존재 목적이나 존재 가치가 뭘까요?"

회사의 미션(mission)에 관한 필자의 질문이었다. 그러자 답변으로 '자신의 존재 가치' 고백이 튀어나왔다. 이게 그 청년의 머릿속을 온전히 채우고 있었나 보다.

"다섯 살 된 지우가 엄청 예뻐요. 품에 안으면 아버지로서 의무감이 생기지요. 사업을 열심히 키워서 지우에게 존경받는 아버지, 그동안 고생한 지우 엄마에게 든든한 남편 그리고 속을 썩여드렸던 부모님께 자랑스러운 아들이 되고 싶어요."

이 청년은 자신의 가치를 확인받고 싶어 한다. 타인의 시선을 통해서 말이다. 이 청년이 말한 '타인'이란 곧 자신의 '가족'이다. 소박한 행복을 추구하는 소시민적 욕구다. 곧 가족을 넘어 사회와 국가로 사회의식을 확대할 것이다. 욕망 실현 대상의 확대 상태가 어찌 되었건, *(아, 나를 인정하는구나! 뿌듯하다!)* 이 청년의 행복은 '인정감'에서 비롯된다. 바로 인간의 그 강렬한 인정 욕구다. 그래서 인간은 열심히 공부하고, 일하고, 생각하고, 경쟁하고, 투쟁한다.

우리 모두 그렇게 살고 있다. 예쁜 유치원 교사에게 칭찬받으려고 그 선생을 쫓아다니며 열심히 닦은 이빨을 계속 들이밀었다. 부모가 기뻐하는 모습 때문에 밤새워 끙끙거리며 하기 싫은 공부도 했다. 관객들의 박수 소리에 중독되어 학교 연극반 공연을 준비하며 며칠 밤을 꼬박 새웠다. 여친에게 잘 보이려고 기를 쓰고 샤워했고 머리도 자주 감았다. 동료들의 시선 때문에 군대에서는 힘들고 위험한 일에도 앞장섰다. 조금 일찍 승진했다고 부러워하는 동창생들 때문에 술값을 마구 써도 기분이 좋았다. 마찬가지다. 그 청년도 자신의 품에 안기는 딸내미를 바라보며 훌륭한 아빠가 되기를 각오하고 있는 것이다.

인간의 욕구 속 인정감의 위치

내 딸의 신뢰, 교사의 칭찬, 부모의 감격, 관객의 박수 소리, 동료들의 부러워하는 시선 그리고 승진, 표창, 훈장 등 '인정'의 힘은 대단하다. 심지어 목숨을 걸고 적진을 향해 돌격하게 만든다. '여자는 사랑하는 남자를 위해 화장을 하고, 남자는 자신을 인정해주는 사람을 위해 목숨을 바친다.'라는 말이 있다.(주로 남성이 사회 활동하던 옛날 말이다. 요즈음은 물론 남녀 모두 목숨을 바친다.) '인정감'은 심리적으로 음식이나 물과 같다. 항상 배고프고 늘 목마르다. 그리고 인정받아야 정신적으로 생존할 수 있다. 꾸준히 섭취해야 산다.

일찍이 심리학자 매슬로(Maslow)는 인간 욕구 5단계론을 주장했다. (1) 생리적 욕구, (2) 안전 욕구, (3) 사랑과 소속감 욕구, (4) (인정감, 명예심 등) 자기 존중 욕구 그리고 (5) 자기실현 욕구. 이러한 본능적 욕구 때문에 인간은 행동한다고 보았다. 이 중 네 번째 '자기 존중 욕구'란 정상적인 인간이라면 모두 '나는 가치 있는 사람'이라는 '자기 인식'을 갖고 싶어 한다는 뜻이다. 사회적 인정 욕구다. 인간은 왜 이런 욕구를 갖게 됐을까?

인정 욕구는 인간 본능

수십만 년 전부터 집단 사회를 이루어온 인간은 열심히 노력해서 성취하고, 그래서 타인의 인정을 받고, 그러면 호르몬의 작용으로 행복감을 느꼈다. 그런 '성취 → 인정 → 행복'의 선순환을 추구하는 독특한 유전자를 지닌 사람이 많을수록 집단은 생존과 번영에 훨씬 유리했다. 목숨까지 걸고 열심히 일하는 사람이 많았기 때문이다. 그런 유전자가 다윈이 언급한 자연선택과 자웅선택으로 점점 강화되어온 것이다.

심하게 말하자면, 인간은 '자신이 집단에 중요한 존재라는 느낌'을 갖고 싶어 한다. 그래서 타인의 인정과 지지를 갈망하는 '신경증적 욕구'를 갖게 되었다.[1] 그 지독한 욕구가 충족되면, 즉 자신의 '성과(뛰어난 실적)'나 '존재(건강하고 훌륭한 외모, 성실한 사람 등)'의 가치를 타인이 알아주면, 기분이 좋아진다. 인정감 추구는 그렇게 진화된 본능이다.

그 욕구가 참으로 '신경증적'이다. 즉 대단히 심하다는 뜻이다. 타인이 자신을 더 많이 인정하고, 더 존중하며, 더 높이 떠받들기를 바란다. 앞서 살펴본 대로, 심지어 자신의 상대적 위상을 높이기 위해 모욕, 뒷담화 등으로 타인을 낮추기도 한다. 이렇듯 타인으로부터 서로 더 많은 인정을 확보하기 위한 싸움을 철학자 헤겔은 인정 투쟁(kampf um anerkennung, struggle for recognition)이라 정의했다. 인간은 생각보다 훨씬 더 타인의 욕망에 '자신을 맞추며' 살고 있다. 철학자 라캉은 '우리가 가진 욕망은 타자의 욕망'이라고 했다. 생존 본능이다. 인간은 인정받아야 살 수 있다. 인간은 인정감 때문에 산다. 인생은 인정 투쟁이다.

인정감을 원하는 본능의 어두운 그림자

햇볕이 강렬하면 그림자도 진하다. 인정 욕구가 인간의 정신과 행동에 끼치는 영향이 그토록 강렬한 만큼, 어두운 면도 매우 진하다. 마치 마약 중독처럼 다음과 같이 '인정 중독'에 걸린 사람도 많다.[2]

(더 잘하자. 모두에게 친절하고, 연락도 더 자주 하고 …. 직장, 가정, 친구, 친족, 지인 등 내 주변의 모든 사람에게 나는 완전한 인정을

---

1   클라인먼, 폴(정명진 옮김). (2015). 188쪽. 인용은 Karen Horney의 주장이다.
2   메르코글리아노, 크리스(오필선 옮김). (2014). 이 책의 저자는 부모와 교사들이 아이들을 길들이려는 충동을 자제하고 아이들 내면의 야성을 회복시켜야 한다고 주장한다.

받아야 해.) (완벽주의 유형)

강박관념, 즉 떨치지 못하는 억눌린 생각을 가진 사람이 많다. 지나치게 남의 비위를 맞춘다.(자기희생 유형) 남의 잘못은 지적하지 못하고 꿀꺽 삼킨다. 타인과의 충돌을 지극히 두려워한다.(분노 억제 유형) '모든 사람이 나를 사랑할 수 없다.'라는 사실을 수긍하지 못한다. 힘들어도 절대로 관계를 끊지 못한다.(분리 불안 유형) 참으로 피곤한 인생이다.

"100점 못 받으면 안 돼! 혼날 줄 알아!"

대부분 어릴 때 강요가 심한 부모 밑에서 길들여진 사람들이다. 부모의 요구를 충족하지 못하면 '사랑받지 못하리라는 불안감과 두려움'이 차곡차곡 쌓였다. 이 어두운 침전물이 인정 중독의 원인이다. 다음은 심리학자 앨버트 엘리스(Ellis, A.)의 지적이다.[3] 인정 중독에 걸려 지나치게 엄격해지면 종종 불안과 우울, 죄의식, 당혹감 등 신경증적 문제가 나타난다. '아니야, 그럴 필요 없어. 나는 누구에게나 인정받는 그런 완벽한 사람이 아니어도 돼!' 이렇게 자신에 대한 유연한 믿음을 가질 때만이 건강한 행동과 감정을 유지할 수 있다.

이런 어두운 그림자가 나타날 정도로 인간의 인정감 추구 본능은 강렬하다.

---

3   모든 심리학 교과서에 등장하는 인물이다. '인지행동 치료법'을 개발하였다. 예를 들어, 치료사가 '인정 중독' 환자에게 "왜 꼭 타인의 인정을 받아야 하지요?"라고 유도형 질문을 던진다. 환자는 대답을 찾으면서 서서히 이 믿음이 꼭 지켜져야 할 합리적인 이유가 전혀 없다는 사실을 깨닫게 된다. 즉 자신의 가치가 다른 사람들보다 더 크지도 않고 더 작지도 않다는 사실을 받아들이는 것이다. 결국, 무조건적 자기 수용이 치료책이다.

인정감, 오히려 자유로부터 도피

사실 평범한 사람도 주변의 시선, 즉 평가에서 완전히 자유롭기는 힘들다. 늘 체면을 생각한다. 평판도 중요하다.

(이 옷이 몸에 딱 안 붙네. 유행에 조금 뒤떨어지는 것 같은데 …. 사람들이 속으로 손가락질하지 않을까?)

오늘 입고 나간 옷도 사실 타인의 시선을 의식해서 골라 입은 것이다. 그 시대의 공통적인 옷차림 패션 속에서 나만의 독특함을 찾아내느라 옷장 앞에서 긴 시간을 보낸다. 이렇게 평생 타인의 시선과 평가를 의식한다.

그런 이유 때문이다. 심리학자 에리히 프롬(Fromm, E.)은 인간은 '내면의 완전한 자유'를 갖기 어렵다고 주장한다.[4] 심리적 자유는 자신 외에는 누구에게도 의존하지 않는 독립적 상태를 의미한다. 하지만 인간은 그렇게 만들어지지 않았다. 완전한 심리적 자유 상태는 오히려 고립과 공포, 소외 그리고 비천한 존재라는 느낌을 낳을 수 있다. 그래서 인간은 '자유로부터 도피'하려고 노력한다. 인간 본능 때문이다. 평가받는 시스템으로 들어간다. 언어도 유행어를 사용한다. 의상도 그 시대의 유행에 맞춘다. 그렇게 인간은 타인의 평가에서 결코 벗어날 수 없다. 타인의 시선이라는 감옥에 갇혀 살며, 그 안에서 주변 사람의 '인정'을 받으면서 '행복'을 느끼는 존재다.

---

4   프롬, 에리히(김석희 옮김). (2012). 개인의 자유뿐 아니라 정치적 자유 등 '외적 권위로부터의 자유'가 보장되어야 함은 물론이다. 이 글에서는 정치적 자유가 아닌 심리적 자유를 논하고 있다.

인간 해부학의 이해: 인정감 통

우리는 '인정 추구'라는 인간의 본능을 충분히 파악했다. 그림자가 진한 만큼 그 본능의 지독한 강렬함도 이해하게 되었다. 그렇다면 이제 '최신 해부학'을 기꺼이 받아들이자. 인간의 몸속을 들여다보면, 위장 바로 옆에 '인정감 통'이라는 장기가 존재한다는 사실 말이다.[5] (옛날 해부학 말고, 곧 발간된다는 '최신(?)' 해부학 책을 참고하기 바란다.)

참말이다. 모든 인간은 가슴속에 '인정감 통'을 지니고 있다. 인간은 위장을 채우려는 '식욕'만큼이나 인정감 통을 채우려는 '인정 욕구'에 시달린다. 위장이 비었다면 밥, 국, 물, 떡, 라면, 과자 등을 먹어야 한다. 하루에 세 번씩 계속 채워야 산다. 육체적 생존 때문이다.

반면 인정감 통은 행복이라는 정신적 생존과 관련된다. 이 인정감 통은 갈구한다. 공감 및 배려 · 위로 · 격려 · 사과(이상 공감의 치유 행위), 이

---

5   Williams, Richard L. (2005). '인정감의 통'이라는 개념은 이 책의 'Feedback Bucket'에서 빌려와 발전시킨 것이다.
6   공감과 달리 이해는 '깨달아 앎'이다. 이성적 사고의 결과다.
7   이민규. (2019). 10대를 위한 책이다. 타인과 좋은 관계를 맺는 법을 설명한다. 공감능력은 기본이고, 이에서 비롯된 웃음, 경청, 눈치, 사과, 감사 등이 인간관계를 맺는 중요한 연결고리라고 주장한다. 이 책의 저자는 '감사함'은 자동으로 갖게 되는 감정이 아니라고 말한다. 감사함은 판단과 선택의 의지가 작용한다. 고맙다는 느낌을 배우고 훈련해야 생겨나는 감정이다.

해,[6] 감사,[7] 애정, 관심, 경청, 승인 그리고 칭찬을 계속 채워 넣어야 한다. 인정감이 각종 에너지원이 되어 온몸 곳곳에서 계속 소비되기 때문이다. 이러한 '최신 해부학의 이해'가 인간을 대하는 우리의 기본 관점이다. 즉 인간의 몸속에 인정감 통이 존재한다는 사실을 인정하자.

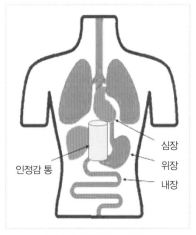

〈그림 4〉 인체 내 인정감 통

이것이 소통의 기초다. 인간관계 유지의 기반이다.

나폴레옹은 훈장 수여의 명수였다. (그 옛날에 '최신' 해부학을 어찌 이해했는지 참으로 불가사의한 일이다.) 전쟁터에 뛰어든 휘하 장병은 조그마한 쇳조각에 지나지 않는 훈장으로 자신 몸속의 인정감 통을 채우고자 앞장서 돌진했다. 목숨까지 버리는 헌신을 보인 것이다. 직장에서도 마찬가지다. 상사가 나를 믿고 중요한 일을 위임해줬다.

"이 업무, 해봐. 자네라면 할 수 있을 거야. 믿는다!"

혹 무책임하게 떠넘긴 일이 아니라면, 부하의 인정감 통은 가득 찬다. 그리고 결과를 보고했다.

(아, 상사가 고개를 끄덕이며 경청해주셨네! 칭찬까지 해주시고!)

인정감 통이 또다시 가득 찬다. 뿌듯한 행복감을 느낀다. 인간은 행복감을 느끼기 위해 타인의 인정을 끊임없이 갈구하는 존재다. 인간은 그렇게 진화했다.

텅 빈 인정감 통 채우기

여러분의 자녀가 배고픔에 허덕인다면 어떻게 하겠는가? 당연히 수단과 방법을 가리지 않고 먹을 것을 마련해줄 것이다. 그렇다면 여러분의 자녀, 배우자 그리고 부하직원이 풀 죽은 채 가슴을 부여잡고 있는 모습을 보았다고 하자. 이제 최신 인간 해부학을 이해하는 여러분은 안다. 인정감 통이 텅 빈 것이다. 수단과 방법을 가리지 않고 공급해야 할 것은 공감 및 배려, 위로, 격려, 사과, 이해, 감사, 애정, 관심, 경청, 승인 그리고 칭찬이다. "힘들었지요. 고마워요. 참 훌륭하네요." 즉 지지적 피드백이다.

이러한 지지적 피드백 중에서 가장 강력한 것이 바로 '칭찬'이다. 칭찬은 '좋은 평가'다. 즉 '훌륭한 가치의 인정'이다. 상대에게 사회 속 존재 가치를 인식하는 기회를 준다. 자기애(自己愛)를 충족시켜준다. 가장 적극적인 인정 행위인 칭찬은 흡사 야구에서 홈런과도 같다. 칭찬할 수 있는 사람은 인정감 통을 채워주는 그 외 모든 언행, 즉 각종 안타도 능히 많이 칠 수 있게 마련이다.

여기까지 인간의 그 강렬한 인정 갈증을, 심지어 어두운 그림자까지 충분히 이해했다. 이제 투시력을 갖췄다. 주변 사람이 설령 말을 하지 않더라도, 인정감 통이 비었는지 알아챌 수 있다. 지금부터 홈런 치는 방법, 즉 '칭찬'과 '칭찬의 기술'을 익혀볼 차례다.

칭찬을 잘하는 사람

주위를 둘러보자. '지지적 피드백 우선' 원칙을 과할 정도로 잘 지키는 '사람'이 있다. 즉 칭찬을 지독하게 잘하는 사람이다. 누구일까? 손주를 바라보는 할아버지와 할머니다.

"쯧쯧, 너는 왜 이렇게 팔자가 드세게 생겼니?"

손자와 손녀에게 이런 학대적 피드백을 던지는 할아버지나 할머니는 이 세상에 절대 없다. 항상 칭찬한다.

"귀엽다. 예쁘다. 잘 먹는다. 씩씩하다. 주먹도 맵구나. 싹싹하다. 똑똑하다. 나를 빼닮았다."

손주가 항상 예쁜 짓만 할까? 아니다. 말 안 듣고, 떼쓰고, 집어 던지고, 울고 …. 하지만 손주가 무슨 짓을 하건, 반응은 늘 지지적 피드백 우선이다. 손주의 인정감 통은 항상 차 있다. 심지어 이 칭찬을 손주가

칭찬하는 할아버지와 손녀

없는 자리에서도 한다. 친구들 모임에 가서도 입에 거품을 물고 손주 자랑을 하는 것이다. 10분에 1만 원이라는 거금의 '손주 자랑' 벌금을 기꺼이 내면서도 말이다.

"아가, 그렇게 떼쓰면 할머니가 마음이 아파."

이렇게 손주에게 교정적 피드백을 주면, 그것도 잘 먹힌다. 평소의 지지적 피드백이 이미 손주의 마음 문을 열어놨기 때문이다. 어떻게 이럴 수가 있을까? 손자·손녀가 무슨 짓을 해도 너그럽게 받아주는 할아버지·할머니의 심리적 특징은 '정신적 여유'다. 나이 드니 생겼다. 또한, 가끔 지나쳐서 문제지만, 손주와의 인간관계 핵심은 '사랑'이다.

'정신적 여유'와 '애정'이야말로 지지적 피드백의 전제 조건이다. 뒤집어 말하자면, 스트레스에 가득 찬 사람이 애정이 전혀 없는 상대에게 칭찬 등 지지적 피드백을 주기는 어렵다.

온종일 칭찬하는 직업

이 세상에는 온종일 칭찬하는 '직업'도 존재한다. '지지적 피드백 우선' 원칙을 가장 잘 지키는 직업이다. 입만 열면 칭찬이다. 진심으로 칭찬한다. 어떤 직업일까? 정답은 어린이집 및 유치원과 초등학교 저학년 교사다.

"손 닦고 왔네요! 잘했어요. 착한 어린이는 밥 먹기 전에 손을 닦는 거지요? 누가 또 손을 닦았나요? 아주 참 잘했어요!"

온종일 칭찬한다. 쉬지 않고 칭찬한다. 줄기차게 칭찬한다. 어린아이

유치원 원생과 교사

들에게 사회화 또는 위계질서 교육이라는 이름으로 수치심이나 모욕
감을 줄 수는 없지 않은가.

　"넌 왜 손을 안 닦니? 쯧쯧, 참 더럽고 지저분한 애로구나! 넌 커서
뭐가 될래?"

　평생 짊어질 정신적 상처를 남겨줄 수는 없다. 아동 학대는 범죄다.

　"야! 넌 왜 말을 듣지 않니? 손 닦고 오란 말이야! 빨리!"

　그렇다고 호통칠 수도 없다. 그렇다면 천방지축 어린애들의 주의를
어떻게 집중시키나? 지시를 따르게끔 어찌 '통제'하나? (사실 교육이 통
제는 아니지만.) 어린애들을 통제하기? 기본은 '인내'와 '애정'이다. 방법
은 '칭찬'이다. 인내와 애정은 교육자의 필수적인 자질 조건이다. 특히
어린애를 지도하는 교사는 더욱더 그렇다. 인내와 애정이 모두 결여된
'교육'은 말만 교육이다. 피교육생은 '학대'로 느낀다. 넋을 잃고 손주
를 바라보는 조부모처럼 설령 정신적 여유가 없더라도 좋다. 중요한 것

은 애정과 인내다. 그것 없이 칭찬은 어렵다. 즉 '애정'과 '인내'는 지지적 피드백의 전제조건이다.

유치원에 가보자. 유치원 교사들의 커뮤니케이션 특징이 눈에 뜨인다. 예를 들어보자. 결단코 다음과 같이 말하는 교사는 이 세상에 없다. (경고! 다음 글을 자세히 읽지 말 것. 어른도 질린다.)

유치원 음악의 밤 초청장

 사례 34

"내일 우리가 우리 유치원 원장님의 확고한 철학인 아동의 조기 재능 발굴이라는 교육적 목적하에 그동안 모두가 합심하여 열심히 연습해왔기에 큰 박수를 기대하면서 쭉 기다려온 '아이누리 유치원 음악의 밤' 행사를 무대에 올리는 날이니, 오늘 집에 가서 어머니와 아버지에게 오늘 방금 선생님이 여러분들에게 준 초청장을 전해드리는 한편, 동생, 할머니, 할아버지 등 모든 가족에게 내일 저녁 7시까지 우리 유치원 강당에 꼭 오시도록 말씀드리도록 해요."

절대 이렇게 말하지 않는다. 유치원 교사는 대신 이렇게 말한다.

 사례 35

"여러분~, 내일 우리가 뭐하지요? 그렇죠. 우리 어린이들~! 그동안 참으로 연습을 열심히 했어요. 선생님도 내일이 무척 기다려져요. 여러분은요? 그래요. 내일 박수 많이 받을 거예요. 아~ 그런데, 누가 제일 많이 박수받을까? 우와! 여러분 모두예요. 자 그럼, 오늘 집에 가서 엄마, 아빠에게 줄 게 있지요? 맞아요. 선생님이 준 초청장이에요. 내일 몇 시라고요? 그렇죠. 7시지요. 할머니도 할아버지도 와도 되나요? 동생이 온다고 하면 어떻게 하지요? 그럼요. 다 와야지요? 손뼉 쳐줄 사람이 많아야지요. 우리 아이누리 유치원 강당에 전부 꼭 오시라고 하세요. 내일 몇 시라고 했지요? 그래요 7시예요."

위 '지시(?)'의 특징은 세 가지다. (1) 처음부터 끝까지 서로 말을 주고받는 대화체다. 주의가 집중된다. (2) 전부 단문이다. 중문과 복문을 전혀 사용하지 않았다. 이해가 쉽다. (3) 글자 수로 따져보면 칭찬과 관련된 것이 전체의 48%다. 그동안의 노력을 칭찬하고 내일 받을 칭찬을 기대하게 만드는 내용이다. 즉 거의 절반이 칭찬이라는 점이 두드러진다. 유치원에서는 아이들을 향한 교사들 소통의 절반이 칭찬이다.

"선생님, 이거 다 그렸어요!"

아이가 형체를 알아볼 수 없는 기이한 미완성 추상화를 자신의 최종 작품활동 결과라고 자랑스럽게 제출했다.

"이게 뭐야! 낙서 아냐? 이따위를 그림이라고 주장하는 거니? 너 지금 장난하냐!"

결코, 이렇게 대꾸하는 유치원 교사는 없다.

"아이고~ 이렇게 멋진 그림을 누가 그렸나요? 지우가 그렸네요! 엄마와 아빠 표정이 살아 움직이네요. 정말 잘 그렸어요!"

억지로 하는 칭찬이 아니다. 사랑하면 눈병에 걸려 눈에 콩깍지가 낀다고 한다. 콩깍지 낀 유치원 교사의 눈에는 실제로 그렇게 위대한 명화로 보이는 것이다. 정말일까? 이 대목에서 의문에 가득 찬 질문이 들린다.

(교사들이 언제나 무조건 칭찬한다고요? 그렇다면 생떼를 부리는 아이도요? 정말로 그런 개차반도 칭찬하나요?)

이런 질문이 나올 줄 알았다. 그래서 미리 유치원에 가서 오랫동안 관찰도 했다.

생떼 부리는 아이도 칭찬?

 사례 36

세상에! 유치원 교사는 그런 아이도 칭찬한다. 정말이다. 예를 들어보자. 엄마 손 잡고 유치원 문 앞까지 씩씩하게 온 통통한 남자아이가 억지 생떼를 쓴다. 엄마도 함께 교실에 들어가자는 막무가내식 주장이다. 엄마가 출근해야 한다고 달래면, 엄마 치맛자락을 잡고 통곡을 시작한다. 이별의 슬픔이 엄청나게 시끄럽다. 자칫 아동 학대 범죄 현장인 줄 오해 사겠다. 이 장면에서 유치원 교사가 개입한다.

"진우가 엄마랑 헤어져서 속상해요? 아이고, 그렇구나? *(공감 우선이다.)* 그런데 우리 진우가 힘들어도 유치원에 씩씩하게 시간 맞춰 왔네요. 어쩌면 이렇게 착해요! *(칭찬이다.)* 조금 이따가 엄마에게 전화해볼까요? 진우가 잘 놀고 있다고 말해주면 엄마가 무척 기뻐할 거예요. 그렇지요? *(협상이다.)* 씩씩한 진우, *(칭찬이다.)* 이제 들어갈까요? 엄마에게 손 흔들어주고요! 참 잘하네요. *(칭찬이다.)*"

칭찬 때문에 아이들은 교사 말을 듣는다. 지시가 아니라 칭찬이 통제 수단이다. 강아지는 먹이 주는 사람을 따른다. 인간은 인정감 통을 채워주는 사람을 따른다. 인간 본능이다. 본능은 변하지 않는다. 어른도 마찬가지다. 칭찬하면, 생떼를 쓰는 부하도 달라진다.

칭찬 못 하는 다섯 가지 이유

유치원 교사가 아니라면, 머리에 하얗게 서리가 내리고 드디어 손주가 태어나기 전까지 우리는 참말로 칭찬을 못 한다. 이유는 많다. 칭찬거리가 눈과 귀에 들어오지 않는다, 칭찬하기가 낯뜨겁다, 효과적인 칭찬 기법을 아예 모른다, 등등등. 우리의 눈, 귀 그리고 무의식 속에 칭찬을 억제하는 필터가 장착되어 있음이 분명하다. 이제 다음과 같은 다섯 가지 억제 장치의 정체가 과연 무엇인지 끄집어내 분석하자. 그래서 고쳐보자.

다섯 가지 칭찬 불가 이유

1. "칭찬할 게 있어야 칭찬하지요." **칭찬받을 자격 조건 의심 문제**
2. "나는 실컷 칭찬했는데, 왜 안 했다고 ….." **애정, 관심, 관찰 부족 문제**
3. "나는 아부 못 해요." **칭찬과 아부의 혼동 문제**
4. "칭찬하면 기어올라요. 기대만 높아지고요." **칭찬은 조직관리에 장애라는 오해 문제**
5. "닭살 돋아서 못 해요. 난 원래 그래요." **선천적 칭찬 불가 성격 문제**

첫째, '칭찬할 게 있어야 칭찬하지요.'

필자가 강연할 때마다 꼭 나오는 질문이다.

"강사님, 알겠습니다. 그런데 도저히 참을 수가 없어서 질문하는데요. 아니, 부하나 자녀나 배우자나 칭찬할 게 있어야 칭찬하지요. 칭찬할 게 없는데 뭘 어떻게 칭찬하라는 말씀입니까?"

칭찬이 불가능하다는 가장 흔한 이유는 칭찬하고 싶어도, 칭찬받을 자격을 갖춘 사람이 자기 주변에 없다는 현실적인 지적이다. 그런데 '상대의 칭찬받을 자격 조건' 문제 이전에 '상대를 칭찬할 수 있는 나의 품성 및 역량 조건' 여부를 우선 따져보자. 앞서 손주와 어린아이들을 칭찬하는 조부모와 유치원 교사의 조건을 말했다. 조부모의 '애정', '정신적 여유'(필자는 공감을 설명하며 '심리적 유연성'이라 표현했다.) 그리고 유치원 교사의 '애정'과 '인내심' 말이다. 이게 없으면 진심에서 우러나온 칭찬은 절대로 하지 못한다.

내가 갖출 칭찬의 조건: 정신적 여유, 인내심, 애정으로 곳간 채우기

정신적 여유, 인내심, 그리고 애정! 이 세 가지 칭찬의 조건은 모두 연결되어 있다. 취미생활이나 정기적 운동으로 스트레스를 관리하면 (또는 신앙의 힘을 빌리면) 마음이 비워지면서 정신적 여유가 풍성해진다. 그러면 어지간해서는 쉽게 분노하지 않는다. 인내심도 좋아진다. 곳간에서 인심이 난다고 했다. 정신적 여유와 인내심이 가득하면 눈빛에서 따스한 애정이 쏟아져 나온다. 사랑하는 사람에게는 칭찬할 것만 보이게 된다. 거꾸로 말하자면, 참을성 없는 사람이 스트레스에 가득 찬 상태라면 주변 사람은 모두 노여움의 대상이 된다. 칭찬이 한마디도 나올 리가 없다.

곳간이 가득 차야 한다. 칭찬할 수 있는 품성 및 능력 조건은 속이 가득 차야 한다는 것이다. 아름다운 것으로 말이다. 한마디로 '인간적 성숙'이다. 상대가 특별히 뭘 어찌해서가 아니다. "칭찬할 게 있어야 칭찬하지요." 이는 성숙하지 못한 인격의 변명이다. (이 말을 하긴 하지만, 필자도 조금 찔린다. 필자는 사실 인격적 성숙을 추구하기보다는 스트레스 해소를 위한 운동을 열심히 했다.)

상대의 칭찬받을 자격 조건?

내 주변 사람이 갖춰야 할 칭찬받을 자격 조건은 뭘까? 사실 없다.
   (당신이 예쁠 때만 사랑할게. 당신이 주름살 생기고, 배 나오고, 병들면 나는 가차 없이 떠날 거야.)
   조건부 또는 거래적 애정은 진정한 애정이 아니다. 애정, 정신적 여유 그리고 인내심은 조건에 따라 각기 달리 발현되는 것은 아니다. 성숙한 인격이라면 말이다.

"매일 제시간에 출근하고, 늦지 않게 보고하는 것 등은 직장인으로서 당연한 행동 아닙니까? 그런 게 무슨 칭찬거리가 됩니까?"
   나라를 구한 행동만 칭찬하는 것은 아니다. 유치원으로 돌아가서 다시 배우자. 손 닦는 당연한 행동을 교사는 칭찬한다. 잘못했으면 교정적 피드백을 주는 빈도와 강도만큼, 잘했다면 당연히 지지적 피드백을 주어야 한다. 칭찬거리는 널려 있다.

"아니, 매일 지각하는 직원을 어찌 칭찬합니까?"

참자. 인내하고 기다리자. 언젠가는 칭찬해줄 날이 올 것이다.

"정말 대단하네. 오늘 이렇게 제시간에 와서 일하는 걸 보니 동료들이 크게 자극받겠어. 훌륭해!"

시인 이채가 「마음이 아름다우니 세상이 아름다워라」라는 시에서 답했다. '밉게 보면 잡초 아닌 풀이 없고 / 곱게 보면 꽃 아닌 사람이 없으되 / 내가 잡초 되기 싫으니 / 그대를 꽃으로 볼 일이로다 …. 마음이 아름다운 자여! / 그대 그 향기에 이 세상이 아름다워라'

어린아이들은 종종 난장판을 친다. 그런 악조건에서도 교사는 칭찬하지 않는가? 인간을 어떻게 바라보느냐는 오직 우리의 시선에 달려 있다. 즉 인간관 문제다. 『1cm 첫 번째 이야기』의 저자 김은주는 '장점을 보지 못하는 단점'을 지적했다. "영웅의 위대함을 보지 못하는 자가 있다면 그는 아마 영웅 가까이 있는 자일 것이다. 많은 사람이 의외로, 가까이 있는 사람의 장점을 보지 못하는 단점을 가지고 있다."[8]

조선 초기 무학대사의 다음 말을 들어보자.

---

8   김은주. (2014). 146쪽.

돼지의 눈과 부처의 눈: 칭찬의 마음

 사례 37

태조 이성계가 무학대사에게 농을 쳤다.

"대사의 모습이 마치 돼지 같구려."

무학대사가 응답했다.

"제 눈에 전하께서는 부처님으로 보입니다."

그리고 덧붙였다.

"돼지 눈에는 돼지만 보이고, 부처 눈에는 부처만 보입니다."

두 사람은 껄껄 웃었다고 한다.

배고픈 돼지와 성불한 부처의 눈에 세상은 각기 달리 보이리라. 사람은 눈(目)이 아니라 마음(心)으로 다른 사람을 본다. 자신의 마음이 '널찍'하고 '깨끗'하고 아름다우면 타인의 장점과 세상의 밝은 면이 보인다. 정신적 여유와 인내가 마음을 '널찍'하게 만든다. 순수한 애정이 마음을 '깨끗'하게 만든다.

그런데 우선 마음의 눈이 떠져야 한다. 상대를 자신과 대등한 사람으로 보는가? 아니면 자신은 임금이고 상대는 인간도 아닌 돼지로 보는가? 독자 여러분은 의구심이 생길 것이다.

(그렇다면, 현실적으로 주변 사람을 칭찬하려면 내가 도통해서 무학대사 급이 되어야 하나요?)

그렇지는 않다. 단지 자신의 '우월감'을 내려놓으면 마음의 눈이 떠진다. 비로소 질책 대신 칭찬할 수 있다. 이것을 절대 못 하는 사람이 바로 '꼰대'다. 괴테가 말했다. '타인의 훌륭한 면도 찾을 줄 알아야 한다. 그러면 남을 칭찬할 수 있다. 그것은 타인과 자신을 동등한 인격으로 생각했기 때문이다.'

'칭찬할 게 있어야 칭찬하지요.'라는 자기변호 전에 자신의 역량을 돌아보자. 곳간은 정신적 여유와 인내심으로 가득 찼는가? 마음이 아름다워 애정의 눈빛이 나는가? 결국, 나의 인격적 성숙의 문제다.

자, 여기까지는 '아예 칭찬할 가치가 없는 사람에게 어찌 칭찬하라고 강요하느냐.'라는 항의를 따져보았다. 상대가 아니라 자신의 문제였다. 자신의 인격적 곳간이 텅 비어 있음이 문제였다. 널찍하고 깨끗하지 못한 마음의 문제였다.

둘째, '나는 실컷 칭찬했는데, 왜 안 했다고 그러나요?'

다음은 '칭찬을 많이 하긴 하는데, 왜 안 했다고 자꾸 타박하느냐.'라는 항변을 분석할 차례다.

수년 전 미국의 조사 결과다.[9] 고급 간부들에게 "부하의 동기를 북돋기 위해 칭찬하느냐?"라고 물었다. 84%의 상사가 칭찬한다고 답했다. 한편 부하들에게 "상사에게서 칭찬받느냐?"라고 물었다. 단지 32%만 칭찬받는다고 답했다. 상사들이 생각하는 칭찬의 절반 이상인

---

9   채프먼, 게리. (2012).

62%((84−32%) / 84×100))가 전혀 효과가 없었다. 칭찬한 사람은 있는데, 칭찬받은 사람은 채 절반도 안 되는 현상이다.

　이유는 두 가지다. ▶칭찬의 개념이 서로 다르다. "흠, 이번에는 조금 제대로 했군." 종종 칭찬이 아닌 냉소적 조롱을 해놓고 상사는 오히려 칭찬으로 생각한다. ▶"음, 좋아요." 관심을 기울이지 않고 또한 관찰 노력 없이 단지 무의미한 피드백을 주었다. 상사는 칭찬이라고 생각하지만, 부하는 칭찬이라고 생각하지 않는다. 왜 이렇게 칭찬 아닌 칭찬을 칭찬이라고 생각하고 줬을까? 아니, 왜 상대의 기대감을 조금도 채워주지 못하는 것일까?

애정, 관심, 관찰 부족 → 칭찬 불가

칭찬은 귀로 먹는 보약이다. 하지만 무의미한 피드백, "그래 잘했어." "좋아." 이는 칭찬이 아니다. 입에 발린 말(lip service) 또는 하나 마나 한 '속 빈말'이다. 근거나 구체성이 상실되었기 때문이다. 속 빈 칭찬은 보약이 아니다. 그러니 상사는 칭찬했다고 생각하는데 부하는 칭찬받은 적이 없다고 생각하는 칭찬 수급(需給, supply and demand)의 비대칭 현상이 나타난다.

칭찬의 조건, 구체성

꽉 찬 칭찬이란 평가의 근거가 튼튼하고 구체적이어야 한다. 그래야 부하의 인정감 통을 채울 수 있다. 진정한 칭찬은 오직 관심과 관찰에서 나온다. 『칭찬의 기술』이라는 책의 사례가 이 관심과 관찰 그리고 그 결과로써 나타나는 구체성을 칭찬의 조건으로 강조한다.[10]

> 존이라는 선수가 안타를 쳤다. 감독은 이렇게 말한다. "존, 자네는 천재야!" 그렇지만 존의 표정에는 전혀 변화가 없다. 그저 담담히 "고맙습니다, 감독님." 하고 대꾸할 뿐이다. 아차, 이건 아니다 싶어 감독은 고심한다. 얼마 후, 다시 존이 안타를 친다. 이번에는 감독이 다른 표현을 시도한다. "존, 낮게 들어오는 공을 잘도 올려 치는군." 존이 어렴풋이 미소를 흘리자 감독은 생각한다. '이것(이 칭찬)이다.'라고.
> (45-46쪽)

애정 → 관심 → 관찰 → 칭찬

앞서 '칭찬할 게 없어서 칭찬을 못 한다.'라는 말은 성립이 안 된다고 말했다. 인간을 보는 시선이 바뀌어야 한다고 설파했다. 다른 측면에서 보자. 칭찬할 게 없다는 말은 관찰이 부족하다는 고백이다. 사랑의 늪에 빠진 베르테르는 로테의 표정 하나, 몸짓 하나에 눈을 떼지 못한다. 정밀한 관찰이다. 관심과 애정 때문이다. 그래서 뜨거운 심장 속에 온갖 관찰 결과를 집어넣고 정성껏 우려내어 격정적인 칭송의 시를 읊조린다. 마찬가지다. 구체성의 원칙을 지켜 칭찬하려면, 평소에 부하를 관찰해야 한다. 관찰은 관심에서 비롯된다. 관심은 애정에서 솟는다.

---

10   스즈키 요시유키(최현숙 옮김). (2003).

즉 다음의 선·후행 관계가 성립한다.

[애정 → 관심 → 관찰 → 칭찬]

애정의 측정 지표

부하들을 과연 내 친동생이나 자녀처럼 여겨서 '애정'으로 대하는가? 이게 관건이다. "아~, 입을 좀 벌려보십시오." 리트머스 시험지로 입 속의 침을 채취해서 부하에게 과연 애정을 가졌는지 측정할 수 있다면 좋을 텐데. 필자는 그 측정이 가능하다고 생각한다. 이는 부모가 자녀에게 가진 애정의 지표와 똑같다. ▶부모는 자녀가 추위에 옷은 제대로 입고 다니는지 걱정한다. ▶허리띠를 졸라매며 돈을 모아 자녀 교육에 투자한다. ▶인내하고 인내하며 예민한 사춘기 자녀와 대화하려고 애쓴다. 마찬가지다. 부하에게 애정을 지녔는지 여부의 측정 지표는 세 가지다. ▶부하의 복리후생에 관한 관심 정도, ▶부하육성에 관한 관심 정도 그리고 ▶부하와의 면담 빈도와 깊이다.

　여러분이 만약 부하가 출퇴근을 얼마나 힘들게 하고 있는지 알고, 부하의 경력관리와 교육을 우선시하며, 지속적으로 면담해서 부하의 욕구와 애로사항도 꿰차고 있다면, 정말 이 정도라면, 당연히 속 찬 칭찬이 가능해진다. 인재관리는 애정이다. 우리 모두 인재가 최대 자산이라고 주장한다. 알긴 알아도 그 주장만큼 부하들에게 애정과 관심을 쏟지 못하는 실정이다. 그러니 관찰 부족이 현실이다. 칭찬다운 칭찬을 못 하는 것이다.

나태주 시인의 「풀꽃」을 음미해보자.

'자세히 보아야 예쁘다 / 오래 보아야 사랑스럽다 / 너도 그렇다'

애정과 관심을 지니고 관찰하자. 칭찬다운 칭찬이 가능해진다. 입에 발린 말(lip service) 또는 하나 마나 한 '속 빈말'이 아닌 근거와 구체성이 튼실한 칭찬다운 칭찬 말이다.

셋째, '칭찬? 그거 아부 아닌가요? 나는 아부 못해요.'

칭찬하라면 고개를 내젓는 사람도 있다. 칭찬과 아부를 같은 개념으로 여기기 때문이다. 칭찬 못 하는 세 번째 흔한 이유다.

(칭찬하라고요? 부하들의 비위를 맞추고 환심을 사라고요? 알랑거리란 말인가요? 원 참, 저는 천성적으로 결코 빌붙는 따리꾼이 못 되는데요.)

아부나 아첨이 칭찬과 다른 점이 뭘까? 사실 엄밀한 구분은 어려우나, 두드러진 차이점은 세 가지다.

첫째, 날조, 미화, 과장 그리고 높은 빈도

"팀장님께서는 능력도 엄청 뛰어나시고 또 우아한 미모도 대단하십니다!"

▶만약 그 부서의 매출 및 이익이 계속 떨어지는 상태라면 '능력도 엄청 뛰어나시고'라는 표현은 현상 날조다. ▶객관적으로 볼 때 외모도

지극히 평범하다면 '우아한 미모도 대단하시다.'라는 칭송 또한 너무 심한 미화 또는 과장이다. 그렇다면 아부다. 즉 현상 날조, 지나친 미화, 과장은 비나리치기[11]다. ▶설령 날조와 과장이 아니더라도, 팀장을 만날 때마다 이런 말을 계속한다면, 빈도가 너무 심하다. 이 또한 아첨이요 빌붙기다. ▶조작과 과장이 심하기에 동료들이 있는 자리에서는 낯 뜨거워서 차마 할 말이 아니라면 이는 분명 따리[12] 붙이기요. 알랑거리기다.

▶아부는 날조, 미화, 과장 그리고 빈도가 심한 낯 뜨거운 평가다. ▶반면 칭찬은 '합당할 만큼 인정'해주는 평가다. 그러니 칭찬이 지나치면 당연히 아부다. 사실 필자는 부하의 역량이나 실적을 날조, 미화 또는 과장해서 자주자주 낯 뜨겁게 표현하는 상사를 못 보았다. 부하에게 아부할 필요가 없으니 말이다. 합당하게 인정하면 충분하다.

둘째, 선물과 뇌물의 차이

▶둘째, 목적이 다르다. 아부의 본질은 대가를 기대한다는 점이다. 반면에 칭찬은 상대의 동기를 유발하려는 순수한 목적을 지녔다. 선물과 뇌물이 다른 것처럼 대가성 여부가 차이다. 칭찬이 선물이라면 아부는 뇌물이다.

---

11 (편집자 주) '비나리치다'는 '아첨하여 남의 환심을 사다.'는 뜻의 순우리말. 참고로, 비나리: 걸립패의 마당굿 끝판에서 관객들로부터 곡식이나 돈을 상 위에 받아놓고 축복을 비는 고사 문서 또는 그것을 비는 사람.
12 (편집자 주) '따리'는 '알랑거리면서 남의 비위를 맞추는 짓이나 말'을 뜻하는 순우리말.

『아부의 기술』을 쓴 스텐걸은, 아부는 자신의 이익을 위해 다른 사람을 높이는 일종의 현실 조작이며, 미래의 좋은 결과를 기대하고 행하는 의도적인 거래라고 주장한다.[13] 그러니 일종의 처세술인 아부의 상대는 부하가 아니다. 주로 자신의 상사가 될 수밖에 없다.

셋째, 진심 여부

▶셋째, 아부는 진심이 뒷받침되지 않은 평가다. 지극히 평범하게 생긴 여자의 두 손을 잡고 남자가 속삭인다. 옆에서 내가 들었다.

"니는 우찌 이리 이쁘노. 우리나라 최고 미인이다. 니를 볼 때마다 내가 색안경 껴야 한다. 눈이 너무 부시다!"

아니, 동네 미인이라면 몰라도, "우리나라 '최고' 미인"이라니! 이는 분명 과장이다. 그렇지만 아부라고 하지 않는다. 사랑이라고 한다. 진심이 담겼기 때문이다.

즉 아부는 이익 추구에서 비롯된 말로서, 진심을 담고 있지 않다. 대신 뭔가 대가를 기대하면서 날조와 과장으로 가득하다. 진심이 아니다. 어렵지만 이제 칭찬과 아부를 구분할 수 있다. '아부 아닐까?'라는 걱정을 물리치자. 부하를 칭찬하지 못하는 변명 하나를 제거했다. 이제 걱정하지 말고 진심을 담아 합당할 만큼 인정해주자. 정당한 긍정적 평가만 해줘도 충분하다. 사무실 분위기가 바뀐다.

제5장 말하기 원칙 3

---

13 스텐걸, 리처드. (2006). 이 책에서는 아부를 '전략적 칭찬, 즉 특별한 목적을 추구하는 수단으로서의 칭찬'이라고 정의하였다.

넷째, '칭찬을 자주 하면 기어오를 텐데요.
기대만 높아지고요.'

칭찬하지 못하는 네 번째 이유는 '칭찬은 엄하고 일사불란한 조직 관리
에 결코 도움이 되지 않는다.'라는 권위주의적 인식이다. 따져보자.

'보고'에 관한 강연을 하던 중에 필자가 다음과 같은 질문을 받은
적이 있다.

"인생에서 가장 어려웠던 '보고'가 뭐였나요? 어떻게 했나요?"

무서운 상사에게 쓴소리 하기

 사례 38

내가 어떤 광역자치단체의 정무부시장 시절이었다. 시장에게 쓴소리
하는 보고를 해야 했다. 칭찬은 절대 못 하는 '무서운(?)' 시장이었다.

국장, 과장들의 하소연이 심했다.

"시장님이 너무 무섭습니다. 보고할 때마다 뭐라도 트집이 꼭 잡힙
니다. 항상 깨집니다. 칭찬은 절대 없습니다. 부정적인 평가와 질책 일
색입니다. 시장님께서 눈을 똑바로 쏘아보며 잘못을 지적하면 소름이
돋습니다. 머릿속이 하얗게 되어 변명도 못 하는 경우가 태반입니다.
혼쭐이 빠진 후 시장실에서 나올 때 몸이 얼어붙어서 허깨비 걸음으
로 허둥지둥하다가 출구를 못 찾아 헤맬 때도 많습니다. 스스로 바보
같다는 자괴감이 심합니다."

내가 시장실로 진군했다. 시장과 아들뻘의 부시장은 스스럼없고 한

올졌다.[14] 그런데도 나는 평소와 달리, 긴 테이블의 끝부분에 앉아 몸과 의자를 출구 쪽으로 돌린 자세였다.

"남 부시장, 와 그리 멀찌감치 떨어져 앉아 그라노? 이리 옆댕이로 와요."

"시장님께 고언을 드리려 하는데, 만약 시장님께서 화를 내시거나 뭘 집어 던지실 기미가 보이면 잽싸게 도망치려고 그럽니다."

"허허허, 뭔 말을 할라꼬?"

나는 시장의 안목과 통찰력은 훌륭하나, 칭찬은 한마디도 없고 항상 잘못만 지적하니 간부 공무원들이 공연히 트집 잡히는 듯 느낀다고 지적했다. 부하들에게 무섭게 화 좀 내지 말라고 목소리를 높였다. 그들이 전부 얼어붙었다고 현실을 설명했다. 군기 잡는 초기 단계도

---

14 (편집자 주) '한올지다'는 '한 가닥의 실처럼 매우 가깝고 친밀하다.'라는 뜻의 순우리말.

지났으니, 이제 칭찬 좀 많이 해서 부하들 사기 좀 살려주라고 조언을 드렸다.

"아니, 근데 남 부시장, 칭찬하라꼬? 상사가 좀 엄격해야제, 안 그러믄 부하들이 버릇없이 굴고 머리 위에 올라앉는다 아이가. 오냐오냐 떠받들기만 하면 삐뚜로 나가게 되는 기라. 그리고 몰아치지 않으면 일을 지대로 단디 하지 않는다 아이가."

"시장님, 국장이나 과장들도 다 똑똑한 사람들입니다. 왜 칭찬할 일이 없겠습니까? 귀신같이 잘못만 찾아 화를 내며 지적하시니, 이는 공포 조장(fear-driven) 리더십입니다. 부하들은 '실수하지 않기'에만 애쓰게 됩니다. 위험부담이 큰 창의력은 절대 발휘하지 않게 됩니다. 보신주의 문화가 만들어집니다. 통촉하시옵소서~. 분명한 것은 언어폭력도 폭력이라는 겁니다. 계속 이러시면 다 사표 내고 도망갈 겁니다. 이제 제가 도망갑니다!"

"아니, 남 부시장, 말하다 말고 어딜 가노!"

나는 뒤도 안 돌아보고 잽싸게 시장실에서 뛰쳐나왔다.

몇 차례 목숨 건 고언 덕분에 다행히 시장은 많이 달라졌다. 하긴 초기 몇 달간은 군기 잡겠다고 작심하고 일부러 그랬던 모양이다. 분위기를 풀어주었다. 충언을 들어준 시장님도 참으로 대단한 분이다.

질책이 조직관리 수단?

위 사례는 시장이 작심하고 일부러 그런 것이니 예외적이다. 여러분은 질책을 곧 통제 수단으로 삼는가? 공포 조장 리더십이, 위 사례에서 언급한 많은 단점에도 불구하고, 정말로 가장 효과적인 조직관리 수단이라고 생각하는가? 부하들의 나태함을 예방할 수 있고, 기어오르지 못하게 엄한 규율성을 확보할 수 있다고 생각하는가? 그래서 의도적으로 칭찬을 삼가는가? 물론 절대 아니라고 답할 것이다.

그러나 부하직원들의 인식은 다르다. 앞서 제1권에서 언급한 국가인권위원회의 조사에 의하면 안타깝게도 우리나라 직장인의 25.6%가 '나의 직장에서는 괴롭힘이 성과 향상 수단으로 활용되고 있다.'라고 생각한다.[15] 쇠사슬에 묶여 절대 도망 못 가는 노예들에게나 쓸 수단이다. 결코, 직업 선택의 자유를 마음껏 누릴 능력 있는 사람들에게 쓸 수단은 아니다. 유능한 사람일수록 다 도망가기 때문이다.

사실 가정에서도 자녀에게 매일 오냐오냐 칭찬만 할 수는 없다. 기고만장한 사람이 되어버린다. 그렇다고 매일 질책과 구박만 해대면 어떻게 될까? 실험해보지 않아도 안다. 자존감과 자신감을 잃어버려 움츠러든 둔재가 되기 십상이다. 언제나 중요한 것은 균형이다.

따스한 애정과 엄격한 통제는 공존이 불가능할까? 아니다. 둘 다 필요하다. 단, 이 둘이 조화를 이루어야 한다. 부하들과 각자 목표를 상세히 설정하는가? 냉혹하게 평가하는가? 정확한 피드백을 주는가? 평가 결과를 승진, 보상, 교육 그리고 이동관리에 철저하게 반영하는가? 이러한 강력한 통제 시스템이 작동한다면, 애정, 관심, 관찰에서 우러나

15 김정혜. (2018). 3쪽.

온 칭찬을 한다고 해서 부하들이 머리 위로 기어오르지 않는다. 이렇게 말하는 와중에 계속해서 질문이 들어온다.

(강사님, 그건 그런데, 칭찬을 자꾸 해대면 부하가 잔뜩 기대하게 되지 않을까요? 즉 '아, 또 칭찬받았네. 연말 평가 점수가 대단히 높아지겠군.'이라고 부하가 기대감을 잘못 키우면 어떻게 합니까?)

기대치 인플레이션 우려?

칭찬을 아껴야만 '부하 머릿속의 평가 점수 기대치'를 관리할 수 있다는 말인가? 그렇다면 부하에게 목표 대비 실적 상황을 늘 주지시키면서 칭찬할 수밖에 없다. 그런데 칭찬이 인간을 춤추게 만드는 법이다. 칭찬이 실적을 올린다.

(목표 설정이 어려운 그런 일도 있지 않습니까. 예를 들어 행정의 '목적'이 주민들의 행복 증진이라면 구체적인 '목표' 설정이 곤란하지 않습니까? 어떡하지요?)

목표 설정이 불가능한 그런 업무는 없다. 구체적인 목표는 합의하여 반드시 부하의 머릿속에 걸어놓아야 한다. 객관적으로 측정할 수 있어야 하고, 측정할 수 있기에 평가가 가능한 것이 목표다. 예를 들어, 고객(주민) 만족도 점수를 목표로 설정하면 되지 않는가. 그런 측정 및 평가 시스템을 만들 수 없고, 따라서 목표도 세우지 못하겠고, 그러니 칭찬도 못 하겠다면, 더 이상 할 말이 없다. 치밀한 달성 목표 설정과 선진화된 측정 및 평가 시스템 구축은 경영의 기본이다. 한마디로, 칭찬해주면 부하가 기어오르고 공연히 평가 기대치가 높아질 것이라는 우려는 막연한 공상이다. 제대로 된 경영 시스템을 갖췄다면 말이다.

다섯째, '칭찬? 닭살 돋아서 못해요. 난 원래 그래요.'

마지막 이유는 칭찬하지 못하는 선천적 '성격' 문제다. 물론, 태생적으로 무뚝뚝한 성격을 잘못됐다고 흠잡을 수는 없다. 근엄한 지역사회 문화의 영향을 필자도 인정한다. 칭찬을 절대 못 한다고? 참말로? 좀 해보라고 포박해서 형틀에 앉혀놓고 뜨거운 인두로 지지고 주리도 틀어보자. 그래도 입 밖으로 칭찬 한마디 절대 새어 나오지 않을, 그런 사람이 있긴 있다. 근엄한 유교 문화의 영향일 것이다. 엄한 부모 슬하에서 자랐다. 칭찬 대신 엄격한 처벌이 그동안 받은 학교 교육 방법이었다. 그러니 회사에서 칭찬 캠페인을 벌여도 효과가 없다. 어색하다. 감정 표현에 익숙하지 못하기 때문이다. 칭찬을 받아본 적도 없고, 그래서 칭찬할 줄 모르는데 어쩌란 말인가? 부자연스럽고 거북하다. 닭살 돋는다.

정확히 따져보자. 사실 칭찬하려는데 차마 못 하는 상태가 아니다. 아예 인정감 부여의 필요성과 중요성을 모르고 있다. 타인이 인정감 통을 지니고 있다는 엄연한 사실 자체를 부인한다. "아내를 평생 사랑하겠습니까?" 주례 선생의 질문에 딱 한 번 "아, 예~." 하고 대답했을 뿐이다. 그 후 평생 사랑한다는 말 한마디, 칭찬 한 톨 안 하고 꿋꿋하게 버텼다. 심지어 제삼자 앞에서 자신의 배우자에 대해 칭찬은커녕 폄하만 해대는 남존여비의 문화를 아직껏 고수한다.

(허어, 이 정도 사람에게는 이 책의 저자도 두 손 들 수밖에 없을 걸? 대안이 있나요? 다 큰 성인을 개조하기란 불가능할 텐데 ….)

걱정하지 말자. 칭찬 대신 인정감을 부여하는 대안은 풍부하다. "김 남준 프로~", 신입사원의 이름을 외워 불러준다. 이 정도는 닭살 염려 없이 할 수 있지 않은가. 더 나아가, "정국이, 요즘 공부 잘해요?" 부하 의 자녀 이름을 끄집어내어 안부를 묻는다. 부하의 자리에 들러 몇 분 간 그저 머물고 간다. 함께 밥 먹자고 한다. 도와줄 일이 없는지 물어본 다. 미소 지으며 등을 툭 친다.

"이거 자네 가져라."

조그만 선물을 준다. 영화표나 야구표를 건네주면 더 효과적이다. 물 건보다 경험이 더 소중하니 말이다. 천성적으로 되지 않는 칭찬을 억지 로 하려고 입 벌릴 필요는 없다. 정말로 낯 뜨거워 부하를 칭찬할 수 없 다는 사람은 부하에게 적절한 행동으로 진심을 표현하자. 그렇게 인정 감을 심어주면 된다. 큰 노력이 필요한 것은 아니다. 해보자.

지금까지 칭찬 못 하는 다섯 가지 이유를 분석했다. ⑴ '칭찬할 것을 찾을 수 없다.'라는 상대의 자격 조건 미흡 문제. 그러나 실상은 애써 감춘 자신의 품성 및 역량 부족 문제, ⑵ '칭찬했는데 왜 안 했다고 그 러느냐?'라는 변명. 그러나 사실은 애정, 관심 그리고 관찰 부족 문제, ⑶ '부하에게 아부할 수 없다.'라는 아부 불가 문제. 그러나 실제로는 아부와 칭찬 동일시의 오류 문제, ⑷ '칭찬을 자주 하면 기어오를 수 있고 기대치만 높아질 수 있다.'라는 주장. 그러나 실은 그 이면에 보이는 통제 수단과 평가 시스템 선진화 미흡 문제, 그리고 (5) '태생적인 무뚝뚝한 성격과 근엄한 문화 그리고 엄한 가정과 학교 교육 때문'이라는 집단적 자기변호. 그러나 사실은 아쉽게도 진심 전달을 위한 대안 모색 노력 부족 문제.

이상 다섯 가지를 분석해보니, 모두 변명에 불과하다. 분석 결과는 모두 용서받지 못할 변명이라는 것이다. 이제 오류에 가득 찬 인식을 제거했으니, 하면 된다. 훈련해보자.

특별 칭찬 훈련 방법

효과적인 훈련 방법이 있다. 스쿼트(쪼그려 앉았다 일어서는 운동)를 하루에 100개씩 한 달만 하면 몸이 완전히 달라진다고 한다. (필자도 시작은 해보았다.) 세상에 연습 없이 날로 먹을 수 있는 일은 없다. 다음과 같이 '역발상 피드백'을 연습해보자.[16] 그 효과를 필자가 보장한다. 많은 워크숍에서 이미 그 변화의 성과를 목격했기 때문이다.

칭찬 훈련: 역발상 피드백 실습

▶5~7명씩 팀별로 동그랗게 둘러앉는다. 팀장이 사회자다. (여러분 주위 사람들을 불러 모아서 또는 혼자서도 연습할 수 있다. 따라가며 해보자.)

　▶각자 자신의 단점을 한 개씩 찾아 메모한다. 좋은 면이라고는 조금도 없는 백해무익한 것이어야 한다.

16　박광량. (1994). 130-132쪽. '역발상 피드백 실습'의 내용은 이 책에서 차용하였다. 저자 박광량은 '뒤집어보기 게임'이라고 이름 붙였다. 조직구성원 상호 간의 관계를 증진하기 위한 팀빌딩 프로그램의 하나로 소개하였다.

"호호호, 저는 사실 단점이 없는 것이 단점이에요."

이건 안 된다. 정말로 바꾸거나 버리고 싶은 약점이어야 한다. 주로 자신의 성격상 단점(예를 들어, 급한 성격, 직선적 성격 등) 또는 바꾸고 싶은 습관(게으름, 독서 기피, 게임 중독, 과도한 음주 등)을 거론한다. 이 지구상에 단점 없는 인간이 어디 있겠는가. 그런 인간은 인간이 아니다.

▶첫 번째 사람이 자신의 단점을 발표한다. 예를 들어 이렇다.

 사례 39

"제 단점은 너무 급한 성격입니다. 고치고 싶어요. 일도 후다닥 처리하다 보면 가끔 실수도 나오고요. 말도 좀 참아야 하는데 신랄한 말이 입을 열기도 전에 비집고 뛰쳐나오고요. 이런 저 자신이 싫습니다."

▶나머지 팀원은 한 사람씩 돌아가며, 그 단점이 사실은 엄청난 장점이라는 논리를 창의적으로 찾아내 적극적으로 칭찬해준다. 발표한 그 약점이라는 것이 사실은 개인의 성공을 뒷받침할 훌륭한 장점이고, 또한 조직의 발전을 이끌 대단한 강점이라는 논리를 찾아내는 훈련이다. 단점에서 장점을 찾는 역발상이다.

역발상으로 만든 칭찬의 예는 아래와 같다. (그간 많은 워크숍 실습에서 '자신의 성질이 급하다.'라고 고백한 사람이 제일 많았다. '빨리빨리' 문화 탓인가 보다. 아래는 가장 그럴듯한 역발상 피드백만 모은 것이다. 사실은 이렇게 쉽게 나오지는 않는다.)

사례 40

"아니, 그게 왜 단점입니까? 성격이 급하다고요? 판단력이 빠른 거네요. 빠른 판단력은 실력과 자신감을 모두 갖췄으니 가능하지요. 부럽습니다. 엄청난 장점입니다."

"할 말을 음흉하게 숨기기보다는 해줄 말은 솔직히 해줘야 먼 훗날 상대가 고마워하지요. 전생에 혹시 조선 시대에 임금에게도 직설적으로 쓴소리해댔던, 역사책에 나오는 충신이 아니었을까요? 훌륭합니다."

"요즘처럼 변화가 급하고 다이내믹한 경영환경에서는 빨리 판단하지 않으면 회사가 망하지요. 결단력이 최고입니다. 미사일 단추를 눌러서 우선 발사시킨 후에 미사일을 목표에 맞춰가며 정밀 조정하는 것 아닙니까? 부족한 점은 실행과정에서 맞춰나가야 하는 세상입니다. 그런 결단력을 가지셨으니 진정 부럽습니다. 대단한 강점입니다."

지금 혼자서도 훈련할 수 있다고 앞서 언급했다. 부하의 단점을 익히 잘 알고 있지 않은가? 그걸 역발상해서 장점을 찾아보자. (종이에 써보자. 지금 당장.)

▶단점을 뒤집어 그 이면을 보고 장점을 찾는 '사고의 전환 훈련'이다. '창의력 발휘 훈련'도 된다. 그런데 의심에 찬 질문이 들린다.

(그냥 칭찬도 힘든데, 단점에서 칭찬거리를 찾으라고요? 그게 어찌 가능해요?)

▶해보자. 해본 사람들은 안다. 비록 역발상 때문에 스트레스는 조금

받지만, 자신이 어떻게든 칭찬을 찾아내는 능력을 갖추고 있음을 확인하고는 스스로 감탄한다. '자신감 확보 훈련'이다.

▶'인간을 바라보는 시선을 바꾸는 훈련'이다. 즉 자신의 마음을 넓고 깨끗하게 만드는 '인격 수양 훈련'이다.

▶우리에게 절대 부족한 '칭찬 훈련'의 기회다. 상대의 칭찬받을 자격 조건을 따지는 사람에게 꼭 필요하다. 상대가 어떤 사람이건, 칭찬은 나의 역량 문제다.

▶서로의 약점을 알면서도 상대방을 감싸주는 동료 의식과 팀워크가 상호 간에 싹트게 된다. 원래 이 실습은 '팀 빌딩 프로그램'으로 개발되었다.

역발상 피드백 실습에서 주의할 점

주의할 점이 몇 개 있다. 다음과 같은 단점 발표는 금지다.

"사실 다른 사람을 칭찬 못 하는 것이 제 단점이에요."

이건 안 된다. 칭찬 못 하는 습관을 장점이라고 치켜세워 줘야 하니 교육 목적과 어긋난다.

"나는 너무 뚱뚱한 것이 약점이에요."

성격이나 습관이 아니라, 외모를 꺼내 들면 곤란하다. 날씬하다고 거짓말할 수도 없고, 비만이 건강에 좋다고 억지 부릴 수도 없고 …. 눈앞에 놓인 명명백백한 사실을 어찌 뒤집나? 뒷면을 찾기 어려운 명백한 '사실'이나 '진리'를 앞에 놓고 역발상하기는 너무 버겁다.

"제가 어제 음주운전을 하다가 …. 사고를 내고 뺑소니를 …."

이런 범죄행위를 아무리 역발상해서 뒤집어봐도 참 좋은 것이라고 어찌 이야기해줄 수 있을까? 범죄 자백도 곤란하다.

"정말 말해도 될까요? 사실 나는 동성애자예요."

이런 커밍아웃은 너무하다. 역발상 피드백을 줘야 하는 사람들은 아래턱을 떨어뜨린 채 말을 못 한다. (이거 뭘 어떻게 피드백하지!) 스트레스가 너무 심하다. 이런 커밍아웃도 이 자리에서는 자제하자.

"쯧쯧 안됐네요. 참 딱해요. 그래도 기운 내세요."

상대의 단점 발표를 듣고는, 이런 동정, 위로 또는 격려는 안 된다. 역발상해야 한다. 적극적인 칭찬을 찾아내야 한다. 그 단점이 사실 왜 장점인지 주장하고, 주장의 이유 그리고 그 이유의 근거를 명확히 말해주어야 한다.

역발상 피드백 실습의 효과

모든 팀원의 역발상 사고 과정이 끝나면 단점을 발표했던 사람이 마무리 발언 기회를 얻는다.

"아, 그런 줄 몰랐네요. 듣고 보니 그게 장점이군요! 앞으로 계속 그렇게 급한 성격 가지고 살게요."

이런 식으로 말하는 뻔뻔스러운 사람을 필자는 그동안 한 명도 못 봤다. 이미 스스로 알고 있다. 누가 뭐라고 이야기해도 개선해야 한다는 점을 말이다. 거듭, 이 훈련의 목적은 결코 효과적인 교정적 피드백 익히기가 아니다. 지지적 피드백 실습이 목적이다. 교정 효과 여부를 따질 필요는 없다.

이렇게 모든 사람이 단점을 발표하고 역발상 피드백을 제공하는 실습이 끝나면 소감을 듣곤 했다. 다음은 늘 나오는 평이다. 칭찬의 효과가 나타난다.

"사실 사람들이 억지로 역발상해주는 것임을 알지만, 칭찬을 집중적으로 받으니 정말 기분이 좋네요."

"실습이지만, 난생처음 이렇게 칭찬을 많이 받아봤습니다. 새로운 세상에 온 것 같네요."

"칭찬이 이렇게 기분 좋은 것인 줄 몰랐습니다. 눈물이 나네요."

"비판 없이 무조건 칭찬해주는 분위기 때문인지 숨기고 싶은 제 단점도 서슴없이 이야기하게 됩니다."

"칭찬해준 사람들이 정말로 친한 친구처럼 보입니다. 착각인가요?"

"마음 문이 전부 열렸어요. 오늘 저녁에 우리 팀이 함께 소주 한잔하기로 했습니다."

중요한 점은 두 가지다. ▶첫째, 칭찬은 상대의 자격 조건 문제가 아니다. 나의 인격, 인성, 능력 그리고 습관 문제다. 내가 사람을 바라보는 시선을 바꾸면 칭찬은 언제나 가능하다. ▶둘째, 칭찬의 효과는 상상을 뛰어넘을 정도로 크다.

역발상 피드백 시험 문제

이제 여러분이 직접 칭찬을 실습해보자. 다음은 다양한 회사의 팀장들이 모인 '소통 능력 강화 워크숍'의 '역발상 피드백 실습'에서 나왔던 실제 사례다. 듣고 있던 나도 기절초풍했었다.

시험 문제: 사우나로 도망쳐 벌거벗은 김 팀장

아래 김○○ 팀장의 자기 단점 발표를 듣고 여러분이 직접 역발상 피드백을 만들어보자. 난이도가 조금 높은 문제이지만, 여러분은 이제 충분히 풀 수 있다. (종이에 칭찬을 쓸 준비가 됐는가?)

사례 41

(머리를 푹 수그린 채.) "김○○ 팀장입니다. 망설였는데, 여러분들이 무조건 칭찬해주는 분위기이니, 용기 내서 말씀드리겠습니다. 이건 꼭 버리고 싶은데요. 팀장이 되고 나서 지난 삼 년간 일주일에 두세 번씩 그랬지요. 오후에 사무실을 몰래 빠져나가 인근 사우나에서 벌거벗고 두 시간 정도 쉬다 오곤 했습니다. 습관이 됐어요. 근데 이제는 팀원들에게 미안하기도 하고 …."

훈련 목적상 비난과 질책은 금지다. 무조건 역발상해서 몰래 사우나로 도망가서 놀다 오는 김 팀장의 이 습관이 왜 장점인지, 회사의 경쟁력 강화에 어떻게 도움이 되는지 말해보자. (그냥 넘어가지 말자! 칭찬을 한 가지만이라도 생각해보자. 자, 썼는가?)

　다음 문제도 함께 풀어보자. 필자의 기억에 가장 강렬하게 남은 자기 단점 발표였다. 난이도 최고의 문제다. 시간 들여 역발상을 해보자.

시험 문제: 동시다발적으로 바람피우는 박 부장

 사례 42

"박○○ 부장입니다. 저는 지난 수년간 수많은 여성을 동시다발적으로 사귀어왔습니다. 20대 아가씨도 있고, 중년 아줌마도 있고, 한 번에 두세 명을 동시에 사귄 적도 있고, 다행히 숨겨놓은 아이는 없습니다만 …. 장마는 늦장마, 바람은 늦바람이 무섭다는데, 이제는 이 악습을 버려야 할 듯합니다. 나이가 드니 힘도 달리고, 늦바람에 문전옥답 다 날릴 것 같고 그리고 마누라한테 정말 미안하기도 하고 …."

(종이에 칭찬을 썼는가?) 거듭, 지금 우리는 윤리와 도덕을 바로 세우는 일을 하는 것이 아니다. 혼내는 훈계 실습이 아니라는 뜻이다. 도저히 칭찬이 불가능할 듯한 이런 인간말종까지 칭찬해보는 연습이다. 교정적 피드백이 아니라 지지적 피드백 실습 중이다.

훌륭하다. 그야말로 최악의 경지에 올라선 이런 인간까지 칭찬할 수 있다니! 여러분은 가히 무학대사 급이 되었다. 기억하자. 사람을 볼 때 눈(目)이 아니라 마음(心)으로 본다. 넓고 깨끗한 마음을 만들어보자. 정신적 여유와 인내 그리고 인간을 향한 애정으로 말이다. 늘 말썽 피우는 아이, 의욕 상실한 부하, 범죄자 등 모든 인간에게 칭찬은 가능하다. (만약 평소에 칭찬을 듬뿍 받고 살아왔더라면 그렇게 말썽 피우지 않고, 의욕을 상실하지 않고, 범죄도 저지르지 않았을 것이다.)

아래는 위 두 시험 문제의 답안(?)이다. 실습 때 실제 나왔던 지지적 피드백 중에서 그럴듯한 것만 모았다. 여러분의 답과 비교해보자.

칭찬의 예: 사우나로 도망쳐 벌거벗은 김 팀장

 사례 43

"팀장의 임무가 뭡니까? 온종일 팀원들의 어깨너머로 들여다보면서 감 놔라 대추 놔라, 굴러간다 집어라, 자질구레하게 간섭하는 게 팀장이 할 일은 아니지요. 비전과 전략 그리고 통찰력을 제공해주어야 합니다. 그러기 위해서는 김 팀장님처럼 가끔 푹 쉬면서 맑은 정신을 되찾아야 합니다. 팀장으로서 훌륭합니다."

"성실성보다 창의력이 훨씬 중요한 이 시대에 참된 선구자이십니다. 사우나 하면서 분명 뭔가를 구상하셨겠지요. 그런 큰 아이디어 하나가 회사를 살릴 수 있습니다."

"조금 전 우리 팀이 토의할 때 김 팀장님의 창의력이 뛰어나다고 생각했거든요. 어제 사우나 다녀오셨지요? 창의력이 그렇게 해서 나온 거군요. 몇 시간 근무했는지 시간 때우기가 중요한 것이 아니지요. 성과가 모든 것을 말해줍니다. 사우나 가는 것이 왜 단점입니까? 업무 성과를 높일 수 있었던 현명한 방법이군요."

"남다른 좋은 경험을 하셔서 새로운 아이디어를 만드셨다니 대단합니다. 창의력 계발을 위한 자유시간 갖기 등을 제도화하는 게 어떨까요? 그러면 사우나에 간다고 해도 문제 되진 않겠지요. 김 팀장님 이야기가 새로운 제도를 만들 수 있는 좋은 사례입니다."

칭찬의 예: 동시다발적으로 바람피우는 박 부장

 사례 44

"여성의 심리를 대단히 잘 파악하시는 분이네요. 그 강점을 잘 살리면 여성 고객을 상대로 하는 마케팅에 고수가 되실 수 있겠습니다. 훌륭합니다. 존경합니다."

"부럽습니다. 젊음과 체력이 그렇게 좋으시니, 앞으로 뭔들 못 하겠습니까. 원래 열녀문은 있어도 열남문은 없는 법입니다."

"현 사회의 가장 큰 문제가 뭡니까? 저출산입니다. 애국자의 반열에 오르실 역량을 가지셨습니다."

"많은 여성이 박 부장님을 좋아하는 이유가 있겠지요. 여성들이 원하는 것이 뭘까요? 다정다감함과 자상함 아닐까요? 남성에게는 드문 장점이지요. 그 뛰어난 공감능력은 앞으로 많은 사람을 이끌 훌륭한 리더가 될 소질임이 분명합니다."

"박 부장님의 그 폭넓은 인간애에 감탄했습니다. 훗날 박 부장님이 은퇴 후에 무엇을 할지 알아맞춰 볼까요? 아마 아프리카 등에 가서서 큰 봉사활동을 하실 겁니다. 박 부장님의 태평양같이 깊고 넓은 인류애에 존경을 표합니다."

자, 이제 여러분은 인정감에 시달리는 인간의 본능을 이해했다. 인간 해부학을 학습했다. 배우자, 자녀 그리고 부하 가슴속에 있는 인정감통이 빤히 보이게 되었다. 그리고 칭찬할 수 없다는 각종 변명도 깡그리 버렸다. 칭찬 훈련도 해보았다. 칭찬은 언제나 누구에게나 가능하다고 확신하게 되었다. 주변 사람들의 인정감 통을 칭찬이라는 지지적 피드백으로 가득 채울 수 있게 되었다.

여러분은 이제 다음과 같은 사람도 칭찬할 수 있을 것이다. 칭찬해보자.

(1) 여러 가지 일을 한꺼번에 동시다발적으로 하지 못하는 사람. (2) 소심한 사람. (3) 일을 너무 벌이는 사람. (4) '빨리빨리'라는 조급성이 습관된 사람. (5) 과속을 너무 많이 해서 교통 범칙금 지출이 너무 많은 사람. (6) 농담을 잘 못 하는 사람. (7) 늦잠이 많아 지각을 자주 하는 사람. (8) 여자에게 말을 잘 못 붙이는 총각. (9) 온종일 온갖 여자 생각을 너무 많이 하는 남자. (10) 윗사람이 뭔가 일을 시키더라도, 하기 싫은 일은 죽도록 하기 싫어하는 사람.

이번에는 답을 제시하지 않는다. 여러분 모두 쉽게 칭찬할 수 있으리라 믿는다. 훌륭하다. 내친김에 다음과 같이 한 수 더 높여보자. 이제 칭찬의 심화 학습에 돌입한다.

인간관, 인생관, 세계관과 말하기

주변 사람 또는 자신에게 어떤 피드백을 주는가? 과연 지지적 · 긍정적
피드백이 많은가? 여러분의 인간관, 인생관 그리고 세계관이 좌우한다.
다음 사례에서 우선 '인간을 바라보는 시선의 차이'를 음미해보자.

악마에서 천사로 인간관의 변화

 사례 45

옛날 내가 해외에서 근무할 때다. 엉겁결에 교회 주일학교 보조 교사
가 되었다. 주 교사 캐런 선생이 전문가라니 나는 그저 옆에서 거들기
만 하면 되는 쉬운 일이었다. 누워서 떡 먹기였고 무른 땅에 말뚝 박
기였다. 첫날이었다. 유년부 교실의 문고리를 잡았다.

　"순수하고 어린 영혼들을 인내와 사랑으로 안내할 수 있도록 …."

　그런데 이상했다. 내 기도의 응답이 조금 거친 듯싶었다. 하늘에서
나는 소리인가? 웬 비명이 들렸다. 살그머니 문을 열었다. 교실에는
일곱 살 정도의 꼬마들 30여 명이 가득 차 있었다. 여자아이들의 비명

이었다. 남자 놈들이 냅다 뭔가를 집어 던지고 있었다. 차마 눈뜨고 볼 수 없는 난장판이었다.

지옥 속의 새끼 악마 훈육

"야, 이 녀석들아!"

나는 벼락같이 소리치며 뛰어들어 뜯어말렸다. 남자애들이 순식간에 도망쳤다. 그러면서 또 뭘 던졌다. 여자애들은 계속 날카로운 비명을 질러댔다. 세면대의 모든 수도꼭지에서 물이 콸콸 쏟아지고 있었다. 각종 물체가 포탄처럼 공중을 날아다녔다. 내 혼쭐이 쪽 빠져버렸다. 시계를 쳐다보니 5분이 지났다. 캐런 선생이 오늘 따라 늦는 것이다. 나는 상황을 판단했다. 아니, 판단이고 뭐고 필요 없었다. 전투 상황이었다. 개판을 넘어 지옥 판이었다. 꼬마들이 모조리 악마에게 영혼을 빼앗긴 절체절명의 위급 상황이었다.

악마 두목을 가까스로 체포했다. 모두가 이 악동을 따라 하고 있었다. 이름표를 보니 피터였다. 두 손을 꼼짝 못 하게 잡았다. 애들이 몰려들었다. 나와 같은 지적 수준이 아닌 어린애이니, 나는 피터의 잘잘못을 엄중히 지적해야만 했다. 정신없이 교정적 피드백을 주었다. "야, 피터, 너 커서 뭐가 되려고 어려서부터 이 난장을 치니! 너, 엄마 아빠한테 혼 좀 나볼래!"

피터의 암울한 미래에 대한 걱정을 토로했고 부모의 잠재적 분노를 상기하도록 호소했다. '어린 피터의 건전한 가치판단 역량 육성을 위한 참된 교육'이었다. 그러자 피터는 입안 가득히 씹고 있던 과자를 나에게 내뿜었다. 손을 비틀어 빼더니, 잽싸게 도망쳤다. 그러고는 얼굴을 훔치고 있는 나를 향해 돌아섰다. 혀를 길게 내밀어 좌우로 돌려댔다. 그 동작을 악마들이 모두 따라 했다. 나를 교사로 여기지 않겠다는 거부의 의사표시였다. 분노가 치밀어 올랐다. 어라? 여자애들까지도 지조 없이 한통속이 되어 나를 약 올리는 행위에 동참하고 있었다. 이 여자애들이! 괴롭힘에서 구출해준 나에게! 그간 수많은 여성들에게 배신을 당해봤지만, 이 배신은 참으로 쓰라렸다. 예수님이더라도 더는 인내하지 못할 것이다. 나는 폭발 직전이었다.

구세주의 어린 천사 교육

그때 마침 구세주가 왕림했다. 캐런 선생이었다. 한동안 지켜보고 있었나 보다. 드디어 진짜 선생이 사뿐사뿐 다가서더니 피터의 두 손을 잡았다. 여기까지는 내가 했던 행동과 한치도 다름이 없었다. 하지만 그다음부터가 조금 달랐다. 선생님은 두 무릎을 꿇더니 피터와 눈높이를 맞추었다. 위압감을 주지 않으려는 배려다. 그리고 그다음부터는 대단히 크게 달랐다.

"피터야, 네가 이렇게 건강하게 뛰어노는 것을 보니 선생님이 참 기분이 좋구나. 아이들도 너를 무척 좋아하고 따르네. 피터는 훌륭한 사람이 될 거야. 이렇게 활발한 피터를 피터의 엄마 아빠 그리고 하나님도 참 좋아하실 거야."

(헉! 땅~!) 묵직한 쇠망치가 내 뒤통수를 가격했다. (악마에게도 칭찬을 하다니 …. 이럴 수도 있구나! 나는 아직 멀었어 …. 나는 왜 역발상을 못했을까?)

그런 다음 캐런 선생의 입에서 상황 서술과 질문이 딱 하나씩만 나왔다.

"그런데 피터야, 선생님이 힘드네. 피터가 계속 뛰어다니지 않으면 좋을 것 같아. 자, 그런데 지금 무슨 시간이지요?"

"공부 시간요!"

새끼 악마는 힘차게 답하더니 놀랍게도 순식간에 어린 천사로 돌변했다. 자리에 앉자마자 조그만 두 손을 모아 잡고, 살포시 눈을 감은 채, 급기야는 고개를 약간 얄미운 각도로 옆으로 숙여서, 글쎄 간절한 기도를 올리는 아기 천사의 모습을 연출하는 것이었다.

(헉, 이 악마가! 이런 순간적 변신이 어찌 가능할까!) 참으로 가증스러웠다. 다른 애들도 돌변해서 순진무구한 표정으로 기도 연기를 따라 했다. 기가 찼다.

칭찬의 본질과 기적

수업이 끝나자마자 애들은 순식간에 다 뛰쳐나갔다. 나는 캐런 선생과 함께 교재를 뒷정리했다.

"남 박사님, 오늘 제가 늦게 와서 고생하셨지요? 미안해요."

진짜 선생이 가짜에게 미소를 주었다.

"별말씀을 다 하십니다 …. 제가 오늘 선생님께 많이 배웠습니다. '그런 악동(such a bad boy)'에게도 칭찬을 해주시는 그 뛰어난 능력 말입니다. 감탄했습니다."

"예? '나쁜 애(bad boy)'라니요? … 피터 말씀인가요? 피터가 뭘 어떡했길래요?"

(헉! 새끼 악마가 온 동네를 놀부 심보로 휘젓는 모습이 눈에 안 보였단 말인가?) "집어 던지고, 싸우고, 말 안 듣고 ···."

캐런 선생은 잠시 생각하는 듯했다.

"강아지가 멍멍 짖는 것이 잘못은 아니잖아요. 짖지 않으면 오히려 이상하지요. 아이들이 원래 그래요. 소년(little boys)의 특징은 세 가지랍니다. 먹기, 장난치기, 싸움질하기. 그러지 않으면 오히려 어디가 아픈 거지요. 조물주가 아이들에게 주신 본성이에요. 그런 본성을 가진 피터가 참 사랑스럽게 보이지 않나요?"

(퍽! 떵~!) "···."

또다시 묵직한 쇠망치가 내 뒤통수를 내려쳤다. 캐런 선생은 결코 피드백의 원칙을 지키려고 피터를 칭찬한 것이 아니었다. 역발상한 것도 아니었다. 훈련으로 나온 것도 아니었다. 피터가 사랑스럽게 보이니 자신도 모르게 저절로 칭찬이 나온 것뿐이었다. 나에게는 새끼 악마로 보였던 피터가 선생에게는 어린 천사로 보인 것이었다.

"저에게 좋은 질문 주시는 걸 보니, 정말 훌륭하세요. 아주 좋은 주일학교 교사가 될 자질이 참 많으시네요."

캐런 선생은 급기야 나에게도 칭찬하는 것이었다. 캐런 선생의 마음의 눈에는 나도 아기 천사로 보이나 보다.

그날 필자는 기적을 목격했다. 칭찬 한마디로 새끼 악마를 순식간에 어린 천사로 바꾸는 기적이었다. 평생 내 머릿속에서 떠나지 않았다. 그간 나는 대학원의 조직행동론 수업에서 배운 피드백의 원칙을 단지 머릿속으로 외우고만 있었다. 지지적 피드백은 상대의 방어본능을 예방하는 하나의 기법 정도로만 알고 있었다.

쇠망치로 호되게 맞아보니 알 수 있었다. ▶칭찬이라는 지지적 피드백은 단지 '이론'이 아니었다. ▶훈련으로 습득되는 단순한 '기법'도 아니었다. ▶인간을 바라보는 시선이 바뀌어야 했다. '지지적 피드백 우선의 원칙'은 '머리'의 문제가 아니라 '마음'의 문제였다.

10대 딸이 인간을 바라보는 시선

옛날 어디에서 읽은 글이다.

 사례 46

아버지가 귀가하자마자 고등학생 딸 앞에서 불평을 쏟아냈다. 지하철 역에서 어떤 할머니가 끈질기게 달라붙어 자기 손녀의 딱한 사정을 팔면서 푼돈을 뜯더라는 이야기였다.

"멀쩡한 할머니가 뻔한 거짓말이나 하고! 손녀가 아파서 병원에 가야 하는데 돈이 없다는 거야. 귀찮아서 오천 원 주고 말았네! 아이고 아까워. 손녀가 아프다고? 아프긴 뭐가 아파! 그거 다 거짓말이지."

아버지의 투덜거림을 듣던 딸이 말했다.

"아빠, 참 다행이네요."

"응? 뭐라고? 뭐가 다행이니?"

"그 할머니가 거짓말한 거라면요. 손녀가 안 아프니 다행이죠."

10대 딸의 공감능력이 참 훌륭하다. 손녀가 아프지 않으니 다행이라니 말이다. 역발상 능력도 감탄할 만하다. 지지적 피드백 우선의 원칙을 학습하지도 않았을 텐데, '마음의 눈'으로 주변 사람을 바라보는 그 넓고 깨끗한 마음이 부럽다.

인간을 바라보는 시선

땅 위에서 올려다본 세상과 비행기 타고 하늘에서 내려다본 세상의 모습은 천양지차다. 바라보거나 생각하는 점, 즉 관점(point of view)이 다르기 때문이다.

여러분은 근본적으로 인간을 어떤 관점에서 바라보는가? 너무 무거운 질문이다. 좀 가벼운 질문으로 바꿔보자.

여러분의 부하는 '수동적 인간'인가? 가만 놔두면 생산성은 분명 마이너스(−) 쪽으로 내려가리라 생각하는가? 그러니 항상 감시하고 채찍질해야 하는가? 타율적 통제를 멈출 수 없다고 말이다. 사실 부하를 이렇게 바라보는 상사도 많다. ±5점 평가 척도에서 내 부하는 0점에서 시작하여 그 이하에 속하고 최저치는 노숙자가 받을 −5점이라고 관점을 잡았다. 이는 고전 경영학에서 정의하는 X형 인간관이다. 인간을 부정적 관점에서 바라본다.

아니면, 내 부하는 0점에서 시작하여 그 이상에 속하고 최대치는 세종대왕이 받을 수 있는 +5점인가? 즉 여러분의 부하는 '능동적이고 주체적'인가? 부하들은 항상 무엇이라도 플러스(+) 쪽으로 줄기차게 향

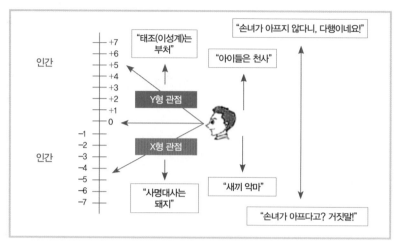

〈그림 5〉 인간을 보는 관점

상하려는 습성을 가졌다고 말이다. 그러니 인정감을 부여하고, 자율성을 허락하며, 권한을 위임하면 조직 생산성은 대폭 향상한다고 생각하는가? 이렇게 본다면, 이는 Y형 인간관이다. 긍정적 관점을 유지한다.

여러분의 인간관은 X형과 Y형 사이의 어느 한 점에 위치할 것이다. (형편없는 이놈(-5)이, 어? 보고서(-2)를 제법 썼네! 우연이겠지.) (와, 이 보고서(+5) 엄청 잘 썼네! 워낙 이 친구(+3)는 ….) 여러분이 선택한 인간관이 부하 평가에 은연중에 작용한다. "해가 서쪽에서 뜨겠네! 이거(-2) 네(-5)가 한 것 맞아?" "이거(+5) 잘했어! 자네(+3), 역시 믿음직해!" 평가권자인 상사가 부하와 소통할 때 알게 모르게 상사의 말씨에서 그 인간관이 드러난다.

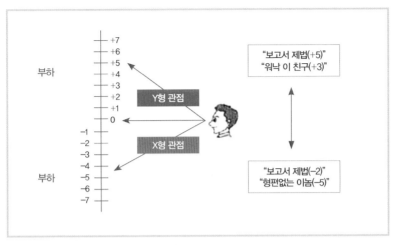

〈그림 6〉 부하를 보는 관점

평가의 선입견 문제

우리는, 인간 존엄의 가치 그 자체가 아니라, 부하의 실적, 역량 그리고 자질을 평가한다. 사회와 조직이 유지되려면 그렇게 평가하지 않을 수 없다. 그래서 상사가 부하의 실적과 역량을 정기적으로 평가하지 않는가. 그런데 실제로 과연 정기 평가할 때만 평가할까? 사실 더 무서운(?) 평가는 수시 평가다. 보고받는 30초 또는 3분 동안 부하의 모든 실적, 역량, 자질을 평가한다. 분석력, 소통력, 리더십, 전략적 판단력, 창의력, 협조성 등이 고스란히 평가대에 올려진다. 부하 처지에서 보고는 평가의 순간, 진실의 순간이다. 상사는 붉은 사인펜을 뽑아 들어서 그 평가 점수를 부하의 앞이마에 써넣는다. 선입견이 형성된다. 그다음 보고할 때 그 선입견이 평가에 작용한다.

(역시, 그럼 그렇지.) 또는 *(이 친구가 원래 이렇지는 않은데. 뭔가*

잘못된 거야.)

부하 이마의 평가 점수를 지우개로 지우고 다시 쓰기도 한다. 드물게도 선입견 수정이다. 선입견에 의한 평가를 방지하기 위해 '목표 대비 실적'이라는 객관적 비교 잣대도 활용한다. 하지만 아무리 그래도, 선입견이 강화되면 편견이 고착된다는 사실을 부인할 수 없다. 편견을 정의하자면, '고운 사람 미운 데 없고, 미운 사람 고운 데 없다.'라는 옛말이 딱 들어맞는다. 고운 부하, 미운 부하에 따라 인간관이 달리 적용되어 고착되는 현상이다. 그래서 한번 X형으로 분류된 부하는 계속 X형이 되기 쉽다. 계속 꼴 보기 싫으니 종종 끔찍하게 대한다. 인간 존엄에 대한 존중과 예의를 잃어버리고 만다. 뛰쳐나오는 모욕을 억제하지 못하는 것이다.

평가의 척도 문제

평소 부하의 이마에 점수를 매길 때 사용하는 잣대가 무엇인가? 그 잣대의 눈금이 −5~0(X형 인간론)인가? 아니면 0~+5(Y형 인간론)인가? 즉 어떤 인간관을 지녔는가? 천사로 보이는가, 악마로 보이는가? 고착된 편견은 없는가? 여러분의 부정적인 인간관과 편견이 사람멀미와 직장 내 괴롭힘을 초래하는 주범이다.

"너 참 한심하구나. 이게 전략 보고서냐(−5)? 미래경영환경 분석은 그럭저럭 그렇다고 치자(0). 그런데 경쟁 분석이 엉성하잖아(−5)! 고치면 그나마 조금 나아지겠네(−3)."

이는 부하의 평소 역량을 −3 그리고 보고서의 경쟁 분석 부분의 품질을 −5로 보았다는 뜻이다. 수정 보완하면 평소대로 −3 정도 되리라는 말이다. 즉 부하를 평가할 때 쓰는 잣대의 눈금이 −5~0이다. 이런 사람은 부하만이 아니라 가족, 친구 등 주변 모든 사람을 바라볼 때 이 '부정적' 평가 잣대를 사용한다. 반면, 똑같은 상황에서도 전혀 달리 말하는 상사가 있다. 무엇이 더 효과적인 피드백일까?

"미래환경 분석이 참 좋네(+5). 그런데 경쟁 분석(+3)이 좀 더 치밀하면 어떨까? 훨씬 더 좋아지겠다(+5)."

지지적 피드백을 우선 주었다. 그런데 지금 부하가 만든 경쟁 분석이 +3이니 좀 보완하면 평소 역량에 걸맞게 +5가 되겠다는 말이다. 이 상사가 착용한 '인품이라는 이름의 안경', 특히 인내심과 온유함의 색깔이 들어간 안경이 대단히 훌륭하다. 부하만이 아니라 주변 모든 사람이 0~+5 사이로 보인다. 아니, 이렇게 말하는 버릇을 들이면 긍정적인 인간관이라는 '편견'이 형성된다. 그러니 피드백에 늘 애정이 묻어 나온다.

자, 인간을 바라보는 시선을 바꿔보자.

"그 점이 잘못(−5)됐네요. 고치면 조금 나아질 것(−3) 같아요." → "그 점(+3)이 보완되면 더 훌륭(+5)하게 되겠네요."

피드백의 효과가 분명 더 크다. 상대방의 예쁜 점부터 찾는가? 반대로 못난 점부터 캐내는가? 인간을 단점부터 들추는가? 아니면 장점부터 보는가? 그 인간관에 따라 피드백이 달라진다. 사랑하는 사람은 그 무엇을 해도 다 예뻐 보인다. 예를 들어, 남친이 밥을 두 공기나 먹는다. "우리 오빠, 참 건강하네." 이런 지지적 피드백이 나간다. 반대의 경우엔 학대적 피드백이다. "이 인간아, 그만 먹어라. 돼지같이 ⋯."

인간을 긍정적으로 바라보면, 즉 사람을 곱게 보면, 더 나아가 상대를 사랑하면 칭찬이 저절로 나온다. 인간 존엄의 절대 가치를 잊지 않는다. 최소한 함부로 모욕을 던지지는 않는다. 인간관이 바뀌면 피드백도 바뀐다. 피드백은 단순한 기술이 아니다.

거꾸로도 가능하다. '지지적 피드백 우선'의 원칙을 지키는 습관이 만들어지면 인간관도 점차 긍정형으로 바뀔 수 있다. 이렇게 인간을 평가하는 척도가 플러스형으로 변하면 심지어 자신의 인생과 세상을 바라보는 시각도 변할 수 있다.

인생, 세상을 바라보는 시선

세계를 정복했던 나폴레옹은 끝내 불평했다. "내가 진정 행복했던 날은 일주일도 채 되지 않는다." 반면 시각장애인 헬렌 켈러는 말했다. "나에게 행복하지 않았던 날은 단 하루도 없었다." 행복은 조건이 아니라 마음에 달렸다.[17]

세상을 보는 시선도 바뀔 수 있다. 비가 추적추적 내리면 별로 좋아할 일은 아니다. 가뭄 때가 아니라면 말이다. 이런 시각은 어떨까? 20세기 중국의 석학 린위탕(林語堂)의 혜안이다. '봄비는 독서하기에 좋고, 여름비는 장기 두기에 좋고, 가을비는 가방 속이나 다락방을 정리하는 데 좋고, 겨울비는 술 마시기에 좋다.' 아니, 비란 비는 다 좋단다. 세상이 이렇게 보이는 것이다.

---

17 김난도, (2012).

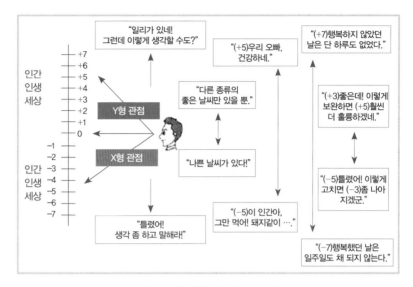

<그림 7> 인간, 인생, 세상을 보는 관점

19세기 영국의 대표적 지성인 존 러스킨의 통찰도 음미할 만하다. '세상에 나쁜 날씨란 없다. 햇빛은 달콤하고, 비는 상쾌하고, 바람은 시원하며, 흰 눈은 기분을 들뜨게 만든다. 세상에 나쁜 날씨란 없다. 서로 다른 종류의 좋은 날씨만 있을 뿐이다.'

린위탕과 러스킨의 통찰을 해석해보자. 내가 다양한 날씨를 겪는 것처럼, 나는 다양한 사람들과 마주친다. 얼굴도 다르고 사고방식도 다르다. 나는 그 다름을 불평한다. 나와 다른 것은 나쁜 것인가? 린위탕과 러스킨이 이를 경계한다. '나'를 내려놓으면 세상이 달리 보인다. 긍정적 사고가 시작된다. 주위 사람, 자기 인생 그리고 세상을 바라보는 시선이 바뀐다. 매사 감사하는 행복한 사람이 될 수 있다. 그런데 '나'를 어찌 내려놓으란 말인가? 내려놓다니? 아니, 자살해버리라는 뜻인가? 톨스토이의 명언이 힌트다. '삶이 곧 끝나버린다고 생각하며 살라.

그러면 남은 시간이 선물로 느껴질 것이다.'

축하한다! 여러분의 인간관, 인생관 그리고 세상을 보는 시선까지 바뀌었다. 여러분은 이제 누구라도 칭찬할 수 있다. 세상이 아름답게 보인다. 그 무엇이라도 긍정적으로 역발상할 수 있게 되었다. 훌륭하다. 이제 개인 대 개인 차원의 칭찬을 넘어, 조직 내에서 평가의 한 요소로서 칭찬이란 무엇인지 들여다보자.

조직에서 칭찬의 가치

여러분은 직장인이다. 행복한가? 삶이 만족스럽나? 선뜻 대답하기 힘들다면 그 이유를 살펴보자. 직장인이 직장에서 보내는 시간은, 잠자는 시간을 빼면, 가정에서 보내는 시간만큼 길다. 그런 직장인의 '삶'에 관한 연구가 무척 많다. 이구동성으로 '공정한 평가'는 '업무 만족도'를 높이고 이는 '삶의 만족도'와 '조직의 성과'에 비례한다는 결론이다.[18] 따라서 다음과 같은 공식이 성립된다.

['평가의 공정성↑' ∝ '업무 만족도↑' ∝ '삶의 만족도↑' & '조직의 성과↑'][19]

---

18 주로 조직행동, 인사관리, 산업심리 그리고 사회심리 분야의 연구 결과다. 다음 논문들을 참조하기 바란다. 모두 인터넷에서 PDF 파일이 가용하다. Tessema, M. T., Ready, K. J., & Embaye, A. B. (2013); Nelson, B. (2012); Luthans, K. (2000); Venter, D. J. L., & Arnolds, C. A. (2007).

19 비례(比例)는 한쪽이 증가/감소하는 만큼 다른 쪽도 증가/감소한다는 뜻이다. 수학에서는 ∝ 로 표시한다.

즉 '공정한 평가를 받아야 → 직장인은 만족하고, 만족도 높은 직원이 → 고객을 만족시키고, 고객이 만족하면 → 조직은 발전한다'라는 논리다. 결국, 직장인에게 행복의 근원은 상사의 '평가' 문제로 귀결된다. '평가' 결과는 두 가지다. (1) 승진과 급여 인상 등 '보상(rewards)'과 (2) 효과적인 칭찬 등 '인정(recognition)'이다. ('인정'을 '비금전적 보상'으로 여기기도 한다.) 즉 '적절한 보상'과 '효과적인 인정', 이 두 가지가 직장인의 행복과 조직의 발전에 결정적이다.[20,21]

금전적 보상을 제외하면, 칭찬은 가장 센 '인정' 수단이고 대단히 효과적인 '비금전적 보상'이다. 부하직원의 동기를 유발하는 가장 간단하고 효과적인 방법이다. 과연 그 효과는 어느 정도일까? 우리가 무릇 칭찬의 효과를 10이라고 얼추 잡는다면, 실제로는 그 열 배인 100이다. 필자 역시 CEO 때 스스로 잘했다고 생각하는 일보다는, 임원 시절 당시 CEO의 칭찬을 받아 흥분했던 기억이 열 배는 더 또렷하다. 잘한다, 잘한다고 하면, 무당이 아닌 보통 사람도 작두 위에 올라간다. 그 중요한 칭찬의 기술을 구체적으로 살펴보자.

---

20 Rai, A., Ghosh, P., Chauhan, R., & Singh, R. (2018). 이 연구는 인도 북부 35개 소매상의 직원 247명을 조사한 것이다. 직원들에게 금전적/비금전적 보상이 성과에 미치는 영향이 큼을 실증적으로 입증했다. 많은 나라의 많은 산업 분야에서 유사한 결론을 도출한 연구가 많다.
21 Tessema, M. T., Ready, K. J., & Embaye, A. B. (2013). 이 연구는 미국, 말레이시아, 베트남에서 시행한 국제비교다. 국가적 경제 수준과 문화의 차이에도 불구하고 인정과 보상이 업무 만족도에 결정적 영향을 끼침을 입증했다.

칭찬의 원칙과 기술

칭찬의 기술은 많다. 몇 가지 예를 들어보자. 꼭 말로만 하는 게 아니다. 말 대신 몸짓으로 하는 칭찬이 더욱더 극적이다. 갑자기 악수를 청한다. 손뼉을 쳐준다. 끌어안아 준다. 말보다는 몸짓이 더욱 진심에 가깝다.

　당사자가 없는 자리에서 그를 추켜 세워주는 간접적 칭찬도 효과적이다.

　그 사람의 평가자인 상사 앞에서 그 사람을 칭찬하면 엄청난 호의를 베푼 셈이다. 이제 몇 가지 원칙과 기술을 추가로 자세히 살펴본다.

칭찬의 즉시성과 공개성

[애정 → 관심 → 관찰 → 구체적 칭찬]의 공식을 기억하는가? 즉 칭찬의 구체성(specific) 원칙은 앞서 충분히 논했다. 간과하기 쉬운 즉시성(immediate, timely) 원칙[22]을 살펴보자.

22　Morin, Amy. LCSW. (2018). 칭찬의 즉시성이 중요하다는 논리를 이 논문에서 차용했다.

칭찬 지연에 따른 칭찬 효과의 감소

"어이쿠, 깜짝이야!"

크게 놀라면 자신도 모르게 즉각 말과 행동으로 반응하게 된다. 한참 후에 반응한다면 그건 분명 큰 충격이 아니다. 큰 감동도 그렇다. 멀쩡하다가 며칠 후에 눈물을 흘리지는 않는다. 도움을 요청하는 상대에게 미적미적 뜸을 들이다가 뒤늦게 어쩔 수 없다는 태도로 도와주면 그 효과는 어떻게 될까? 대폭 줄어든다. 칭찬도 마찬가지다. 즉시성을 기대하는 상대에게는 당연히 즉시 칭찬해주어야 효과가 크다.

 사례 47

딸 아이가 유치원에서 돌아왔다. 엄마에게 쪼르르 달려와 자신의 '추상화'를 보여주며 자랑한다.

"이 사람이 엄마야. 아빠는 여기 있고. 나 잘 그렸지?"

엄마가 말한다.

"그래, 알았어. 민정아, 우선 손 씻어야지. 어서, 빨리."

(어?) 민정이는 배신감에 휩싸인다. 획 돌아선 민정이의 발걸음이 바닥을 쿵쿵 울린다.

무엇이 잘못됐나? '즉시 칭찬'의 원칙을 엄마가 소홀히 여겼다. 들뜬 민정이의 기대는 무참하게도 무시당했다. 민정이는 아마도 다음과 같이 생각하리라.

(나는 아무것도 아니네. 아니, 내가 한 일보다 더 중요한 게 있단 말이야?)

섭섭하다. 텅 빈 민정이의 인정감 통에 심지어 통증까지 생긴다. 저녁 식사 때 엄마가 말을 꺼냈다.

"아 참, 민정이가 유치원에서 그림을 잘 그렸더라."

민정이는 대꾸하지 않는다.

(에이 씨, 내가 다시 그림 그리나 봐라!)

칭찬의 효과는 10분, 20분, 한 시간이 지남에 따라 계속 반감되는 법이다.

『아라비안나이트』에 나오는 이야기다.

"나를 구해주는 사람에게 이 세상 금은보화를 다 주겠다."

호로병에 갇힌 채로 바닷속에 빠진 마술사 지니는 처음 백 년 동안에는 이렇게 생각한다. 간절함 때문이다. 하지만 시간이 흐름에 따라 생각이 바뀐다. 점차 약속하는 보상이 줄어든다. 그러다가 결국 사백 년 후부터는 보상이 복수로 바뀐다.

"나를 구해주는 사람은 다 죽여버릴 거야."

도움에 대한 감사건 칭찬이건 시간에 따른 반감 효과는 마찬가지다.

빨리 판단하라. 부하의 노력과 결과가 뛰어난가? 그렇다면 부하의 칭찬 기대치도 매우 높겠다. 즉시 칭찬해야 한다. 칭찬의 진정성 및 크기는 즉시성과 비례한다. 시간이 지나서 칭찬을 받게 되면 칭찬을 제대로 받아들이지 못하게 된다. 그동안 커진 실망감이 가로막기 때문이다. 그러나 반론도 있다.

"아 참, 자네가 일주일 전에 한 발표 말이야. 대단히 훌륭했어요. 논리 구조, 참신한 아이디어에 가득 찬 건의 그리고 표현력까지 빈틈이 없었어요."

일주일이 지난 후에 이런 칭찬을 받았다고 하자. 그 효과가 반감될까? 오히려 '일주일간이나 기억에서 떨칠 수 없을 정도로 훌륭했다.'라는 대단한 칭찬이 아닌가. 단 전제조건은 나의 기대감이 낮아야 한다. 예를 들어 칭찬을 기대할 수 없었던 무뚝뚝한 사람이 일주일이 지나 칭찬한다면, 그건 괜찮다. 나와 너나들이[23] 할 정도는 아닌 사람이 일주일 후에 찾아와서 칭찬한다면, 전혀 기대하지 않았기에 그런대로 감동적일 수 있다. 그런데 칭찬할 만한 사람이 즉시성을 놓치면 매우 섭섭하다.

공개범위 확대에 따른 칭찬 효과의 증대

시간이 지나 높은 기대감이 무너진 후에 칭찬을 받았음에도 불구하고 감동할 수도 있다. 공개적 칭찬이라는 반전 효과가 분명한 경우다.

공개적 칭찬은 그 효과가 대단히 크다. ▶사무실에서 개인적으로 받는 칭찬, ▶팀원들과 회의 석상에서 받는 칭찬 그리고 ▶회사의 큰 행사에서 받는 표창의 효과를 비교해보자. 나의 인정감 통을 채워주는 사람의 숫자가 다르다. 사회적 인정감, 타인과의 연결감 → 자존감 → 행복감은 지켜보는 사람의 숫자에 비례하여 급증한다. 타인과의 연결감이 커졌으니

---

23 (편집자 주) '너나들이'는 '서로 너니 나니 하고 부르며 허물없이 말을 건네는 친밀한 사이'라는 뜻의 순우리말.

그렇다. 공개범위가 큰 칭찬과 칭송은 평생 잊지 못한다. 연예인이나 운동선수들이 인기를 갈구하는 이유도 마찬가지다. (물론 수입 증가라는 이유도 있지만.)

거듭 되새기자. 칭찬의 즉시성이 중요하다. 그리고 책망은 몰래 하고, 칭찬은 알게 하자. 즉 질책은 절대로 개인적으로, 칭찬은 가능한 공개적으로 하라는 말이다.

칭찬 3단론

이제 칭찬의 3단론을 살펴보자. 로켓이 1단, 2단, 3단으로 추진력을 얻으면 멀리 날아갈 수 있다. 칭찬도 그렇다. (이 칭찬의 세 가지는 필자가 고민하며 분류한 것이다. 아직 이론적 뒷받침이 부족함을 고백한다.)

제1단: 외적 결과 또는 과정 칭찬 (= 일 칭찬)

"우와, 오늘 입은 옷이 참 세련됐구나!" 특정 행위(의상 선택과 착용)의 '결과' 칭찬이다.

"네가 만든 보고서 참 훌륭하다." 업무의 '결과' 칭찬이다.

"이 일 참 열심히 했구나!" 일의 '과정' 칭찬이다. (훌륭한 결과로써 그 과정상의 열성을 유추했다.)

위 세 가지 모두 눈에 보이는 '결과'와 유추한 '과정'을 칭찬한 것이다. 제1단 칭찬이다.

제2단: 내적 역량 및 품성 칭찬(=사람 칭찬)

제2단은 그 과정을 거쳐 결과를 만들어낸 사람을 칭찬한다.

"세련되게 옷을 입는 것을 보니, 네 미적 감각이 뛰어난가 봐! 패션 읽는 법을 아는 것 같아."

"보고서를 보니 자네의 창의력이 대단히 뛰어나네!"

"너도 바쁠 텐데 도와주다니, 넌 참 착하구나!"

이는 '결과'를 만들어낸 사람의 미적 감각, 창의력, 착한 성품 등 '내적 역량과 품성'을 칭찬하는 것이다. 제2단 칭찬이다.

제3단: 조직에 주는 긍정적 가치 칭찬(=영향력 칭찬)

제3단은 그 행위가 다른 사람 또는 조직에 끼치는 '무형 가치'를 칭찬하는 것이다.

"네 미적 감각 덕분이야. 사무실 분위기가 화사해지네."

"너의 창의력이 우리 부서의 모범이 돼."

"나도 자네 덕분에 타인을 위한 희생의 가치를 깨닫게 되었어."

"자네와 함께 일하면 나도 없는 에너지가 샘솟는다니까!"

'영향력' 칭찬이다. 주위에 끼친 사회적 영향력을 확인해주는 칭찬은 한 인간에게 줄 수 있는 최고의 존재 가치 인정이다.

제1, 2, 3단 발사

이 세 개를 모두 단계적으로 발사해보자. 효과가 크다.

"유자영 사원, 입사한 지 벌써 1년이 됐지요. 그동안 단 하루도 지각하지 않았다니 정말로 대단하네요.*(결과 칭찬)* 그 성실성이 참 훌륭해요.*(내적 역량 칭찬)* 유자영 사원의 그런 태도는 다른 직원들에게도 본보기가 되고 있어요.*(주변에 끼친 영향력 칭찬)*"

"와, 잘 그렸네. 엄마를 예쁘게 그려줬어.*(결과 칭찬)* 정말 애를 썼구나.*(과정 칭찬)* 민정이가 미술에 재능이 있나 봐.*(내적 역량 칭찬)* 엄마의 이 환한 미소 봐. 민정이가 엄마를 무척 사랑하는구나. 민정아, 고마워.*(엄마에게 끼친 감성적 영향력 칭찬)*"

무공 훈장을 수여할 때 공적 묘사를 보자. 칭찬의 1, 2, 3단 활용이 모범적이다. 22살의 청년 장교, 백마고지(395고지)의 호국 영웅 강승우 소위다.[24]

 사례 48

"1952년 10월 12일 13시 20분, 제9사단 30연대 1대대 1중대 1소대장, 강승우 소위는 395고지 탈환을 위한 11차 공격에 임하여, 박격포탄과 수류탄으로 온몸을 무장하고 아군의 진격을 가로막는 적의 기관총 토치카에 육탄으로 돌진하여*(1단: 일의 과정)* 파괴한 후 산화하는 영

---

24 고 강승우 소위의 실제 공적조서를 찾지 못했다. 가상의 공적조서다. 그러나 모든 날짜와 시간, 소속 부대명 그리고 을지무공훈장 수훈은 역사적 사실이다.

웅적 행동을 보여줬습니다.*(1단: 일의 결과)* 자신의 안위를 돌보지 않고 죽음을 무릅쓴 강승우 소위의 특별한 헌신과 용맹함은*(2단: 내적 품성)* 백마고지 탈환에 결정적으로 이바지하였으며, 대한민국 육군의 영원한 모범이 되었기에*(3단: 끼친 긍정적 영향)* 이에 을지무공훈장을 수여합니다."

-1953년 7월, 대한민국 대통령 이승만

제4단도 장착한다면 그게 뭘까? 이미 언급했다. 악수, 등 두드려주기, 손뼉 쳐주기, 심지어 포옹하기 등이다. 제4단은 몸으로 칭찬하는 것이다. 마지막으로 제1단과 제2단에서 주의할 점을 살펴본다.

제1단 '결과'보다 '과정상 노력' 칭찬

결과물 그 자체보다 과정상 노력을 칭찬하는 것이 훨씬 좋다.(praise effort, not the outcome.) 많은 심리학자의 공통된 주장이다.[25]

"이번에 큰 건을 하나 수주했네. 대단히 훌륭해!"

이런 결과 지향적 칭찬은 은연중에 부담을 안겨줄 수도 있다. 기대치가 만들어졌기 때문이다. 칭찬은 곧 향후 실적의 부담감 또는 미래의 잠재적 실패나 실수에 대한 두려움으로 변한다. 그러니 부작용은 고려하지 않고 요령껏 무조건 눈에 보이는 결과만 만들 수도 있다.

25 Dweck, C. (2015). 스탠퍼드 대학교 심리학과 드웩 교수는 성장형 사고방식(growth mindset)과 고정형 사고방식(fixed mindset)을 설명한다.

"이번에 참 감탄스러울 정도로 열심히 했어요. 경쟁 분석도 치밀했고, 발주처와 소통 노력도 뛰어났어요. 그러니 이런 큰 건도 수주할 수 있었겠지요."

과정을 자세히 관찰해서 부하가 쏟은 노력을 중시하는 구체적 칭찬이 바람직하다. 미래에 더욱 긍정적인 효과를 볼 수 있다. 앞으로도 부하가 과정을 중요시하고 즐기게 만들기 때문이다. 특히 교육적으로도 마찬가지다.

"아이고, 100점 받았네! 잘했다, 내 새끼!"

결과 칭찬이다. 그런데 다음에 만약 90점을 받아온다면 어쩌나? 칭찬하기가 좀 어렵다. 그러니 대신에 과정을 칭찬하자. 또한, 결과만 들여다볼 것이 아니라, 어떤 요인이 그러한 결과를 만들어냈는지 과정 속에서 찾아내 안내해줘야 하지 않는가. 길게 보았을 때 교육 효과가 더 크다.

"내 새끼! 네가 바뀐 모습이 참 훌륭해. 게임도 자제하고 예습 복습을 참 열심히 하더라. 노력하는 네가 자랑스러워!"

어렸을 때부터 '결과'를 '일반적'으로 칭찬하기보다는 '과정상 쏟은 노력'을 '구체적'으로 칭찬하는 것이 훨씬 효과가 크다.[26] 설령 다음에 아쉽게도 90점을 받더라도 과정상 쏟은 노력 자체는 계속 칭찬할 수 있다. 결과보다 과정 칭찬이 더 중요함은 성인에게도 마찬가지다. 창의력, 열성, 도전정신 등 과정 칭찬은 부하 육성 차원에서 상사가 무엇을

---

26 Hattie, J., & Timperley, H. (2007).

중시하는지 알릴 기회이기도 하다.

제2단 '재능'보다 제1단 '과정상 노력' 칭찬

"너 참 머리가 좋구나!"

이는 사람의 능력, 재능 또는 특성을 칭찬한 것이다.

"다양하게 수집한 의견들을 참 빨리 분석하고 취합해서 보고서에 조직적으로 반영했구나!"

이는 구체적인 과정상 노력 칭찬이다. 이렇듯 제2단의 재능보다는 제1단의 과정상 '노력'을 칭찬하는 것이 훨씬 더 낫다.[27] 재능만 칭찬하면 당연히 부지불식간에 노력을 소홀히 하는 부작용을 불러올 수 있다. 제아무리 재능이 뛰어나더라도 꾸준한 노력 없이 위대한 성취는 불가하다. 타고난 재능(제2단의 내적 역량)을 칭찬해야 한다면, 노력과 태도 (제1단의 과정)를 더욱 칭찬해야 한다.

예를 들어, "너는 머리가 좋다. 천재다."라고 지능의 우수함을 계속 칭찬하면 어찌 될까? 칭찬받은 사람의 자신감은 처음엔 상승한다. 하지만 어려움이 닥쳐 앞을 막으면, (내 지능으로는 안 되나 보다. 천재가 못 하는 것은 안 되는 거야.) 쉽게 포기한다. 후천적 노력을 무시한

---

27 Cimpian, A., Arce, H. M. C., Markman, E. M., & Dweck, C. S. (2007). 이 논문은 특히 어린 학생들에게 '능력'에 대한 일반적(generic) 칭찬("Your're a good drawer.")보다는 '과정 또는 행위' 자체를 구체적으로 칭찬("You did a good job drawing.")하라고 권한다. '능력'은 '할 수 있다'와 '없다'를 극단적으로 구분 짓는 요소이기에 실패 시 포기할 수도 있다고 지적한다. 장기적으로 성장시키기 위해서는 과정상의 노력을 칭찬하는 것이 더 효과적이라고 주장한다.

채, 타고난 능력이나 재능만이 '할 수 있다, 할 수 없다.'라는 가능성을 구분하는 결정적 요소라고 생각하기 때문이다. 반면에 노력을 칭찬받은 사람은 어려움이 닥쳐도 *(나는 할 수 있어.)* 자존감을 더 잘 지켜내는 경향을 보인다.[28]

상사가 무엇을 칭찬하는가는 부하들의 사고방식에 큰 영향을 끼친다. 도전, 노력 등 '과정'에 쏟은 가치를 칭찬하자. '결과' 칭찬, '내적 역량' 칭찬 그리고 '끼친 영향력' 칭찬이 가치 없다는 주장이 아니다. 칭찬의 기초 중 기초인 과정상의 노력 칭찬이 매우 중요함을 강조하는 것이다. 즉 눈에 띄는 기둥, 대들보 그리고 기와보다는 주춧돌, 즉 기둥 밑에 기초로 받쳐놓은 돌이 중요하다. 과정상의 노력 칭찬은, 비록 눈에 보이지 않지만, 그런 중요한 주춧돌과도 같다.

여기까지 조직 속의 상사로서, 사회 속의 한 인간으로서 과연 어떻게 말해야 하는지 살펴보았다. 매일매일 스스로 질문해보자. 어울려 살아야만 하는 인간으로서 주변 사람을 어찌 대할 것인가. 숙고의 결과는 분명하다. 상처 주지 말자. 남을 쉽게 판단하지 말자. 그리고 친절하자. 인간 존엄의 절대 가치가 소중함을 기억할 때, 인간, 인생 그리고 세상을 바라보는 관점이 바뀔 때, 비로소 우리의 말하기는 달라질 것이다.

---

28 Dweck, C. (2015).

'Yes → But 원칙', 즉 '긍정 우선'의 말하기 원칙을 습관 들여보자.

☐ '성과' 인정과 '존재' 인정은 상대의 자존감을 높인다. 소통의 기본자세다.

'인정 욕구'는 자존감을 높이려는 인간의 본능이다.

☐ '성취 → 인정 → 행복'의 선순환을 추구하는 독특한 유전자가 많을수록 집단
은 생존에 훨씬 유리했다. 살아남은 유전자는 점차 강화되어 인간의 본능이
되었다. 인생은 인정 투쟁이다.

어두운 그림자가 진할 정도로 인간의 인정감 추구 본능은 강렬하다.

☐ '인정 중독'(완벽주의 유형, 자기희생 유형, 분노 억제 유형, 분리 불안 유형
등)에 걸린 사람도 많다.

☐ 완전한 심리적 자유 상태는 오히려 고립과 공포, 소외 그리고 비천한 존재라
는 느낌을 낳을 수 있다.

● 그래서 인간은 오히려 '자유로부터 도피'하려 노력한다.

☐ 인간은 타인의 시선에 갇혀 살며, 그 안에서 주변 사람의 '인정'을 받으면서 '행
복'을 느끼는 존재다.

인간의 몸속에는 '인정감 통'이라는 장기가 존재한다.

☐ '인정감 통'은 행복이라는 정신적 생존과 관련된다.

● 이 인정감 통은 지지적 피드백을 갈구한다. 즉 공감 및 배려·위로·격려·사
과(공감의 치유 행위), 이해, 감사, 애정, 관심, 경청, 승인, 칭찬 등을 계속

제5장 말하기 원칙 3

채워 넣어야 한다.

☐ 이러한 '최신 해부학의 이해'가 인간을 대하는 우리의 기본 관점이다. 소통의 기초다.

이러한 지지적 피드백 중에서 가장 강력한 것이 바로 '칭찬'이다.

☐ 칭찬은 '좋은 평가'다. 즉 '가치 인정'이다.

- 상대에게 자신의 긍정적 존재 가치를 인식하는 기회를 준다.

칭찬의 조건은 정신적 여유, 인내 그리고 애정이다.

☐ 예를 들어, 할아버지·할머니의 심리적 특징은 '정신적 여유'다. 손주와 인간관계의 핵심은 '사랑'이다.

☐ 유치원 교사가 어린아이들을 통제(?)하는 기본은 '인내'와 '애정'이다.

- 방법은 '칭찬'이다.

☐ 인간은 인정감 통을 채워주는 사람을 따른다. 인간의 본능이다.

- 본능은 변하지 않는다.

상사들이 생각하는 칭찬의 절반 이상이 전혀 효과가 없었다.

☐ 칭찬한 사람은 있는데, 칭찬받은 사람은 채 절반도 안 되는 현상이다. 제대로 칭찬하지 못한 것이다.

- 예를 들어 칭찬이 아닌 조롱을 해놓고 상사는 종종 오히려 칭찬으로 생각한다.
- 관심을 기울이지 않고 또한 관찰 노력 없이 단지 무의미한 피드백을 주기 때문이다.

제대로 칭찬하지 못하는 이유는 다양하다.

☐ "칭찬할 게 있어야 칭찬하지요." 이는 성숙지 못한 인격의 변명이다.

- '상대의 칭찬받을 자격 조건' 문제 이전에 '상대를 칭찬할 수 있는 나의 능력' 여부를 우선 따져야 한다. 내가 정신적 여유, 인내 그리고 애정이 없으니 칭찬하지 못하는 것이다.

☐ 애정, 관심, 관찰 부족 → 칭찬 불가. 진정한 칭찬은 오직 관심과 관찰에서 나온다.

- 부하를 향한 애정을 지녔는지 확인하는 측정 지표는 세 가지다. 부하의 복리후생에 관한 관심 정도, 부하육성에 관한 관심 정도 그리고 부하와 면담의 빈도와 깊이.

- 상사는 칭찬했다고 하고, 부하는 칭찬받지 못했다고 한다. 이유는 상사의 애정, 관심, 관찰 부족이다.

☐ "칭찬? 그거 아부 아닌가요?" 일종의 처세술인 아부의 상대는 주로 상사다.

- 아부는 날조, 미화, 과장 그리고 빈도가 심한 낯 뜨거운 평가다. 진심이 뒷받침되지 않은 평가다.

- 부하에게는 마음 놓고 칭찬해도 비난받지 않는다.

- 부디 진심을 담아 합당할 만큼 인정해주자. 자주.

☐ "칭찬을 자주 하면, 기어오르지 않을까요?" 그렇다고 질책을 통제 수단으로 삼을 수는 없다.

- 목표 설정, 냉혹한 평가, 정확한 피드백. 이러한 강력한 통제 시스템이 작동하면, 칭찬한다고 부하들이 머리 위로 기어오르지는 않는다.

☐ "칭찬? 그런 거 못 해요. 닭살 돋지 않나요?" 칭찬 대신 인정감을 부여하는 대안은 풍부하다.

- 즉 부하의 자녀 이름을 끄집어내어 안부 묻기, 부하의 자리에 들러 머물다가기, 도와줄 일 없는지 물어보기, 미소 지으며 등을 툭 치기, 조그만 선물 건네주기.

칭찬은 훈련으로 습득할 수 있다. 역발상 피드백 실습이 한 방법이다.

☐ 상대의 단점이 사실은 장점이라는 논리를 창의적으로 찾아내 적극적으로 칭
  찬해주는 훈련이다.

  ● 단점의 뒷면을 보고 장점을 찾는 '사고의 전환 훈련'이다. '창의력 발휘 훈
    련'도 가능하다. '인간을 바라보는 시선을 바꾸는 훈련'이다.

☐ 상대가 어떤 사람이건, 칭찬은 나의 역량 문제다.

  ● 칭찬은 언제든 누구에게나 가능하다.

칭찬이라는 지지적 피드백은 단지 기법이 아니다. 인간을 바라보는 시선이 바뀌
어야 한다.

☐ '지지적 피드백 우선'의 원칙은 머리의 문제가 아니다. 가슴의 문제다.

☐ 인간관에 따라 피드백이 달라진다. 고운 사람에게 칭찬이 저절로 나온다.

  ● 반대도 가능하다. 지지적 피드백 우선의 원칙을 지키면 기존의 인간관도
    바뀔 수 있다.

평가의 공정성↑ ∝ 업무 만족도↑ ∝ 삶의 만족도↑ & 조직의 성과↑

☐ 직장인에게 행복의 근원은 '상사의 평가' 문제로 귀결된다. '평가' 결과는 '보상'
  과 '인정'이다.

☐ 칭찬은 가장 센 '인정' 수단이고 효과적인 비금전적 '보상'이다. 부하직원의 동
  기를 유발하는 가장 간단하고 효과적인 방법이다.

  ● 무릇 칭찬의 효과를 10이라고 어림짐작한다면, 실제로는 그 열 배인 100
    이다.

칭찬 지연에 따라 칭찬의 효과는 감소한다.

☐ 즉시성을 기대하는 상대에게는 당연히 즉시 칭찬해주어야 효과가 크다.

  ● 지연된 칭찬은 상대의 가슴속으로 들어가지 못한다. 그동안 커진 실망감

이 가로막기 때문이다.

공개범위 확대에 따라 칭찬의 효과는 증가한다.

☐ 공개적 칭찬은 그 효과가 대단히 크다. 나의 인정감 통을 채워주는 사람의 숫자가 늘기 때문이다.

☐ 거듭, 꾸중은 절대로 개인적으로, 칭찬은 가능한 공개적으로 하자.

로켓이 1단, 2단, 3단으로 추진력을 얻으면 멀리 날아갈 수 있다. 칭찬도 그렇다.

☐ 제1단: 결과 또는 과정 칭찬=일 칭찬. 즉 눈에 보이는 결과와 과정을 칭찬한다.

  ● 결과물 그 자체보다 과정상 노력을 칭찬하는 것이 훨씬 좋다. (praise effort, not the outcome.)

☐ 제2단: 내적 역량 및 품성 칭찬=사람 칭찬. 즉 결과를 만들어낸 사람의 내적 역량을 칭찬한다.

  ● 타고난 재능(제2단 내적 역량)을 칭찬한다면, 과정상의 노력과 태도(제1단 과정)를 더욱 칭찬해야 한다.

☐ 제3단: 조직에 주는 긍정적 가치 칭찬=영향력 칭찬. 그 행위가 다른 사람 또는 조직에 끼치는 무형 가치를 칭찬한다.

  ● 주위에 끼친 영향력의 확인은 최고의 존재 가치 인정이다.

원칙의 이해만으로는 부족하다. 몸에 익혀 습관이 되어야 한다. 그러자면 평소 늘 생각해야 한다. 다음 질문을 생각해보자. 글로 답을 써본다면 생각이 촉진될 것이다.

☐ 이제 '마음의 눈'에 보일 것이다. 여러분의 자녀, 배우자 그리고 부하들 가슴속에 텅 비어 있는 '인정감 통' 말이다. 역발상 피드백 훈련도 해보았다. 칭찬은 언제나 누구에게나 가능하다.

- 자녀 각자에게 줄 수 있는 칭찬을 세 개씩 생각해보자. (칭찬의 3단론을 모두 활용해보자. 특히 결과나 재능보다는 과정상 노력을 칭찬하는 것이 더욱 중요함을 잊지 말자.)
- 배우자에게도 마찬가지로 역발상해보자. 상대를 잘 알고 있으니 분명 세 개 이상 나올 것이다.
- 부하들 각자의 인정감 통을 채울 수 있는 역량의 강점 그리고 실적(즉 지난 며칠간 잘한 점) 각 세 가지씩 생각해보자. 공개적으로 칭찬할 점은 무엇인가? 만약 전혀 떠오르지 않는다면, 이 책의 본문으로 돌아가 '칭찬하지 못하는 이유'를 다시 들여다보자.

☐ 아니다. 질문을 바꾸자. 세 개가 아니라 딱 한 가지씩만 해보자. 칭찬하지 않던 사람이 갑자기 바뀌면, 주변 사람들이 혼란스러워할 소지가 크기 때문이다. 칭찬은 목표를 세워 점차 늘려야 습관이 된다.

☐ 주변 사람들의 인정감 통이 찼을 때 그들의 변화를 세밀히 관찰해보자.

☐ 여러분은 정신적 여유를 유지하기 위해 어떠한 습관을 지니고 있는가? (취미 나 운동 등의 생활 습관을 말한다.)

제3권 제5장

이 QR코드를 휴대전화의 QR코드 앱으로 인식하면 토론방으 로 연결되어 여러 독자들이 남긴 소감을 접할 수 있습니다. 여러분의 느낌도 써주십시오. 이 책의 저자와 질문으로 소통 할 수도 있습니다.

직장인의 입(口) 사용법

직장인이 사표를 던지는 '가장 큰 이유'가 무엇일까? 상사와의 갈등이다. 지긋지긋한 뱃멀미 때문에 서둘러 배에서 내리듯, 상사 멀미 때문에 회사를 떠난다. 직장이 아니라 상사를 떠나는 것이다. 직장인의 사직이란, 상사에게 인정받지 못하고, 대놓고 무시당하고, 그래서 불만이 누적된 끝에 터지는 '인재' 폭발 현상이다. 거의 모든 조직은 인재가 최고의 자산이라고 주장한다. 그러나 문제는 그 주장에 가려진 '현실'이다. 즉 인재 관리가 엉망인 상사들이 존재한다는 현실이다. 심지어 그들은 '갑질'까지 해댄다. 언론에도 수시로 등장하지 않았던가.

두 가지 기초적 소통, 즉 지시와 피드백을 제대로 하자. 적어도 멀미를 일으키지 않는 상사가 되는 확실한 길이다. 그러나 아쉽게도 지시에는 의미전달과 공감표현이 절대 부족하다. 부하들의 동기 유발을 기대하기 어렵다. 칭찬 같은 지지적 피드백은 익숙하지 않다. 가르치겠다고 교정적 피드백은 많이 주는데 대부분이 상처만 남기는 학대적 피드백이다. 부하들 가슴속의 인정감 통은 비어간다. 대신에 불만이 차기 시작한다.

사람멀미 문제의 해결을 기대하면서 이 책은 인재 관리를 잘하는,

그래서 일류 조직을 만드는, 상사의 '입 사용법'을 논했다. 그런데 자칫 오해할 수도 있겠다. 말하기가 단지 기술일까? 아니다. 말로써 인격이 드러난다. 입속의 혀가 인간의 품격을 결정한다. 말하기는 인격이다. 말하기 학습은 곧 인격 수양을 의미한다.

TV 채널이 바뀌듯 인격이 수시로 바뀔 수는 없다. 자신의 상사에게 하는 말씨와 부하에게 던지는 언사가 같은가? 크게 다르다면 '이중인격'이다. 부하가 깜짝 놀랄 정도로 충동적이거나 공격적인 말을 해대는가? 언행의 일관성 없이 감정적 진폭이 큰가? 그렇다면 '인격장애'다. 인격이란 인간에게 일관되게 나타나는 성격을 뜻하기 때문이다. 훌륭한 인격에서는 예측 가능한 언행이 나타난다.

인간은 태어날 때부터 평등하다고 믿는가? 존중하는 '마음'과 예의 바른 '행동' 없이 평등을 말할 수는 없다. 따라서 인간은 평등하기에 그 누구든 존중과 예의를 받을 자격이 있다. 여러분의 소신은 확고한가? 인간의 존엄성, 행복 그리고 자유는 목적 그 자체다. 우리는 그 목적 달성을 위해 싸워야 한다. 타인의 인격도 목적 자체로서 존엄하고 절대적 가치를 지닌다. 수단으로 여길 수 있는 물건이 아니다. 부하와 소통할 때 존중과 예의로 대해야 하는 이유다. 모욕받아 마땅한 인간은 없다.

거듭, 말하기는 단순한 기술이 아니다. 인격이다. 일류조직을 이끄는 훌륭한 리더가 되려는가? 나를 위해 성과를 내줄 부하들과 일하고 싶은가? 인격 함양이 우선이다. 말하기 학습이 이를 촉진해줄 것이다. 인생의 나침반은 훌륭한 인품을 향하고 있다. 말하기 원칙이라는 노를 힘껏 저어 그쪽을 향해 나가자.

책 세 권의 시리즈를 맺으며

뭔가를 완벽하게 이해하려면
열정적인 헌신이 필요하다.
씹고 또 씹어야지
대충 집어 삼켜서는 안 된다.
대부분의 사람들은 이런 작업에
많은 시간을 들이지 않는다.
―스티브 잡스(Steve Jobs)

HOW TO BETTER USE
YOUR MOUTH

축하한다. 세 권이나 다 읽었다. ▶첫 번째 책, '마음 사용법'에서는 공감능력이 무엇인지 이해했다. 조직 속에서 인간관계를 원만하게 유지하며, 원활하게 소통하며 러더십을 발휘할 수 있는 엄청난 능력이다. 가히 원자폭탄급 힘이다. ▶두 번째 책은 미사일 편으로 '귀 사용법'이었다. 인간 이해를 위한 면담의 중요성과 방법을 학습했다. 특히 경청 및 질문의 원칙과 기술을 익혔다. 그리고 ▶세 번째 책, 기관총 편에서는 '입 사용법', 즉 효과적으로 말하기의 원칙과 기술을 익혔다.

모두 훌륭한 상사가 되기 위해 갖춰야 할 역량이다. 최소한 사람멀미와 직장 내 괴롭힘의 가해자라는 오명을 피할 수 있다. 그런데 이제 세 권을 이렇게 마무르려니 찜찜하다. 사실 너무 많이 쏟아내었다. 독서를 마친 여러분의 아우성이 들린다.

(이렇게 책을 끝내면 어떡합니까? 기관총은커녕, 딱총 한 자루도 익히지 못한 듯한데, 막막합니다).

(무엇부터 어떤 방법으로 이 많은 무기를 마련해서 숙달하라는 말입니까?)

(짧은 시간 내에 신속하게 좋은 상사가 될 수 있는 묘책이라도 산뜻하게 갈무리해주셔야 도리 아닙니까?)

훌륭한 상사 되기 특훈 프로그램

이거 어쩌나 … 묘책? 정해진 순서와 방법? 그런 게 있을 리 없다. 처지가 모두 다르지 않은가. 그래도 일반화의 위험을 무릅쓰고 답변해보자. 나도 골머리를 싸매봤으나, '짧은 시간 내에 신속히 훌륭한 상사가 되는 묘수'를 짜낼 수는 없었다. 아쉽다. 아래는 단계적인 '중장기' 특훈 프로그램이다.

건강과 스트레스 관리

첫 단계는 우선 스트레스 관리 방법을 찾아 습관을 들이기다. 이건 사실 마땅히 해야 할 직장인의 기본 윤리다. 정신적 여유가 없으면 제아무리 공감 본능을 지니고 있어도 제대로 발휘되지 않기 때문이다. 내가 당장 힘든데, 인내와 온유를 유지한 경청이 가능할 리 없다. 부하와의 면담? 겉돌 게 분명하다. 말하기의 원칙과 기술을 익힌들 곱고 편한 말이 나올 리 없다. 우선 내가 육체적으로 정신적으로 건강해야 한다.

정기적으로 운동하는 습관을 들이자. 정신과 육체는 유기적으로 연결되어 있다. 앞서 언급한 CEO의 시간 활용을 분석한 논문[1]을 보자. 대형 상장기업 CEO들의 근무 시간은 무척 길다. 일주일에 무려 평균 62.5시간(즉 하루 12.5시간)을 일한다. 온전히 쉬는 주말은 21%밖에 되지 않는다. 주말의 나머지 79%는 하루 3.9시간씩 일한다. 휴가 기간의 70%에도 틈틈이 하루 2.4시간 일한다. 그렇게 바쁜 CEO들이지만, 특이하게도 이들은 하루 평균 45분씩 운동한다. 일주일에 세 번, 한 번에 1시간 45분씩 운동하는 셈이다. 그렇게 정기적으로 운동하며 스트레스를 관리했으니 치열한 경쟁을 뚫고 CEO 자리까지 올라갔을 것이다.

특히 심장을 뛰게 하는 유산소 운동이 핵심이다. 성인병을 예방해 육체적 건강을 유지할 뿐 아니라, 땀을 흘리면 정신적 스트레스도 관리할 수 있다. 최고의 방법이다. 힘들 수 있다. 그렇다면 산책이라도 습관화하자. 반신욕이나 족욕도 좋다. 명상이나 적극적인 취미생활도 유용하다. 육체와 정신이 편치 않은 상태에서는 거칠고 독한 말만 내뱉기 십상이다. 육체와 정신의 건강을 다스리는 습관은 훌륭한 상사가 되기 위한 기초 중 기초다. 아니, 직장인의 기본적 직장 윤리다. 이 기초가 튼튼해졌다면 비로소 그다음으로 갈 수 있다.

말하기 훈련

둘째 단계는 말하기 훈련이다. 원자폭탄과 미사일보다 기관총 마련이

---

1   Porter, M. E., & Nohria, N. (2018).

상대적으로 쉽다. 한 달간 작심하고 '말하기 특훈'에 돌입해보자. 특별 훈련이란 고통스럽게 땀을 흘려야 한다는 뜻이다. 제대로 말하기를 할 수 있어야 그다음 단계인 효과적인 면담도 가능해진다. 구체적인 목표를 설정하자. 실천 과정을 기록해야 한다.

▶앞으로 한 달간 학대적 피드백을 일주일에 세 개 이하로 줄여보자. (처음에는 아무리 애써도 일주일에 한두 개 정도의 학대적 피드백은 굳게 다문 통제의 입술 틈을 비집고 나올 것이다. 어쩔 수 없다. 시작이 중요하다.)

▶교정적 피드백을 주어야 한다면 일주일에 세 개 이상 I-message를 사용해보자.

▶일주일간 총 한 개(즉 한 달간 네 개) 이상 적극적인 지지적 피드백을 제공하자. 관찰이 없는 무의미한 피드백이 아니다. 칭찬의 3단계를 모두 사용해보자. 특히 과정 칭찬이 중요하다.

▶실천 여부를 메모장에 기록하며 스스로 확인하자. 이 훈련이 과연 쉬울까? 쉽지 않다. 이미 해본 사람들이 말한다. 말하기 훈련은 '면벽 득도 수련'처럼 어렵다고. 특히 가장 어려운 일이 '빠트리지 않고 기록하며 반성하기'라고 한다.

▶성공했다면 그다음 달에는 목표 상향 조정하기다. 부디 시도해보자. 제대로 말하기는 꼰대 탈피 또는 예방의 첫걸음이다. 인격 수양을 위한 훌륭한 방법이다.

▶말하기 훈련의 대상은 우선 가족이다. 즉 배우자와 자녀다. (미혼이라면 친한 친구다.) 그러나 조심하자. 갑자기 혀가 순해지면 가족(또는 친구들)이 이상한 눈길을 보내며 수군거릴 수도 있다. 걱정스레 질문도 한다.

"아버지, 어디 편찮으세요?" "당신 요즘 갑자기 왜 그래요? 직장에 무슨 일이 있어요? 혹시 명예퇴직하려는 거예요?"

쑥스럽겠지만 가족에게 훈련 내용을 선언하고 시작하면 오해는 예방할 수 있다. 피드백을 제공해주는 협조도 받을 수 있다. 집안 분위기 자체가 바뀐다. 집안이 화목해야 모든 일이 잘 이루어진다는 가화만사성(家和萬事成)은 진리다. 가족에게 독한 말을 던지는 사람이 직장에서 편한 말을 쓸 리 없다.

덧붙여, 가족이 말해주지 않는다면, 여러분의 특훈 효과를 어찌 측정할 수 있겠는가.

"지난 일주일 동안 내 말에 상처받은 적이 있니?" "내가 툭하면 가르치려고 한다는 느낌을 받았니?"

이런 질문에 부하들은 솔직히 답하기 어렵다. 평가권자에게 직언하는 부하는 참으로 드물기 때문이다. 그러니 말하기 훈련 과정에서 정확한 피드백을 제공해줄 사람은 가족밖에 없다. 가족에게 합격 승인을 받은 후에야 비로소 직장에서 부하들을 대상으로 같은 방법의 훈련을 시작할 수 있다.

질문하기 훈련

셋째 단계는 미사일 제작이다. ▶우선, 하고 싶은 모든 말을 질문 형태로 바꿔보자. 방법은 제2권 직장인의 귀 사용법에서 이미 익혔다. ▶가장 좋은 훈련 대상은 부하보다는 당연히 자녀다. "어, 달라지셨네!"라는 등의 정확한 피드백을 받을 수 있기 때문이다. 일주일씩 목표를 설정하고 평가해보자.

▶훈계, 질책, 지적을 모두 질문으로 바꾸었는가? 한 달간 애써보자. 성공했다면 완전히 꼰대를 탈피한 것이다. 이제 부하들에게 실전 적용해보자.

귀 사용 훈련

넷째 단계는, 질문이 체화되었다는 전제하에 면담하기다. ▶앞으로 한 달간 아무리 바쁘더라도 하루 10분씩 시간을 내어 부하와 얼굴을 맞대고 대화하는 것이다. 면담을 마치자마자 스스로 평가해보자.

▶내가 면담 시간의 몇 %를 말했는가? 20%라고 생각한다면 실제로는 50%다. 그래도 훌륭하다.

▶질문만 하고 경청했는가? 폭발하려는 내 감정과 나불대려는 내 혀를 잡아맨 인내심이라는 쇠 말뚝은 튼튼했는가? 상대의 입을 여는 온유함이라는 황금 열쇠를 사용했는가?

▶어떠한 경청 유형을 내보였는가? 혹 시간지향 유형이 툭툭 튀어나오지는 않았는가?

▶적극적인 비언어적 또는 언어적 경청 방법 중 무엇을 사용했는가?

▶상대가 스스로 가슴을 열도록 관계중심적 질문(근황 질문, 관심 질문), 공감거리 유도형 질문, 칭찬거리 유도형 질문을 했는가?

▶상대가 입을 열도록 긍정형 질문, 열린 질문을 했는가?

▶그리고 멘토답게 객관화 질문과 확대 질문을 했는가?

계속 스스로 평가해보자. 최종적으로 아래 키워드를 하나씩 점검해 보자.

▶면담의 기본자세＝인내＋온유 → 대화 독점 자제 → 상대의 가슴과 입 열기.

▶질문 잘하기 → 경청.

▶경청 → 인간 이해, 부하 성장 그리고 심리 치유.

▶꼰대를 벗어난 멘토의 통찰력 넘치는 질문 → 상대의 깨우침.

관심과 관찰 훈련

다섯째 단계는 원자폭탄 만들기다. 공감능력 향상에는 참으로 많은 시간과 노력이 소요된다. 그러니 다섯째 단계라기보다는 항상 염두에 두고 꾸준히 적용하려고 애써야 할 훈련이다. 사실 공감능력이 훌륭하다면 그리 애쓰지 않아도 미사일과 기관총 장착은 쉽게 이루어진다.

성인도 공감능력 향상이 불가능한 것만은 아니다. 스트레스 관리로써 심리적 유연성은 갖추었다 치자. 그렇다면 특히 ▶인지 능력 향상은 그리 어렵지 않다. 애정, 관심, 관찰이 관건이다. 결국, 성인의 공감능력 향상 방법은 주변 사람을 향한 애정을 회복하고, 관심을 기울이고, 관찰 노력을 쏟기 외에는 없다.

예를 들어, 의사의 공감능력이 크면 클수록, 많이 발휘되면 될수록,

환자와의 소통이 더욱더 원활해지고, 의료 실수가 적어지며, 환자 만족
도가 커지고, 의료 분쟁도 줄어들며, 따라서 의사의 직업 만족도도 높
아진다. 미국 보스턴의 매사추세츠 종합병원에서 자원하는 의사(레지던
트)들에게 한 시간씩 세 차례 총 3시간 공감 훈련을 시켰다.[2] 공감의 각
종 이론을 교육했고(여러분은 이 책 제1권에서 이미 다 학습했다.), 환자의 감
정에 관심을 쏟도록 각종 표정의 환자 사진도 보여주며 그 의미도 교
육했다. 상대의 미묘한 표정 변화에 관심을 기울이는 노력이 공감능력
과 직결되기 때문이다. 교육받은 의사들은 이제 컴퓨터 화면 대신 환자
의 얼굴을 바라보았다. 그 의미도 교육했다. 환자와 눈을 맞추었고 표
정을 관찰하면서 그들의 말을 경청했다. 넉 달 후 환자들이 평가한 결
과는 놀라웠다. 고작 세 시간의 관심 기울이기 수업을 들은 레지던트들
의 공감 수준이 월등히 높아져 있었다. 반면 교육받지 않은 레지던트들
의 공감능력은 점차 떨어지고 있었다. 공감능력은 태어날 때 결정되는
것이 아니다. 교육과 노력으로 향상할 수 있다.

▶또다시, 배우자와 자녀를 우선 상대해보자. '관심 기울이기 훈련'이
다. 선천적으로 인지능력이 떨어진다면, 상대의 생각과 감정을 이성적
으로 인지해야 한다. 정밀 레이더를 작동하고 안테나를 높여 관심과 관
찰 그리고 소통에 집중하는 훈련이다. 상대에게 필요한 것이 무엇일까.
적극적으로 생각하고 이해하고자 노력하는 것이다.
　구체적인 예를 들어보자. 배우자가 불만을 털어놓았다고 하자.

2　Riess, H., Kelley, J. M., Bailey, R. W., Dunn, E. J., & Phillips, M. (2012).

(배우자): "우리 아들 문제에 나만 혼자 신경 쓰며 속을 끓이는 것 같아서 힘들어요. 그 애가 요즘 어떻게 사는지 기가 막히네요."(I-message 사용법이다!)

(나): "그 애가 뭘 어떻게 했길래? 그런데 웬 시비예요. 내가 뭘 신경 쓰지 않았다고 그래요!"

그 자리에서 펄쩍 뛰는 자기방어는 이제 그만하자. 뭐가 뭔지 상황 인지가 곤란하다면, 즉시 레이더와 안테나를 켜자. 질문이라는 전파를 보낸 후 되돌아오는 답변이라는 신호를 잡아보자. 즉 배우자가 방금 한 말을 조금 바꿔 질문 형태의 피드백을 주면서 상대의 말을 이해하고 있음을 알릴 수도 있다. 즉 '해석하기'라는 적극적 경청 자세를 보인 것이다.

(나): "이런, 아들 문제를 분담하는 방식 때문에 당신이 화난 거예요?"

이렇듯 상대에게 공감거리를 끌어내는 질문을 하자. 전파가 되돌아온다. 배우자는 힘들다고 자신의 기분을 토로하고, 협조 좀 해달라고 원하는 바를 말할 것이다. 공감능력이 떨어지는 사람도 이제 이성적으로 상대의 감정 인지가 가능하다. 알아챘으니, "아이고, 힘들었겠군요!" 공감을 표현할 수 있다. 요점은 상대의 감정을 이성적으로 파악하여 공감을 표현하는 훈련이다. 관심 집중 훈련이다. 인격 수양 훈련이다.

▶사실 가장 효과적인 공감능력 향상 방법이 있다. 하루에 하나 이상씩 '이타적 말이나 행동하기'다. 즉 위로, 배려, 격려, 칭찬, 사과, 도움 등의 언행을 의미한다. 어렵지만 해보자. 물론 인지 능력(noticing)과 감성적 반응(feeling)이 뛰어나고 심리적으로도 유연(sense making)하다면 이타적 언행(acting)을 쉽게 할 수 있다. 그야말로 공감능력이 훌륭한 사람이다. 이제 거꾸로 이타적 언행을 우선 해보자. 공감의 과정에

서 작용하는 모든 요소가 계발될 것이다.

평생 독방에서 혼자 일하는 사람에게 인격은 별 필요가 없다. 인격이란 대인관계에 필요한 것이기 때문이다. 그러니 훌륭한 인격이란 대인관계에서 이타적 언행의 양과 질이 훌륭하다는 의미다. 그런 훌륭한 인격은 존경받는 리더의 기본적 자격 조건이다. 의지적으로 노력하는 이타적 언행은 공감능력만 키우는 것이 아니다. 동시에 인격에 깊이를 더한다. 매일매일 질문하자. 오늘 나는 이타적 언행을 몇 번이나 했는가?

▶이제 직장에서 부하들에게 관심과 관찰을 기울여보자. 공감의 과정에서 인지능력이 가장 큰 문제라고 했다. 면담이 부하 이해를 위한 최고의 방법임은 이미 밝혔다. 덧붙여, 경험 부족이 인지 무능의 한 원인이라고 했다. 소설을 읽고 시를 감상하는 문학 속에서의 간접 경험도 큰 도움이 된다.

독서 습관

마지막으로 빼놓을 수 없는 노력 방향은 전문 서적 독서 습관이다. TV 드라마, 「슬기로운 의사 생활」에서 한 의사가 인턴에게 한 말이다. "의사가 친절하기만 하다고 환자를 살리진 못해." 이 말은 모든 조직에 통용된다. 착하기만 한 상사가 좋은 건 아니다. 기본적으로 훌륭한 상사는 지시도 훌륭하다. 업무방향 제시의 정확성, 명확성 그리고 적시성은 머릿속에 적절한 가설을 신속히 세울 수 있는 능력에서 비롯된다. 경험과 지식 없이 이러한 능력을 갖출 수는 없다.

급변하는 이 21세기에 회사를 살리는 인재이자 훌륭한 상사, 리더가 되려는가? 끊임없이 공부해야 한다. 《포천(Fortune)》500 기업의 임원들은 대부분 석사학위를 갖고 있다.[3] 그중 90%가 근무 중 취득했다. 삼성전자 임원의 61.0%가 석·박사 학위 취득자다.[4] 《포천》500 기술기반 기업의 현직 CEO 중 57.9%가 석사학위 이상 소지자다.[5] 100대 기업의 CEO는 67%가 석사학위 이상을 취득한 사람들이다.[6] 사실 정규교육이 만사는 아니다. 현실적으로 더욱더 효과적인 자기 학습은 책을 읽는 습관이다. 책 속에 여러분의 미래가 있다.

여러분들의 꾸준한 노력만이 우리의 직장을 더욱 행복한 곳으로 바꿀 수 있다. 직장 근무만 열심히 하면 될까? 부족하다. 자기 혁신에는 별도의 노력이 절실하다. 꼰대라는 오명에서 벗어나야 하지 않겠는가. 사람멀미를 일으키며 직장 내 괴롭힘을 자행하는 나쁜 상사라는 낙인

---

3 Beck, C. E., & Dooley, M. F. (2013). 이 논문은 《포천》 선정 500대 기업 경영진의 학력을 조사했다.

4 Datanews. (2020). 5월 29일. http://www.datanews.co.kr/news/article.html?no=103281&fbclid=IwAR0onXJv6BJJ-BG2rrmhbc8ROJVPgTDpvwgL2XeMn2spZ0WThupn2TNxsIQ.

5 Werdmüller, B. (2018). 《포천》 선정 500대 기업 중 기술기반 기업(Tech. Co.)의 창업자가 아닌 현직 CEO의 학력을 조사했다.

6 Zandi, G., Lok, S. Y. P., Aslam, A., & Singh, D. (2015). 《포천》의 글로벌 톱 100 기업 CEO의 학력을 조사했다.

은 피해야 하지 않겠는가.

한 걸음 더 나아가자. 여러분이 바로 부하들의 심장을 불태우는 멘토 상사가 되어야 하지 않을까. 조직구성원의 자발성을 끌어내고 역동성을 끌어올리는 일류조직의 리더들이 바로 가까운 미래의 여러분이다. 나를 바꾸자. 그래서 긍정과 가능의 씨앗을 심자.

노력의 방향: 평가 기준

책 3권의 시리즈를 맺으며 한 마디 덧붙인다. 여러분의 향후 노력 방향을 안내하기 위해서다.[7] 여러분은 직장에서 어떤 기준으로 평가받는가? 알아보자. 그 평가 기준이 여러분의 노력 방향이다. 그 후 조직 내 커뮤니케이션을 분류해보자. 앞으로 무엇을 더 학습해야 할지 파악할 수 있다. 그리고 필자의 향후 책 발간 계획도 미리 알리고자 한다.

직장에서 여러분을 평가하는 기준은 두 가지다. (가) "일을 잘했나?"를 측정하는 '업적' 평가. 이는 과거부터 현재까지 만들어낸 성과를 원래 목표와 비교하는 것이다. 그리고 (나) "능력은 있나?"를 살펴보는 '역량' 평가. 이는 여러분의 미래를 평가하는 것이다. 즉 현재의 역량을 살펴봄으로써 미래에 나타날 업적을 유추한다.

그중 중간관리자급 이상에 요구되는 (나) '역량'을 세분하면 (1) 리더십, (2) 커뮤니케이션 역량(고위 공직자 평가에서는 대외교섭력), (3) 전략적 판단력(정무적 판단력), (4) 경영관리 역량(정책관리 능력), (5) 전문지식, (6) 국제업무 추진력이다. 이상 여섯 가지 역량이 훌륭하면 미래의 업

---

7   필자의 전작, 남충희. (2011). 287-290쪽의 내용을 이곳에 요약하였다.

적이 훌륭할 것이라고 평가할 수 있다.

성공에 결정적인 커뮤니케이션 역량

우리는 직장에서 거의 온종일 커뮤니케이션으로 시간을 보낸다. 위의 (나) 역량 중에서 (2) 커뮤니케이션 역량을 좀 더 살펴보자. 미국의 기업 체 최고경영자 5,000명에게 물었다. "최고경영자에게 가장 중요한 역 량은 무엇입니까?" 답은 커뮤니케이션 역량이 제1순위였다.[8] 미국의 한 경영대학원에서 5,000명의 기업체 임원들을 설문 조사했다. 다섯 명 중 네 명이 "경영대학원생들이 향후 경력을 위해 준비해야 할 가장 중요한 것은 커뮤니케이션 역량"이라고 답했다.[9] 물론 말만 잘한다고 커뮤니케이션 역량이 훌륭한 것은 아니다. 〈그림 8〉 '직장 내 커뮤니케 이션 분류와 필요 역량'을 보자.

직장 내 커뮤니케이션 분류

〈그림 8〉 가운데의 동그라미 안에서 보듯이, 조직 내 커뮤니케이션의 종류는 다음과 같다.

    (1) 하향형(downward)/방출형(outward)으로서 지시, 업무 설명, 교

---

8   Margerison, C. & Kakabadse, A. (1984).
9   Bond, F., Hildebrandt, H. & Miller, E. (1984)

육, (2) 상향형(upward)/수렴형(inward)으로서 보고, 면담, (3) 그리고 수평형(horizontal)으로서 토론(집단 의사결정, 아이디어 창출 등), 정보교류, 협상.[10]

그림 아랫부분을 보자. 커뮤니케이션을 잘하기 위해서는 기본적인 능력이 필요하다. 즉 판단력, 분석력, 상상력과 창의력, 사고력, 집단의사 결정능력, 발표력, 표현력이다. 이러한 기본 역량은 학교와 가정에서의 오랜 교육에서 육성된다. 그림 윗부분을 보자. 공감능력 없이는 익히기 힘든 역량도 존재한다. 지시, 면담, 피드백 등 모두 상사가 필수적으로 갖춰야 할 커뮤니케이션 역량이다.

⟨A: 보고의 원칙/기술⟩부터 ⟨B: 분석의 원칙/기술⟩, ⟨C: 지시의 3요소⟩, ⟨D: 면담의 원칙과 기술⟩, ⟨E: 피드백의 원칙/기술⟩, ⟨F: 토론의 기술⟩, ⟨G: 표현/전달의 기술⟩ 그리고 ⟨H: 협상의 기술⟩까지 모두 잘하면 당연히 개인과 조직의 소통경쟁력은 강화된다.

필자의 전작, 『7가지 보고의 원칙』은 여러분의 성공에 결정적인 조직 내 커뮤니케이션 역량 중에서 ⟨A: 보고의 원칙/기술⟩을 다루었다. 이번 '사람멀미 처방전' 시리즈에서는 ⟨C: 상사의 지시⟩, ⟨D: 상사의 면담, 경청, 질문⟩, ⟨E: 상사의 말하기⟩ 그리고 이 모든 것의 바탕이 되는 '공감능력'을 다뤘다. 적어도 직장 내 괴롭힘의 가해자가 될 소지를 예방하는 능력이다. 나아가 훌륭한 상사가 갖춰야 할 역량이다.

---

10 오두범. (2004). 43-46쪽에서는 조직 내 공식적 커뮤니케이션을 다음 세 가지로 나누었다. (1) 하향적: 지시, 명령, 업무설명. / 방출적: 외부로 방출하는 사보, 홍보물 등. (2) 상향적: 보고 / 수렴적: 직원들의 견해를 회사 측에 수렴시키는 제안 등. (3) 수평적: 업무협조 등 동료나 인접 부서 간의 커뮤니케이션. 필자는 수평적 분류에 토론, 각종 회의, 협상을 포함시켰다. 업무협조도 협상 또는 정보교류의 일종이다.

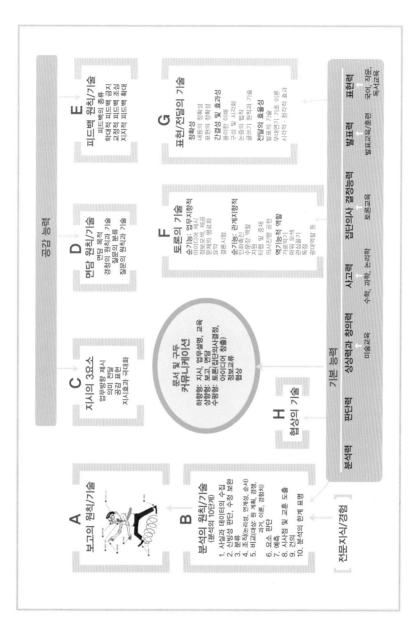

〈그림 8〉 직장 내 커뮤니케이션 분류와 필요 역량

분석의 원칙과 기술

필자는 다음 책, 『분석의 원칙과 기술』(그림 8에서 B) 집필을 계획하고 있다. 여러분은 직장에서 '검토해봐라.', '점검해봐라.', '어찌 된 것이냐.', '따져봐라.', '살펴봐라.' 등의 지시를 받고 거의 온종일 '분석'한다. 북극 빙산의 90%는 수면 아래에 숨어 있다. 수면 위에 떠 있는 10%가 '보고'라면, 수면 밑에 잠겨 보이지 않는 90%가 '분석'이다. 훌륭한 분석이 뒷받침되었을 때 보고도 훌륭해질 수 있다. 분석이란 도대체 무엇일까? 분석의 과정, 방법 그리고 수단은 무엇일까? '분석의 10단계'를 살펴본 후, 실제 사례를 검토하며 분석을 낱낱이 분해할 예정이다. 향후 발간 예정인 책에도 관심을 가져주기를 기대한다.

제3권 최종

이 QR코드를 휴대전화의 QR코드 앱으로 인식하면 토론방으로 연결되어 여러 독자들이 남긴 소감을 접할 수 있습니다. 여러분의 느낌도 써주십시오. 이 책의 저자와 질문으로 소통할 수도 있습니다.

■ 공정식. (2020. 3. 17). 당신을 응원합니다. 뉴스1. 사진. https://www.news1.kr/photos/details/?4105000.

■ 김난도. (2012). 『천 번을 흔들려야 어른이 된다』. 오우아.

■ 김문성. (2011). 『심리학의 즐거움』. 휘닉스Dream.

■ 김윤주. (2019. 12. 4.). 지인이 때렸다 신고받고 112 출동해보니 경찰 술자리. 《조선일보》, A10면.

■ 김은주. (2014). 『1cm 첫 번째 이야기』(전자책). 허밍버드.

■ 김정혜. (2018). '우리 사회 직장 내 괴롭힘 실태: 국가인권위원회 실태조사 설문조사 결과'. 직장 내 괴롭힘 실태 파악 및 개선방안 모색 토론회. 국회입법조사처 대회의실. 2월 13일.

■ 김찬호. (2014). 『모멸감: 굴욕과 존엄의 감정사회학』. 문학과지성사.

■ 남충희. (2011). 『7가지 보고의 원칙』. 황금사자.

■ 메르코글리아노, 크리스(오필선 옮김). (2014). 『길들여지는 아이들: 내면의 야성을 살리는 길』. 민들레.

■ 박광량. (1994). 『조직혁신: 조직개발적 접근』. 경문사.

■ 사람인 http://www.saraminhr.co.kr/open_content/pr/press_release.php?abmode=view&no=501725.

■ 스즈키, 요시유키(최현숙 옮김). (2003). 『칭찬의 기술』. 거름.

■ 스텐걸, 리처드. (2006). 『아부의 기술』. 참솔.

■ 신화연. (2010). 『부끄러움 코드: '너'와 '나'를 '우리'로 만나게 하는 소통의 공간』. 좋은책만들기.

■ 어빈, 윌리엄(홍선영 옮김). (2014). 『알게 모르게, 모욕감(A Slap in the Face: Why Insults Hurt and Why They Shouldn't)』. 마디.

■ 오두범. (2004). 『조직 커뮤니케이션 원론』. 서울대학교출판부.

■ 이민규. (2019). 『사람이 좋아지는 관계』. 끌리는책.

■ 채프먼, 게리. (2012). 『5가지 칭찬의 언어』. 생명의말씀사.

- 최윤희, (2010).「혀 가라사대」.《좋은생각》. 11월 11일.

- 클라인먼, 폴(정명진 옮김). (2015).『심리학의 모든 지식(*Psych 101*)』. 부글북스.

- 티어니, 존 & 바우마이스터, 로이 F. (2020).『부정성 편향』. 에코리브르.

- 프롬, 에리히(김석희 옮김). (2012).『자유로부터의 도피』. 휴머니스트.

- 한무선. (2020. 3. 16.). 코로나19 아픔 함께 나눠요. 대구경북에 후원 잇따라. 연합 뉴스. https://www.yna.co.kr/view/AKR20200316153400053?input=1195.

- 호킨스, 데이비드(백영미 옮김). (2011).『의식 혁명: 힘과 위력, 인간 행동의 숨은 결정자』. 판미동.

- Alqahtani, A. A. (2015). Teachers' perceptions of principals' motivating language and public school climates in Kuwait. *Management in Education*, 29(3), 125-131.

- Ashforth, B. E., & Lee, R. T. (1990). Defensive behavior in organizations: A preliminary model. *Human relations*, 43(7), 621-648. https://www.researchgate.net/publication/247716499_Defensive_Behavior_in_Organizations_A_Preliminary_Model.

- Beck, C. E., & Dooley, M. F. (2013). Educational background of fortune 500 executives: An analysis of academic degrees and types of institutions. *Global Business & Economics Anthology*, 2.

- Bond, F., Hildebrandt, H. & Miller, E. (1984). *The newly promoted executive: A study in corporate leadership*. Ann Arbor, MI: The University of Michigan Graduate School of Business.

- Brown, Brene. (2019). The Courage to Be Vulnerable. https://www.youtube.com/watch?v=NgmJinwZDgw.

- Brown, C. B. (2012). The power of vulnerability. https://scholar.googleusercontent.com/scholar?q=cache:mBnrzrk5_KUJ:scholar.google.com/+brene+brown&hl=en&as_sdt=0,5.

- Cimpian, A., Arce, H. M. C., Markman, E. M., & Dweck, C. S. (2007). Subtle linguistic cues affect children's motivation. *Psychological Science*, 18(4), 314-316.

- Covington, S. S., & Surrey, J. L. (2000). The relational model of women's psychological development: Implications for substance abuse. *Work in Progress*(Wellesley Centers for Women), 91, 1-10.

■ Cole, D. (1986). Strategic helplessness. *Psychology Today*, 20(9), 16, 20.

■ Dutton, J. E., Workman, K. M., & Hardin, A. E. (2014). Compassion at work. *Annual Review of Organizational Psychology and Organizational Behavior*, 1(1), 277-304. https://www.annualreviews.org/doi/10.1146/annurev-orgpsych-031413-091221.

■ Dweck, C. (2015). Carol Dweck revisits the growth mindset. *Education Week*, 35(5), 20-24.

■ Forward, G. L., Czech, K., & Lee, C. M. (2011). Assessing Gibb's supportive and defensive communication climate: An examination of measurement and construct validity. *Communication Research Reports*, 28(1).

■ Gibb, J. (1961). Defensive communication. *Journal of Communication*, 11, 141-148.

■ Goldhaber, G. M., Dennis, H. S., Richetto, G. M., & Wiio, O. A. (1984). *Information Strategies: New Pathways to Management Productivity*(revised edition). Norwood.

■ Hartling, L. M., Rosen, W., Walker, M., & Jordan, J. V. (2004). Shame and humiliation: From isolation to relational transformation. *The complexity of connection*, 103-128. https://pdfs.semanticscholar.org/f1f4/209b2a99995dc74bb6f2fd35e42c04e7ffea.pdf.

■ Hattie, J., & Timperley, H. (2007). The Power of Feedback. *Review of Educational Research*, 77(1), 81-112.

■ Holmes, W. T., & Parker, M. A. (2017). Communication: Empirically testing behavioral integrity and credibility as antecedents for the effective implementation of motivating language. *International Journal of Business Communication*, 54(1), 70-82. https://doi.org/10.1177/2329488416675450.

■ Kanfer, R., Frese, M., & Johnson, R. E. (2017). Motivation Related to Work: A Century of Progress. *Journal of Applied Psychology*, 102(3), 339. https://www.researchgate.net/profile/Russell_Johnson5/publication/313288393.

- Kmetz, J. T., & Willower, D. J. (1982). Elementary school principals' work behavior. *Educational Administration Quarterly*, 18(4), 62-78.

- Kunie, K., Kawakami, N., Shimazu, A., Yonekura, Y., & Miyamoto, Y. (2017). The relationship between work engagement and psychological distress of hospital nurses and the perceived communication behaviors of their nurse managers: A cross-sectional survey. *International Journal of Nursing Studies*, 71, 115-124.

- Li, L., Hu, H., Zhou, H., He, C., Fan, L., Liu, X., & Sun, T. (2014). Work stress, work motivation and their effects on job satisfaction in community health workers: A cross-sectional survey in China. *BMJ open*, 4(6), e004897. doi:10.1136/bmjopen-2014-004897.

- Luthans, K. (2000). Recognition: A powerful, but often overlooked, leadership tool to improve employee performance. *Journal of Leadership Studies*, 7(1), 31-39.

- Madlock, P. E., & Sexton, S. (2015). An application of motivating language theory in Mexican organizations. *International Journal of Business Communication*, 52(3), 255-272.

- Margerison, C. & Kakabadse, A. (1984). *How American chief executives succeed*. New York: American Management Association.

- Mayfield, J., & Mayfield, M. (2018). *Motivating language theory: Effective leader talk in the workplace*. Palgrave Macmillan.

- Miner, A., Glomb, T., & Hulin, C. (2005). Experience sampling mood and its correlates at work. *Journal of Occupational and Organizational Psychology*, 78(2), 171-193.

- Mintzberg, H. (1973). *The nature of managerial work*. New York: Harper & Row.

- Morin, Amy. LCSW. (2018). *How to use praise to encourage good behaviors*. https://www.verywellfamily.com/how-to-use-praise-to-promote-good-behavior-1094892.

- Nelson, B. (2012). *1501 ways to reward employees*. Workman Publishing.

- Porath, C., & Pearson, C. (2009). How toxic colleagues corrode performance. *Harvard Business Review*, 87(4), 23-24.

- Porter, M. E., & Nohria, N. (2018). How CEOs manage time. *Harvard Business Review*, 96(4), 42-51.

- Rai, A., Ghosh, P., Chauhan, R., & Singh, R. (2018). Improving in-role and extra-role performances with rewards and recognition: Does engagement mediate the process? *Management Research Review*.

- Riess, H., Kelley, J. M., Bailey, R. W., Dunn, E. J., & Phillips, M. (2012). Empathy training for resident physicians: A randomized controlled trial of a neuroscience-informed curriculum. *Journal of general internal medicine*, 27(10), 1280-1286. https://www.ncbi.nlm.nih.gov/pmc/articles/PMC3445669/.

- Rothwell, J. D. (2007). *In mixed company: Small group communication* (6th ed.). Belmont, CA: Wadsworth.

- Sarros, J. C., Luca, E., Densten, I., & Santora, J. C. (2014). Leaders and their use of motivating language. *Leadership & Organization Development Journal*, 35(3), 226-240.

- Sinek, Simon. *Start with why: How great leaders inspire action*. TED 강연. https://www.youtube.com/watch?v=qp0HIF3SfI4.

- Sullivan, J. J. (1988). Three roles of language in motivation theory. *Academy of Management Review*, 13(1), 104-115.

- Tengblad, S. (2006). Is there a 'new managerial work'? A comparison with Henry Mintzberg's classic study 30 years later. *Journal of Management Studies*, 43(7), 1437-1461.

- Tessema, M. T., Ready, K. J., & Embaye, A. B. (2013). The effects of employee recognition, pay, and benefits on job satisfaction: Cross country evidence. *Journal of Business and Economics*, 4(1), 1-12.

- Venter, D. J. L., & Arnolds, C. A. (2007). The strategic importance of motivational rewards for lower-level employees in the manufacturing and retailing industries. *SA Journal of Industrial Psychology*, 33(3), 15-23.

- Werdmüller, B. (2018). Examining the degrees of Fortune 500 tech CEOs. https://werd.io/2018/examining-the-degrees-of-fortune-500-tech-ceos.

- Williams, Richard L. (2005). *Tell me how I'm doing: A fable about the importance of giving feedback.* AMACOM, New York.

- Wińska, J. (2010). Influence of superior-subordinate communication on employee satisfaction. *Journal of Positive Management,* 1(1), 110-124.

- Zandi, G., Lok, S. Y. P., Aslam, A., & Singh, D. (2015). Is a MBA degree necessary to be a CEO of large corporation: the case of fortune magazine global top 100 dorporations?. *International Business Research*, 8(12), 96-103.

사람멀미 처방전 제3권
직장인의 입(口) 사용법

1판 1쇄 인쇄 2022년 02월 10일
1판 1쇄 발행 2022년 02월 15일

지은이 남충희
편집인 최현문
발행인 이연희
본문, 표지 디자인 정현옥
본문 삽화 조영남
캐리커처 김선우
발행처 황금사자
출판신고 2008년 10월 8일 제300-2008-98호
주소 서울시 종로구 백석동길 276(302호, 부암동)
문의전화 070-7530-8222
팩시밀리 02-391-8221

한국어판 출판권 ⓒ 황금사자 2022
ISBN 978-89-97287-13-0 04320 (세트)
        978-89-97287-16-1 04320
값 16,000원